Commencez à coder en C par la pratique

Plus de 240 exercices corrigés

Mohamed QARA

Préface

Bienvenue dans ce livre "**Commencez à coder en C par la pratique**". En tant que passionné de programmation, j'ai observé une forte demande pour des ressources pratiques qui aident les apprenants à maîtriser le langage C. Ce livre est le fruit de nombreuses années de formation, de programmation et d'accompagnement de développeurs à différents niveaux de compétence.

L'objectif de ce livre est de fournir aux lecteurs une série d'exercices progressifs couvrant une large gamme de concepts en langage C. Que vous soyez étudiant en informatique, développeur débutant ou programmeur expérimenté cherchant à rafraîchir vos connaissances, ce livre a été conçu pour vous.

Ce recueil contient **plus de 240 exercices en C**, avec astuces et explications pour trouver la solution. Chaque chapitre est structuré pour vous guider à travers des exercices pratiques, accompagnés de solutions détaillées et d'explications. Vous trouverez des exercices couvrant les bases, comme les types de données et les structures de contrôle, jusqu'à des sujets plus avancés tels que la manipulation de mémoire, les structures et les listes chaînées en C.

Pour ceux et celles qui souhaitent approfondir leurs connaissances avec un cours détaillé, je vous invite à suivre ma formation complète sur le langage C disponible sur Udemy : [**Commencez à coder en C**].

Je tiens à remercier ma famille pour leur soutien indéfectible tout au long de ce projet.

J'espère que ce livre vous sera utile et qu'il vous aidera à devenir un programmeur compétent en langage C. Bonne lecture et bon codage !

Mohamed QARA

Sommaire

- **01** Variables et opérateurs — 21
- **02** Fonctions d'entrée-sortie conversationnelles — 35
- **03** Instructions de contrôle conditionnelles — 57
- **04** Instructions de contrôle itératives : for — 87
- **05** Instructions de contrôle itératives : while/do while — 119
- **06** Les tableaux — 149
- **07** Les chaînes de caractères — 179
- **08** Les fonctions — 223
- **09** Les structures — 260
- **10** Les fichiers — 306
- **11** Les listes chaînées — 326

01 Variables et opérateurs

Exercice 01	Opérateurs arithmétiques pour les entiers	23
Exercice 02	Opérateurs arithmétiques pour les réels	24
Exercice 03	Opérateurs de comparaison	25
Exercice 04	Priorités des opérateurs de comparaison	26
Exercice 05	Opérateurs arithmétiques et opérateurs de comparaison	27
Exercice 06	Opérateurs logiques	28
Exercice 07	Priorités des opérateurs logiques et des autres opérateurs	29
Exercice 08	Opérateurs de manipulation de bits (| , & , ^ et ~)	30
Exercice 09	Opérateurs de manipulation de bits (<< et >>)	31
Exercice 10	Priorités de tous les opérateurs	32
Exercice 11	Le casting	33
Exercice 12	Echange des valeurs de deux variables	34

02 Fonctions d'entrée-sortie conversationnelles

Exercice 01	Somme de deux nombres	37
Exercice 02	Produit de deux nombres	38
Exercice 03	Division Euclidienne : Le calcul du quotient et du reste	39
Exercice 04	Division exacte de deux entiers	40
Exercice 05	Echange des valeurs de deux variables	41
Exercice 06	Saisie et affichage des caractères	42
Exercice 07	Taille d'un type en C	43
Exercice 08	Code ASCII d'un caractère	44
Exercice 09	Conversion d'une durée en secondes	45
Exercice 10	Conversion d'une durée en Heures:Minutes:Secondes	46
Exercice 11	Calcul de la surface d'un cercle	47
Exercice 12	Calcul de la surface et du volume d'une sphère	48
Exercice 13	Calcul de la surface et du volume d'un cylindre	49
Exercice 14	Calcul de la moyenne de 3 nombres	50
Exercice 15	Calcul du prix TTC d'un article	51
Exercice 16	Conversion décimale → Octale	52
Exercice 17	Conversion décimale → Hexadécimale	53
Exercice 18	Conversion Octale → Décimale	54
Exercice 19	Conversion Hexadécimale → Décimale	55

03 Instructions de contrôle conditionnelles

Exercice 01	Nombre pair ou impair	59
Exercice 02	Nombre positif, négatif ou nul	60
Exercice 03	Multiple d'un entier	61
Exercice 04	Diviseur d'un entier	62
Exercice 05	Le plus grand de deux nombres	63
Exercice 06	Le plus petit de trois nombres	64
Exercice 07	Valeur absolue d'un nombre	65
Exercice 08	Produit positif, négatif ou nul	66
Exercice 09	Mention d'un stagiaire	67
Exercice 10	Etat de l'eau	68
Exercice 11	Inverse d'un nombre	69
Exercice 12	Validation de la forme triangulaire	70
Exercice 13	Ajout d'une minute	71
Exercice 14	Ajout d'une seconde	72
Exercice 15	Soustraction d'une minute	73
Exercice 16	Soustraction d'une seconde	74
Exercice 17	Durée d'un voyage	75
Exercice 18	Heure d'arrivée	76
Exercice 19	Année bissextile et année commune	77
Exercice 20	Ajout d'un jour à une date	78
Exercice 21	Soustraction d'un jour d'une date	80
Exercice 22	Solutions d'une équation du premier degré	84
Exercice 23	Solutions d'une équation du deuxième degré	85
Exercice 24	Calculatrice basique	86

04 Instructions de contrôle itératives : for

Exercice 01	Répétition d'un message plusieurs fois	89
Exercice 02	Affichage des nombres de 1 à 10	90
Exercice 03	Affichage des nombres pairs de 1 à 20	91
Exercice 04	Saisie de dix entiers	92
Exercice 05	Calcul de la somme de 1 à 100	93
Exercice 06	Calcul de la somme des nombres impairs de 1 à 99	94
Exercice 07	Calcul de la somme des carrés de 1 à 100	95
Exercice 08	Calcul de la somme des fractions 1/2 à 99/100	96
Exercice 09	Calcul de la somme 1/2 - 2/3 + 3/4 - 4/5 + ... - 98/99 + 99/100	97
Exercice 10	Calcul du produit de 1 à 10	98
Exercice 11	Calcul du produit 1/2 x 3/4 x 5/6 x ... x 19/20	99
Exercice 12	Calcul des puissances de 2	100
Exercice 13	Liste des diviseurs d'un entier	101
Exercice 14	Vérification de la primalité d'un nombre	102
Exercice 15	Table de multiplication d'un entier n	103
Exercice 16	Calcul de la puissance a^n	104
Exercice 17	Affichage des lettres de l'alphabet	105

04 Instructions de contrôle itératives : for

Exercice 18	Détermination du plus grand de 10 nombres	106
Exercice 19	Calcul d'un terme d'une suite arithmétique (1)	107
Exercice 20	Calcul d'un terme d'une suite arithmétique (2)	108
Exercice 21	Suite de Fibonacci	109
Exercice 22	Affichage d'une forme (1)	110
Exercice 23	Affichage d'une forme (2)	111
Exercice 24	Affichage d'une forme (3)	112
Exercice 25	Affichage d'une forme (4)	113
Exercice 26	Affichage d'une forme (5)	114
Exercice 27	Affichage d'une forme (6)	115
Exercice 28	Génération de la table de multiplication	116
Exercice 29	Affichage d'un échiquier 8x8	117
Exercice 30	Génération de la table de Pascal de 10 lignes	118

05 — Instructions de contrôle itératives : while/do while

Exercice 01	Conversion for - while	121
Exercice 02	Calcul de la somme des nombres de 1 à 100	122
Exercice 03	Contrôle de saisie d'un nombre positif (while/do-while)	123
Exercice 04	Contrôle de saisie d'un nombre positif (for)	124
Exercice 05	Contrôle de saisie d'un nombre entre 0 et 20	125
Exercice 06	Compte des occurrences	126
Exercice 07	Somme et moyenne des nombres positifs uniquement	127
Exercice 08	Contrôle de saisie d'une lettre majuscule	128
Exercice 09	Division euclidienne (reste et quotient)	129
Exercice 10	Calcul du plus petit commun multiple (PPCM)	130
Exercice 11	Calcul du plus grand commun diviseur (PGCD)	131
Exercice 12	Vérification si deux nombres sont premiers entre eux	132
Exercice 13	Vérification de la primalité d'un nombre	133
Exercice 14	Contrôle de saisie d'une heure valide	134
Exercice 15	Liste des nombres premiers entre 1 et 100	135

05 — Instructions de contrôle itératives : while/do while

Exercice	Titre	Page
Exercice 16	Somme des chiffres d'un nombre	136
Exercice 17	Le plus grand chiffre d'un nombre	137
Exercice 18	Les chiffres d'un entier en ordre inverse	138
Exercice 19	Vérification d'un nombre palindrome	139
Exercice 20	Les nombres Armstrong	140
Exercice 21	Les nombres parfaits	141
Exercice 22	Liste des nombres parfaits entre 1 et 1000	142
Exercice 23	Vérification si un nombre est octal	143
Exercice 24	Vérification si un nombre est binaire	144
Exercice 25	Conversion décimal en binaire	145
Exercice 26	Conversion binaire en décimal	146
Exercice 27	Conversion octal en décimal	147

06 Les tableaux

Exercice 01	Saisie et affichage d'un tableau	151
Exercice 02	Valeur maximale d'un tableau	152
Exercice 03	Recherche d'un élément dans un tableau	153
Exercice 04	Affichage des nombres positifs d'un tableau	154
Exercice 05	Nombres paires dans un tableau	155
Exercice 06	Inverse d'un tableau	156
Exercice 07	Modification des valeurs d'un tableau	157
Exercice 08	Somme et moyenne des éléments d'un tableau	158
Exercice 09	Copie d'un tableau	159
Exercice 10	Copie des éléments positifs d'un tableau	160
Exercice 11	Tri à bulles croissant	161
Exercice 12	Tri à bulles décroissant	162
Exercice 13	Tri par sélection croissant	163
Exercice 14	Tri par sélection décroissant	164
Exercice 15	Gestion des notes des stagiaires	165

06 Les tableaux

Exercice 16	Conversion octal en décimal	167
Exercice 17	Rotation des éléments d'un tableau	168
Exercice 18	Suppression des éléments d'un tableau	169
Exercice 19	Manipulation d'un tableau à deux dimensions	170
Exercice 20	Trace d'une matrice carrée	172
Exercice 21	Matrice d'identité	174
Exercice 22	Somme de deux matrices carrées	175
Exercice 23	Produit de deux matrices carrées	176
Exercice 24	Matrice symétrique	177
Exercice 25	Tri croissant des lignes d'une matrice carrée	178

07 — Les chaînes de caractères

Exercice 01	Longueur d'une chaîne de caractères	181
Exercice 02	Concaténation de deux chaînes de caractères	182
Exercice 03	Comparaison de deux chaînes de caractères	183
Exercice 04	Copie d'une chaîne de caractères	184
Exercice 05	Recherche d'un caractère dans une chaîne de caractères	185
Exercice 06	Inversion d'une chaîne de caractères	187
Exercice 07	Vérification d'une chaîne de caractères palindrome	188
Exercice 08	Comptage des occurrences d'un caractère	189
Exercice 09	Comptage des chiffres dans une chaîne de caractères	190
Exercice 10	Comptage des mots dans une chaîne de caractères	191
Exercice 11	Suppression d'un caractère d'une chaîne de caractères	192
Exercice 12	Conversion Minuscule - Majuscule	193
Exercice 13	Remplacement d'un caractère dans une chaîne de caractères	194
Exercice 14	Le caractère le plus fréquent dans une chaîne de caractères	195
Exercice 15	Le mot le plus long dans une chaîne de caractères	197
Exercice 16	Le mot le plus court dans une chaîne de caractères	198

07 Les chaînes de caractères

Exercice 17	Compression d'une chaîne de caractères	200
Exercice 18	Le mot le plus fréquent dans une chaîne de caractères	201
Exercice 19	Validation d'un numéro de téléphone marocain	203
Exercice 20	Validation d'un mot de passe	204
Exercice 21	Saisie et affichage d'un tableau de chaînes de caractères	205
Exercice 22	Longueur des chaînes de caractères d'un tableau	206
Exercice 23	Recherche d'une chaîne de caractères dans un tableau	207
Exercice 24	Tri des chaînes de caractères	208
Exercice 25	Comptage des voyelles dans une chaîne de caractères	210
Exercice 26	Chaînes de caractères les plus courtes et les plus longues	211
Exercice 27	Chiffrement César basique	212
Exercice 28	Déchiffrement César basique	214
Exercice 29	Chiffrement Vigenère basique	215
Exercice 30	Déchiffrement Vigenère basique	218
Exercice 31	Vérification d'anagrammes	219
Exercice 32	Évaluation d'expressions arithmétiques	220

08 Les fonctions

Exercice 01	Fonction « Produit » : Le produit de deux nombres donnés	225
Exercice 02	Fonction « SurfaceCercle » : La surface d'un cercle	226
Exercice 03	Fonction « Echange » : Échange les valeurs de deux variables	227
Exercice 04	Fonction « SiPair » : Vérifie si un nombre est pair	228
Exercice 05	Fonction « Signe » : Détermine le signe d'un nombre	229
Exercice 06	Fonction « Multiple » : Vérifie si un nombre est multiple d'un autre	230
Exercice 07	Fonction « Diviseur » : Vérifie si un nombre est un diviseur d'un autre	231
Exercice 08	Fonction « Max » : Le plus grand de deux nombres	232
Exercice 09	Fonction « Inverse » : L'inverse d'un nombre	233
Exercice 10	Fonction « RepeterMessage » : Affichage d'un message plusieurs fois	234
Exercice 11	Fonction « Somme » : La somme des entiers de 1 à n	235
Exercice 12	Fonction « Fact » : Factorielle d'un entier positif	236
Exercice 13	Fonction « SiPremier » : Vérifie si un nombre est un nombre premier	237
Exercice 14	Fonction « Puissance » : La puissance d'un nombre	238
Exercice 15	Fonction « Etoiles » : Affichage d'une forme	239
Exercice 16	Fonction « LirePositif » : Lecture d'un entier positif	240

08 Les fonctions

Exercice 17	Fonction « PGCD » : Le plus grand commun diviseur	241
Exercice 18	Fonction « SiOctal » : Vérifie si un nombre est représenté en octal	242
Exercice 19	Fonction « SiBinaire » : Vérifie si un nombre est représenté en binaire	243
Exercice 20	Fonction « PGCD » : Le plus grand commun diviseur (Récursive)	244
Exercice 21	Fonctions « saisirTableau » et « afficherTableau »	245
Exercice 22	Fonction « sommeTableau » : La somme des éléments d'un tableau	247
Exercice 23	Fonction « maxTableau » : Le plus grand élément d'un tableau	248
Exercice 24	Fonction «RechercheElement» : Recherche d'un élément spécifique	249
Exercice 25	Fonction « inverserTableau » : Inversion de l'ordre des éléments	250
Exercice 26	Fonction « moyenneTableau » : Moyenne des éléments d'un tableau	251
Exercice 27	Fonction « triCroissant » : Tri d'un tableau par ordre croissant	252
Exercice 28	Fonction «supprimerElement» :Suppression d'un élément spécifique	253
Exercice 29	Fonction «longueurChaine» : La longueur d'une chaîne de caractères	254
Exercice 30	Fonction « copierChaine » : Copie d'une chaîne de caractères	255
Exercice 31	Fonction « comparerChaines » : Comparaison de deux chaînes	256
Exercice 32	Fonction « convertirMajuscules » : Conversion Minuscules-Majuscules	257
Exercice 33	Fonction « compterMots » : Comptage de nombre de mots	258

09 Les structures

Exercice 01	La structure « Point » : Un point dans un espace bidimensionnel	262
Exercice 02	La structure « Date » : Une date (Jour/Mois/année)	264
Exercice 03	La structure « Personne » : Une personne (Nom, Age, Taille)	266
Exercice 04	La structure « Etudiant » : Un étudiant (Nom, Tableau de notes)	268
Exercice 05	Les structures imbriquées : « Adresse » et « Personne »	270
Exercice 06	Tableau de structures « Livre » : Collection de livres	272
Exercice 07	La structure « Voiture » : Une voiture (Marque, Modèle, Année)	274
Exercice 08	La structure « Etudiant » avec un champ de type pointeur	276
Exercice 09	La structure « Produit » : Un produit (Nom, Description, Prix)	278
Exercice 10	La structure « Complexe » : Un nombre complexe	280
Exercice 11	La structure « Rationnel » : Un nombre rationnel	286
Exercice 12	La structure « Stagiaire » avec des fonctions avancées	290
Exercice 13	La structure « Heure » : Une heure (Heure, Minute, Seconde)	296
Exercice 14	La structure « Date » avec des fonctions avancées	301

10 Les fichiers

Exercice 01	Stockage d'une chaîne de caractères dans un fichier	307
Exercice 02	Ajout de chaînes de caractères à un fichier	308
Exercice 03	Stockage de multiples chaînes de caractères dans un fichier	309
Exercice 04	Taille d'un fichier en octets	310
Exercice 05	Occurrences d'un caractère dans un fichier	311
Exercice 06	Occurrences d'une chaîne de caractères dans un fichier	312
Exercice 07	Nombre de lignes dans un fichier	314
Exercice 08	Lignes d'un fichier commençant par un caractère spécifique	315
Exercice 09	Remplacement d'un caractère dans un fichier	316
Exercice 10	Remplacement d'une chaîne de caractères dans un fichier	318
Exercice 11	Suppression des occurrences d'un caractère dans un fichier	320
Exercice 12	Suppression d'une chaîne de caractères dans un fichier	322

11 — Les listes chaînées

Exercice 01	Création d'une liste chaînée vide	327
Exercice 02	Affichage d'une liste chaînée	329
Exercice 03	Insertion d'un nœud en tête de la liste chaînée	331
Exercice 04	Insertion d'un nœud en queue de la liste chaînée	333
Exercice 05	Insertion d'un nœud dans une liste chaînée	335
Exercice 06	Suppression du premier nœud d'une liste chaînée	338
Exercice 07	Suppression de la queue d'une liste chaînée	340
Exercice 08	Suppression d'un nœud donné d'une liste chaînée	343
Exercice 09	Recherche d'un nœud dans une liste chaînée	346
Exercice 10	Longueur d'une liste chaînée	348
Exercice 11	Inversion d'une liste chaînée	351
Exercice 12	Fusion de deux listes chaînées	354
Exercice 13	Création de liste chaînée à partir d'un tableau	357
Exercice 14	Liste chaînée circulaire	360
Exercice 15	Suppression des doublons d'une liste chaînée	363

Variables et opérateurs

Série 1 — Variables et opérateurs

Exercice 01 — Opérateurs arithmétiques pour les entiers

Enoncé

Quelles sont les valeurs des variables après l'exécution de ce programme ?

```c
1  #include <stdio.h>
2  int main (){
3   int a = 15,b = 3, c, d;
4   a = a - b;
5   b = a / b;
6   c = a + b * 4;
7   d = c % 4;
8   printf("%d %d %d %d",a,b,c,d);
9   return 0;
10 }
```

Astuces

Les opérateurs arithmétiques pour les nombres entiers sont :
- « + » pour l'addition (10+3=13)
- « - » pour la soustraction (10-3=7)
- « * » pour la multiplication (10*3=30)
- « / » pour le quotient (10/3=3)
- « % » pour le reste (10%3=1)

Les trois opérateurs « * », « / » et « % » ont une priorité élevée par rapport aux deux opérateurs « + » et « - »

Corrigé

	a	b	c	d	Explication
Ligne 3	15	3	-	-	a reçoit 15 et b reçoit 3
Ligne 4	12	3	-	-	a = a -b = 15 – 3 = 12
Ligne 5	12	4	-	-	b = a / b = 12 / 3 = 4
Ligne 6	12	4	28	-	c = a + b * 4 = a + (4 * 4) = a + 16 = 12 + 16 = 28
Ligne 7	12	4	28	0	d = c % 4 = 28 % 4 = 0

Série 1 — Variables et opérateurs

Exercice 2 — Opérateurs arithmétiques pour les réels

Enoncé

Quelles sont les valeurs des variables après l'exécution de ce programme ?

```c
#include <stdio.h>
int main (){
float a = 2.5,b = 4.5, c, d;
a = b - a;
b = b / a;
c = a + b * 4;
d = b * c / 4.5;
printf("%.2f %.2f %.2f %.2f",a,b,c,d);
return 0;
}
```

Astuces

Les opérateurs arithmétiques pour les nombres réels sont :
- « + » pour l'addition (1.5+3.5=5.0)
- « - » pour la soustraction (1.5-3.5=-2.0)
- « * » pour la multiplication (1.5*3.5=5.25)
- « / » pour le quotient (3.5/2=1.75)

La multiplication « * » a une priorité élevée par rapport à l'addition « + »

Quand deux opérateurs sont de même priorité, on commence les calculs de la gauche à droite.

Corrigé

	a	b	c	d	Explication
Ligne 3	2.5	4.5	-	-	a reçoit 2.5 et b reçoit 4.5
Ligne 4	2.0	4.5	-	-	a = b -a = 4.5 – 2.5 = 2.0
Ligne 5	2.0	2.25	-	-	b = b / a = 4.5 / 2.0 = 2.25
Ligne 6	2.0	2.25	11.0	-	c = a + b * 4 = 2.0 + (2.25 * 4) = 2.0 + 9.0 = 11.0
Ligne 7	2.0	2.25	11.0	5.5	d = b * c / 4.5 = (2.25*11)/4.5 = 24.75/4.5 =5.5

Série 1 — Variables et opérateurs

Exercice 3 — Opérateurs de comparaison

Enoncé

Quelles sont les valeurs des variables après l'exécution de ce programme ?

```c
#include <stdio.h>
int main (){
int a = 15, b = 3, c, d;
a = a >= b;
b = a == b;
c = a != b;
d = a = 5;
printf("%d %d %d %d",a,b,c,d);
return 0;
}
```

Astuces

Les opérateurs de comparaison sont :
- `>` : Supérieur strictement (5 > 2 est égale à 1)
- `<` : Inférieur strictement (5 < 2 est égale à 0)
- `>=` : Supérieur ou égal (5 >= 2 est égale à 1)
- `<=` : Inférieur ou égal (2 <= 2 est égale à 1)
- `==` : Egal (5 == 2 est égale à 0)
- `!=` : Différent (5 != 2 est égale à 1)

Quand deux opérateurs ont la même priorité, on commence les calculs de la gauche à droite.

Corrigé

	a	b	c	d	Explication
Ligne 3	15	3	-	-	a reçoit 15 et b reçoit 3
Ligne 4	1	3	-	-	a = a >= b = (15 >= 3) Vrai a = 1
Ligne 5	1	0	-	-	b = a == b = (1 == 3) Faux b = 0
Ligne 6	1	0	1	-	c = a != b = (1 != 0) Vrai c = 1
Ligne 7	5	0	1	5	d = a = 5 a = 5 et d = 5 (Affectation)

| Série 1 | Variables et opérateurs |

| Exercice 4 | Priorités des opérateurs de comparaison |

Enoncé

Quelles sont les valeurs des variables après l'exécution de ce programme ?

```c
#include <stdio.h>
int main (){
int a = 15, b = 3, c, d;
a = a >= b == 2;
b = a != b > 1;
c = a == b != a;
d = a < -5 <= c;
printf("%d %d %d %d",a,b,c,d);
return 0;
}
```

Astuces

Les opérateurs <, >, <= et >= ont une priorité élevée par rapport aux opérateurs == et !=

Quand deux opérateurs sont de même priorité, on commence les calculs de la gauche à droite.

La valeur d'une expression qui contient un opérateur de comparaison est égale à :
- 0 si l'expression est fausse
- 1 si l'expression est vraie

Corrigé

	a	b	c	d	Explication
Ligne 3	15	3	-	-	a reçoit 15 et b reçoit 3
Ligne 4	0	3	-	-	[(15 >= 3) == 2] = [1 == 2] = 0
Ligne 5	0	1	-	-	[0 != (3 > 1)] = [0 != 1] = 1
Ligne 6	0	1	0	-	[(0 == 1) != 0] = [0 != 0] = 0
Ligne 7	0	1	0	1	[(0 < -5) <= 0] = [0 <= 0] = 1

Série 1 — Variables et opérateurs

Exercice 5 — Opérateurs arithmétiques et opérateurs de comparaison

Énoncé

Quelles sont les valeurs des variables après l'exécution de ce programme ?

```c
#include <stdio.h>
int main (){
int a = 15, b = 3, c, d;
a = a >= b + 2;
b = a * b > 1;
c = a / b != a;
d = a < -5 - c;
printf("%d %d %d %d",a,b,c,d);
return 0;
}
```

Astuces

Les opérateurs arithmétiques (+, -, *, / et %) ont une priorité élevée par rapport aux opérateurs de comparaison (<, >, <=, >=, == et !=)

La valeur d'une expression qui contient un opérateur de comparaison est égale à :
- 0 si l'expression est fausse
- 1 si l'expression est vraie

Corrigé

	a	b	c	d	Explication
Ligne 3	15	3	-	-	a reçoit 15 et b reçoit 3
Ligne 4	1	3	-	-	[15 >= (3 + 2)] = [15 >= 5] = 1
Ligne 5	1	1	-	-	[(1 * 3) >1] = [3 > 1] = 1
Ligne 6	1	1	0	-	[(1 / 1) != 1] = [1 != 1] = 0
Ligne 7	1	1	0	0	[1 < (-5 - 0)] = [1 < -5] = 0

Série 1 — Variables et opérateurs

Exercice 6 — Opérateurs logiques

Enoncé

Quelles sont les valeurs des variables après l'exécution de ce programme ?

```c
#include <stdio.h>
int main (){
    int a=15,b=3,c,d;
    a= (b==a) && (b>2);
    b= (b!=4) || (a>5);
    c= !(a<=15);
    d= (c==0) && !(b==a);
    printf("%d %d %d %d",a,b,c,d);
}
```

Astuces

Les opérateurs logiques sont :

- `&&` : ET (A && B est vraie seulement si les deux expressions A et B sont vraies)
- `||` : OU (A || B est fausse seulement si les deux expressions A et B sont fausses)
- `!` : NON (!A est vraie si A est fausse et elle est fausse si A est vraie)

Corrigé

	a	b	c	d	Explication
Ligne 3	15	3	-	-	a reçoit 15 et b reçoit 3
Ligne 4	0	3	-	-	[(15==3) && (3>2)] = [0 && 1] = 0
Ligne 5	0	1	-	-	[(3!=4) || (0>5)] = [1 || 0] = 1
Ligne 6	0	1	0	-	[!(0<=15)] = ! 1 = 0
Ligne 7	0	1	0	1	[(0==0) && !(1==0)] = [1 && !0] = [1 && 1] = 1

Série 1 — Variables et opérateurs

Exercice 7 — Priorités des opérateurs logiques et des autres opérateurs

Enoncé

Quelles sont les valeurs des variables après l'exécution de ce programme ?

```c
#include <stdio.h>
int main (){
int a = 15, b = 2, x, y, z;
x = ! a + b;
y = ! a == b > ! a + b;
z = ! x || y && ! a;
printf("%d %d %d",x,y,z);
return 0;
}
```

Astuces

- L'opérateur logique ! est plus prioritaire que les opérateurs de comparaison et les opérateurs arithmétiques
- L'opérateur logique ! est plus prioritaire que les deux opérateurs logiques && et ||
- L'opérateur logique && est plus prioritaire que l'opérateur logique ||
- Si A = 0, alors !A = 1
- Si A != 0, alors !A = 0
- Les opérateurs <, >, <= et >= ont une priorité élevée par rapport aux opérateurs == et !=

Corrigé

	x	y	z	Explication
Ligne 4	2	-	-	[(!15) + 2] = [0 + 2] = 2
Ligne 5	2	1	-	y = [(!15) == 2 > (!15) + 2] = [0 == 2 > 0 + 2] y = [0 == 2 > (0 + 2)] = [0 == 2 > 2] y = [0 == (2 > 2)] = [0 == 0] = 1
Ligne 6	2	1	0	z = [(!2) || 1 && (!15)] = [0 || 1 && 0] z = [0 || (1 && 0)] = [0 || 0] = 0

Série 1 — Variables et opérateurs

Exercice 8 — Opérateurs de manipulation de bits (| , & , ^ et ~)

Enoncé

Quelles sont les valeurs des variables après l'exécution de ce programme ?

```c
#include <stdio.h>
int main () {
    int x=15,y=3,a,b,c,d;
    a= ~x;
    b= y | 2;
    c= x & y;
    d= x ^ y;
    printf("%d %d %d %d",a,b,c,d);
    return 0;
}
```

Astuces

Quelques opérateurs de manipulation de bits :
- & : ET (A & B = 1 seulement si A = 1 et B = 1)
- | : OU (A | B = 0 seulement si A =0 ou B =0)
- ~ : NON (si A = 0, alors ~A = 1. Et si A =1, alors ~A = 0)
- ^ : OU exclusif (A^B = 0 seulement si A = 1 et B = 1 ou bien A = 0 et B = 0)

Le complément à deux CA2 est claculé en inversant tous les bits et en ajoutant 1.

Corrigé

	a	b	c	d	Explication
Ligne 3	-	-	-	-	
Ligne 4	-16	-	-	-	a = ~15 = ~(01111) = 10000 = -CA2(10000) a = -(01111+1) = -(10000) = -16
Ligne 5	-16	3			b = 3 | 2 = (011) | (010) = 011 = 3
Ligne 6	-16	3	3	-	c = 15 & 3 = (01111) & (00011) = 00011 = 3
Ligne 7	-16	3	3	12	d = 15 ^ 3 = (01111) ^ (00011) = 01100 = 12

Série 1 — Variables et opérateurs

Exercice 9 — Opérateurs de manipulation de bits (<< et >>)

Enoncé

Quelles sont les valeurs des variables après l'exécution de ce programme ?

```c
#include <stdio.h>
int main () {
    int x=10,y=12,a,b;
    a= x << 3;
    b= y >> 2;
    printf("%d %d",a,b);
    return 0;
}
```

Astuces

Autres opérateurs de manipulation de bits (Opérateurs de décalage)

- `<<` : Opérateur de décalage à gauche

    18 << 1 = 00010010 << 1 = 00100100 = 36

- `>>` : Opérateur de décalage à droite

    18 >> 1 = 00010010 >> 1 = 00001001 = 9

Corrigé

	a	b	Explication
Ligne 3	-	-	x reçoit 10 et y reçoit 12
Ligne 4	80	-	a = 10 << 3 a = (00001010) << 3 a =(01010000) a = 80
Ligne 5	80	3	b = 12 >> 2 b = (00001100) >> 2 b = (00000011) b = 3

Série 1 — Variables et opérateurs

Exercice 10 — Priorités de tous les opérateurs

Enoncé

Quelles sont les valeurs des variables après l'exécution de ce programme ?

```c
#include <stdio.h>
int main () {
    int x=10,y=12,a,b,c,d;
    a = x + ~ y;
    b = y * x >> 2;
    c = x | y ^ a;
    d = x && y | b < a;
    printf("%d %d %d %d",a,b,c,d);
    return 0;
}
```

Astuces

L'ordre des priorités de la plus élevée à la plus faible :

N°	Opérateur	N°	Opérateur	N°	Opérateur
1	! ~	5	< <= >= >	9	|
2	* / %	6	== !=	10	&&
3	+ -	7	&	11	||
4	<< >>	8	^	12	=

Corrigé

	a	b	c	d	Explication
Ligne 4	-3	-	-	-	a = 10 + (~12) = 10 + (~00001100) a = 10 + (1111 0011) = 10 + (-13) = -3
Ligne 5	-3	30	-	-	b = (12 * 10) >> 2 = 120 >> 2 b = (0111 1000) >> 2 = 0001 1110 = 30
Ligne 6	-3	30	-5	-	c = 10 | (12 ^ -3) c = 0000 1010 | (0000 1100 ^ 1111 1101) c = 0000 1010 | 1111 0001 c = 1111 1011 = -CA2(1111 1011) = - (0000 0101) = -5
Ligne 7	-3	30	-5	1	d = 10 && 12 | (30 < -3) d = 10 && (12 | 0) = 10 && 12 = 1

Série 1 — Variables et opérateurs

Exercice 11 — Le casting

Enoncé

Quelles sont les valeurs des variables après l'exécution de ce programme ?

```c
1  #include <stdio.h>
2  int main () {
3      int x = 10, y = 4, a;
4      float b, c, d;
5      a = x / y;
6      b = x / y;
7      c = (float) x / y;
8      d = (float) (x / y);
9      printf("%d %.2f %.2f %.2f",a,b,c,d);
10     return 0;
11 }
```

Astuces

- Une opération entre deux variables entières int donne un entier int
- Les parenthèses ( ) sont plus prioritaires par rapport aux autres opérateurs
- Si on veut convertir un entier A en un réel X, on peut utiliser le casting : X = (float) A
- L'opération de casting est de priorité plus élevée par rapport à l'opérateur / :
  1. (float) 5/2 est égale à 2.5
  2. (float) (5/2) est égale à 2.0

Corrigé

	a	b	c	d	Explication
Ligne 5	2	-	-	-	a = 10 / 4 = 2 (C'est le quotient)
Ligne 6	2	2.0	-	-	b = 10 / 4 = 2.0 (2 est converti d'une manière implicite en un float)
Ligne 7	2	2.0	2.5	-	c = (float) 10 / 4 = [(float) 10] / 4 = 10.0 / 4 = 2.5
Ligne 8	2	2.0	2.5	2.0	d = (float) (10 / 4) = (float) 2 = 2.0

Série 1 — Variables et opérateurs

Exercice 12 — Echange des valeurs de deux variables

Enoncé

Ecrivez un programme en C qui permet d'échanger les valeurs de deux variables nommées A et B

Exemple :

	A	B
Avant l'échange	5	3
Après l'échange	3	5

Astuces

Utilisez une variable intermédiaire pour pouvoir faire l'échange :
- Récupérez la valeur de A dans la varible intermédiaire C
- Mettez la valeur de B dans la variable A (La valeur de A sera écrasée mais elle est déjà sauvegardée dans la variable C)
- Mettez la valeur de C (Qui contient la valeur de A initiale) dans la variable B

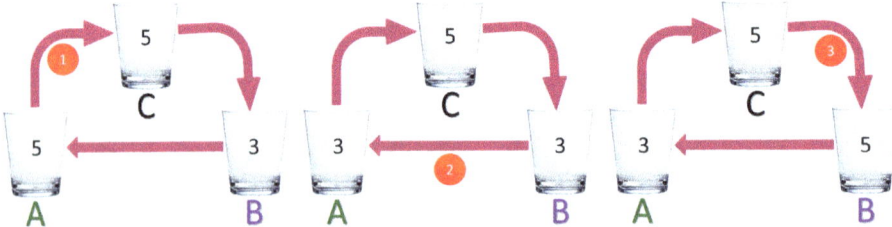

Corrigé

```c
#include <stdio.h>
main (){
int A = 5, B = 3;
// Variable intermédiaire
int C;
// L'opération d'échange
C = A;
A = B;
B = C;
}
```

Fonctions d'entrée-sortie conversationnelles

Série 2 — Fonctions d'entrée-sortie conversationnelles

Exercice 1 — Somme de deux nombres

Enoncé

Ecrivez un programme en C qui demande à l'utilisateur de saisir deux nombres réels et qui affiche leur somme avec deux chiffres après la virgule.

Exemple d'exécution :

Entrez la valeur du premier nombre : 5.25
Entrez la valeur du deuxieme nombre : 7.5
5.25 + 7.50 = 12.75

Astuces

Pour la saisie des deux nombres, utilisez la fonction scanf
- Pour la saisie d'un réel nommé x, utilisez scanf("%f",&x)
- Pour la saisie d'un entier nommé y, utilisez scanf("%d",&y)

Pour l'affichage de la somme, utilisez la fonction printf
- Pour l'affichage d'un réel nommé x, utilisez printf("%f",x)
- Pour l'affichage d'un entier nommé y, utilisez printf("%d",y)

Pour l'affichage d'un réel avec 2 chiffres après la virgule, utilisez %.2f au lieu de %f
Pour le calcul de la somme, utilisez l'opérateur arithmétique +

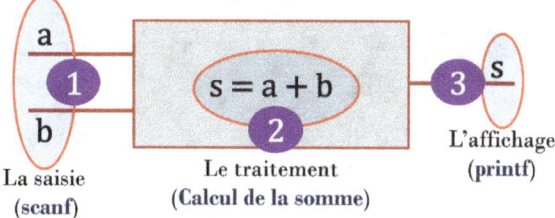

La saisie (scanf) — Le traitement (Calcul de la somme) — L'affichage (printf)

Corrigé

```c
#include <stdio.h>
int main (){
//Déclaration des variables
float a,b,s;
//Saisie de deux nombres
printf ("Entrez la valeur du premier nombre : ");
scanf ("%f", &a);
printf ("Entrez la valeur du deuxieme nombre : ");
scanf ("%f", &b);
//Calcul de la somme des deux nombres
s = a + b;
// Affichage de la somme des deux nombres
printf ("%.2f + %.2f = %.2f", a, b, s);
return 0;
}
```

Série 2 — Fonctions d'entrée-sortie conversationnelles

Exercice 2 — Produit de deux nombres

Enoncé

Ecrivez un programme en C qui demande à l'utilisateur de saisir deux nombres entiers et qui affiche leur produit.

Exemple d'exécution :

Entrez la valeur d'un entier a : 5
Entrez la valeur d'un entier b : 7
5 x 7 = 35

Astuces

Pour la saisie des deux nombres, utilisez la fonction scanf
- Pour la saisie d'un réel nommé x, utilisez scanf("%f",&x)
- Pour la saisie d'un entier nommé y, utilisez scanf("%d",&y)

Pour l'affichage de la somme, utilisez la fonction printf
- Pour l'affichage d'un réel nommé x, utilisez printf("%f",x)
- Pour l'affichage d'un entier nommé y, utilisez printf("%d",y)

Pour le calcul du produit, utilisez l'opérateur arithmétique *

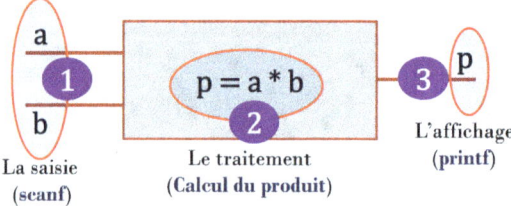

La saisie (scanf) — Le traitement (Calcul du produit) — L'affichage (printf)

Corrigé

```c
#include <stdio.h>
int main (){
//Déclaration des variables
int a, b, p;
//Saisie de deux entiers
printf ("Entrez la valeur d'un entier a : ");
scanf("%d",&a);
printf ("Entrez la valeur d'un entier b : ");
scanf("%d",&b);
//Calcul du produit
p = a * b;
// Affichage du produit
printf ("%d x %d = %d", a, b, p);
return 0;
}
```

Série 2 — Fonctions d'entrée-sortie conversationnelles

Exercice 3 — Division Euclidienne : Le calcul du quotient et du reste

Enoncé

Ecrivez un programme en C qui demande à l'utilisateur de saisir deux entiers a et b et qui affiche le quotient et le reste de la division Euclidienne de a par b.

Exemple d'exécution :

Entrez la valeur d'un entier a : 14
Entrez la valeur d'un entier b : 5
Le quotient est : 2
Le reste est : 4

Astuces

Pour le calcul du quotient, utilisez l'opérateur arithmétique /
Pour le calcul du reste, utilisez l'opérateur arithmétique %

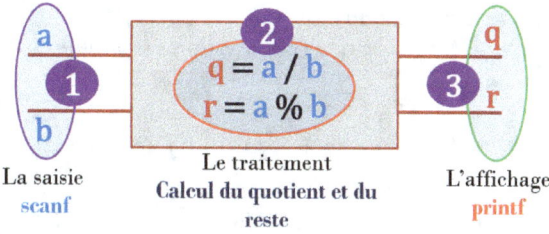

1. La saisie — scanf
2. Le traitement — Calcul du quotient et du reste ($q = a / b$, $r = a \% b$)
3. L'affichage — printf

Corrigé

```c
#include <stdio.h>
int main (){
    //Déclaration des variables
    int a, b, q, r;
    //Saisie de deux entiers
    printf ("Entrez la valeur d'un entier a : ");
    scanf ("%d", &a);
    printf ("Entrez la valeur d'un entier b : ");
    scanf ("%d", &b);
    //Calcul du quotient
    q = a / b;
    //Calcul du reste
    r = a % b;
    // Affichage du quotient et du reste
    printf ("Le quotient est : %d\nLe reste est : %d", q, r);
    return 0;
}
```

Série 2 — Fonctions d'entrée-sortie conversationnelles

Exercice 4 — Division exacte de deux entiers

Enoncé

Ecrivez un programme en C qui demande à l'utilisateur de saisir deux entiers a et b et qui affiche le résultat de leur division exacte avec deux chiffres après la virgule.

Exemple d'exécution :

Entrez la valeur d'un entier a : 14
Entrez la valeur d'un entier b : 5
14 / 5 = 2.80

Astuces

- Si x est déclaré comme étant un réel float : x = 5 / 2 = 2.0 et x = 5.0 / 2 = 2.5
  1. Deux entiers int donnent un entier int
  2. Un entier int et un réel float donnent un réel float (Convresion implicite)
- Pour obtenir le résultat exacte de la division de deux entiers, il faut convertir l'un des deux en réel float à l'aide du casting : x = (float) 5 / 2 = 5.0 / 2 = 2.5
- Pour affichez un réel float avec deux chiffres après la virgule, utilisez le format %.2f

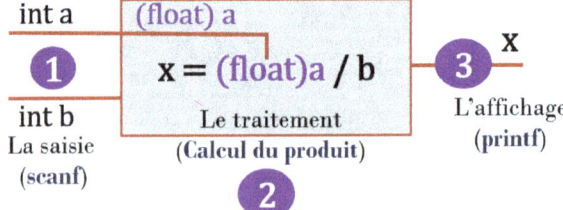

Corrigé

```
1  #include <stdio.h>
2  int main (){
3  //Déclaration des variables
4  int a,b;
5  float x;
6  //Saisie de deux entiers
7  printf ("Entrez la valeur d'un entier a : ");
8  scanf ("%d",&a);
9  printf ("Entrez la valeur d'un entier b : ");
10 scanf ("%d",&b);
11 //Calcul du résultat de la division exacte
12 x = (float) a / b;
13 // Affichage du résultat
14 printf ("%d / %d = %.2f",a,b,x);
15 return 0;
16 }
```

Série 2 — Fonctions d'entrée-sortie conversationnelles

Exercice 5 — Echange des valeurs de deux variables

Enoncé

Ecrivez un programme en C qui demande à l'utilisateur de saisir deux entiers a et b et qui échange leurs valeurs. Le programme affichera les valeurs avant et après l'échange.

Exemple d'exécution :

Entrez la valeur d'un entier a : 14
Entrez la valeur d'un entier b : 25
Avant :
a = 14   b = 25
Apres :
a = 25   b = 14

Astuces

Pour faire l'échange des valeurs de deux variables, utilisez une variable intermédiaire.

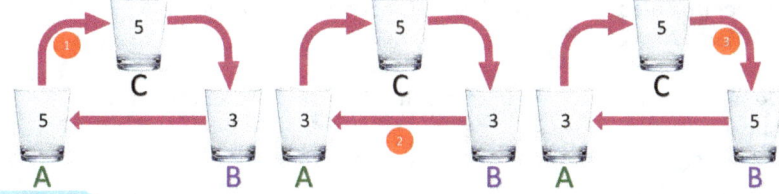

Corrigé

```c
#include <stdio.h>
main (){
//Déclaration des variables
int a, b, c;
//Saisie de deux entiers
printf ("Entrez la valeur d'un entier a : ");
scanf ("%d", &a);
printf ("Entrez la valeur d'un entier b : ");
scanf ("%d", &b);
//Affichage avant l'échange
printf ("Avant:\na = %d\tb = %d\n", a, b);
//L'échange
c = a;
a = b;
b = c;
//Affichage après l'échange
printf ("Apres:\na = %d\tb = %d",a,b);
return 0;
}
```

Série 2 — Fonctions d'entrée-sortie conversationnelles

Exercice 6 — Saisie et affichage des caractères

Enoncé

Ecrivez un programme en C qui demande à l'utilisateur de saisir deux caractères a et b et qui affiche leurs valeurs.

Exemple d'exécution :

1er caractère : !
2ème caractère : X
a = !
b = X

Astuces

Pour saisir un caractère A, on utilise la fonction scanf ou getchar :
- scanf ("%c" , &A)
- A = getchar()

Pour afficher un caractère A, on utilise la fonction printf ou putchar :
- printf ("%c" , A)
- putchar(A)

Avant de saisir un caractère, effacez le buffer à l'aide de la fonction fflush ou getchar :
- fflush(stdin)
- while (getchar () != '\n')

Corrigé

```
1  #include <stdio.h>
2  int main () {
3  //Déclaration des variables
4  char a, b;
5  //Saisie du 1er caractère
6  printf ("1er caractere : ");
7  scanf ("%c", &a);
8  //Vidage du Buffer
9  fflush (stdin);
10 //Saisie du 2ème caractère
11 printf ("2eme caractere : ");
12 scanf ("%c", &b);
13 //Affichage des 2 caractères
14 printf ("a = %c\n", a);
15 printf ("b = %c", b);
16 return 0;
17 }
```

```
1  #include <stdio.h>
2  int main () {
3  //Déclaration des variables
4  char a, b;
5  //Saisie du 1er caractère
6  printf ("1er caractere : ");
7  a = getchar();
8  //Vidage du Buffer
9  while(getchar()!='\n');
10 //Saisie du 2ème caractère
11 printf ("2eme caractere : ");
12 b = getchar ();
13 //Affichage des 2 caractères
14 printf ("a = ");
15 putchar(a);
16 printf ("\nb = ");
17 putchar(b);
18 return 0;
19 }
```

Série 2 — Fonctions d'entrée-sortie conversationnelles

Exercice 7 — Taille d'un type en C

Enoncé

Ecrivez un programme en C qui affiche la taille d'un entier **int**, d'un nombre à virgule **float** et d'un caractère **char**.

Exemple d'exécution :

Taille d'un int : 4 octet(s)
Taille d'un float : 4 octet(s)
Taille d'un char : 1 octet(s)

Astuces

Pour calculer la taille d'un type en C, il suffit d'utiliser la fonction sizeof :

- Pour un entier int : sizeof (int)
- Pour un entier short int : sizeof (short int)
- Pour un entier long int : sizeof (long int)
- Pour un entier non signé unsigned int : sizeof (unsigned int)
- Pour un nombre à virgule float : sizeof (float)
- Pour un nombre à virgule double : sizeof (double)
- Pour un nombre à virgule long double : sizeof (long double)
- Pour un caractère : sizeof (char)

Corrigé

```c
#include <stdio.h>

int main () {

    // Affichage de la taille d'un entier int
    printf ("Taille d\'un int : %d octet(s)\n",sizeof(int));

    // Affichage de la taille d'un réel float
    printf ("Taille d\'un float : %d octet(s)\n",sizeof(float));

    // Affichage de la taille d'un caractère char
    printf ("Taille d\'un char : %d octet(s)\n",sizeof(char));

    return 0;
}
```

Série 2 — Fonctions d'entrée-sortie conversationnelles

Exercice 8 — Code ASCII d'un caractère

Enoncé

Ecrivez un programme en C qui affiche le code ASCII de deux caractères entrés par l'utilisateur. Dans l'exemple d'exécution, utilisez un caractère en majiscule et son équivalent en miniscule.

Exemple d'exécution :

Entrez un caractère : A
Entrez un caractère : a
Le code ASCI de A est : 65
Le code ASCI de a est : 97

Astuces

Pour afficher la valeur d'un caractère ch, on utilise le format %c : printf ("%c", ch)
Pour afficher le code ASCII d'un caractère ch, on utilise le format %d : printf ("%d", ch)
Après la saisie d'un caractère, il faut effacer le buffer à l'aide de la fonction fflush :

- fflush (stdin)

Pour saisir un caractère, on peut utiliser soit :

- La fonction scanf avec le format %c : scanf ("%c" , &ch)
- La fonction getchar destinée aux caractères : ch = getchar ()

Corrigé

```c
#include <stdio.h>
int main (){
    // Déclaration des variables
    char a, b;
    // Saisie du 1er caractère
    printf ("Entrez un caractere : ");
    a = getchar ();
    // Vidage du Buffer
    fflush(stdin);
    // Saisie du 2ème caractère
    printf ("Entrez un caractere : ");
    b = getchar ();
    // Affichage du code ASCII
    printf ("Le code ASCI de %c est : %d\n", a, a);
    printf ("Le code ASCI de %c est : %d\n", b, b);
    return 0;
}
```

Série 2 — Fonctions d'entrée-sortie conversationnelles

Exercice 9 — Conversion d'une durée en secondes

Enoncé

Ecrivez un programme en C qui demande à l'utilisateur de saisir une durée en (Heures:Minutes:Secondes) et qui la convertit en secondes.

Exemple d'exécution :

Entrez une duree (HH:MM:SS) : 10:25:50
10h 25min 50sec = 37550 secondes

Astuces

- Une heure est égale à 3600 secondes
- Une minute est égale à 60 secondes
- Pour la saisie de la durée en utilisant une seule fonction scanf, utilisez le format suivant : scanf ("%d:%d:%d", &h,&m,&s)
  1. Le premier %d représente les heures
  2. Le deuxième %d représente les minutes
  3. Le troisième %d représente les secondes
- Attention d'oublier les deux points (:) lors de la saisie de la durée.

Corrigé

```c
#include <stdio.h>
int main (){
// Déclaration des variables
int h,m,s;
int d;
// Saisie de la durée en Heures:Minutes:Secondes
printf ("Entrez une duree (HH:MM:SS) : ");
scanf ("%d:%d:%d",&h ,&m , &s);
// Calcul de la durée en secondes
d = 3600 * h + 60 * m + s;
// Affichage de la durée en secondes
printf ("%dh %dmin %dsec  = %d secondes",h, m, s, d);
return 0;
}
```

Série 2 — Fonctions d'entrée-sortie conversationnelles

Exercice 10 — Conversion d'une durée en Heures:Minutes:Secondes

Enoncé

Ecrivez un programme en C qui demande à l'utilisateur de saisir une durée en seconces et qui la convertit en (Heures:Minutes:Secondes)

Exemple d'exécution :

Entrez la durée en secondes : 3920
3920 secondes = 1 Heure(s) 5 Minute(s) 20 Seconde(s)

Astuces

Le nombre d'heures est le quotient de la division Euclidienne par 3600
Le reste après la division précédente doit être divisé par 60 :
- Le quotient de cette division est le nombre de minutes
- Le reste de cette division est le nombre de secondes

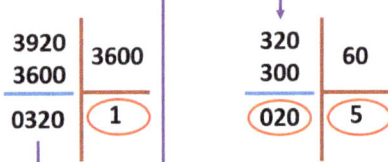

Corrigé

```c
#include <stdio.h>
int main () {
    // Déclaration des variables
    int h, m, s;
    int d;

    // Saisie de la durée en secondes
    printf ("Entrez la duree en secondes : ");
    scanf ("%d", &d);

    // Conversion de la durée
    h = d / 3600 ;
    m = ( d % 3600 ) / 60 ;
    s = ( d % 3600 ) % 60 ;

    // Affichage de la durée après la conversion
    printf ("%d secondes = %d ", d);
    printf ("%d Heure(s) ", h);
    printf ("%d Minute(s) ", m);
    printf ("%d Seconde(s)", s);
    return 0;
}
```

Série 2 — Fonctions d'entrée-sortie conversationnelles

Exercice 11 — Calcul de la surface d'un cercle

Énoncé

Ecrivez un programme en C qui demande à l'utilisateur de saisir le rayon d'un cercle et qui affiche sa surface avec deux chiffres après la virgule.

Exemple d'exécution :

Entrez le rayon du cercle : 5

La surface du cercle est : 78.50

Astuces

Le rayon et la surface sont des nombres réels

- Pour la saisie d'un réel nommé x, utilisez scanf("%f",&x)
- Pour l'affichage d'un réel nommé x avec deux chiffre après la virgule, utilisez printf("%f",x)

La surface d'un cercle est : Surface = π x (Rayon)^2

Pour la constante π, utilisez sa valeur approximative 3.14

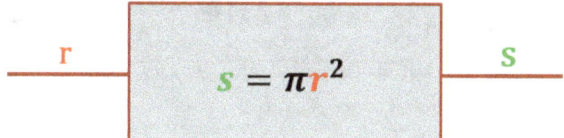

Corrigé

```
1   #include <stdio.h>
2   int main () {
3   // Déclaration des variables
4   float rayon, surface;
5   // Saisie du rayon du cercle
6   printf ("Entrez le rayon du cercle : ");
7   scanf ("%f", &rayon);
8   // Calcul de la surface du cercle
9   surface = 3.14 * rayon * rayon ;
10  // Affichage de la surface du cercle
11  printf ("La surface du cercle est : %.2f", surface);
12  return 0;
13  }
```

Série 2 — Fonctions d'entrée-sortie conversationnelles

Exercice 12 — Calcul de la surface et du volume d'une sphère

Enoncé

Ecrivez un programme en C qui demande à l'utilisateur de saisir le rayon d'une sphère et qui affiche sa surface et son volume avec deux chiffres après la virgule.

Exemple d'exécution :

Entrez le rayon d'une sphere :2.5
La surface de la sphere est : 78.50
Le volume de la sphere est : 65.42

Astuces

Le rayon, la surface et le volume sont des nombres réels
La surface d'une sphère est : Surface = 4π x (Rayon)^2
Le volume d'une sphère est : Volume = (4.0/3) π x (Rayon)^3
Pour la constante π, utilisez sa valeur approximative 3.14

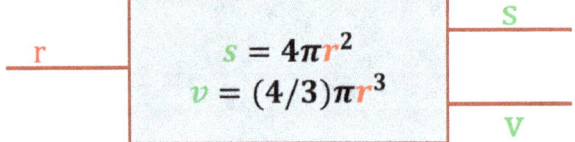

$$s = 4\pi r^2$$
$$v = (4/3)\pi r^3$$

Corrigé

```c
#include <stdio.h>
int main (){
// Déclaration des variables
float r;
float s,v;
// Saisie du rayon de la sphère
printf ("Entrez le rayon d\'une sphere :");
scanf("%f",&r);
// Calcul de la surface et du volume de la sphère
s = 4 * 3.14 * r * r ;
v = (4./3) * 3.14 * r * r * r ;
// Affichage de la surface et du volume de la sphère
printf ("La surface de la sphere est : %.2f\n", s);
printf ("Le volume de la sphere est : %.2f\n", v);
return 0;
}
```

Série 2 — Fonctions d'entrée-sortie conversationnelles

Exercice 13 — Calcul de la surface et du volume d'un cylindre

Enoncé

Ecrivez un programme en C qui demande à l'utilisateur de saisir le rayon d'un cylindre et qui affiche sa surface et son volume avec deux chiffres après la virgule.

Exemple d'exécution :

Entrez le rayon d'un cylindre :3.5
Entrez la hauteur d'un cylindre :2.5
La surface du cylindre est : 131.88
Le volume du cylindre : 96.16

Astuces

La surface d'un cylindre est : Surface = 2π x Rayon x (Rayon + Hauteur)
Le volume d'une sphère est : Volume = π x Hauteur x(Rayon)^2
Pour la constante π, utilisez sa valeur approximative 3.14

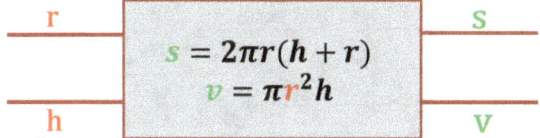

$$s = 2\pi r(h + r)$$
$$v = \pi r^2 h$$

Corrigé

```c
#include <stdio.h>
int main () {
// Déclaration des variables
float r,h;
float s,v;
// Saisie du rayon et de la hauteur d'un cylindre
printf ("Entrez le rayon d\'un cylindre :");
scanf ("%f", &r);
printf ("Entrez la hauteur d\'un cylindre :");
scanf ("%f", &h);
// Calcul de la surface et du volume d'un cylindre
s = 2 * 3.14 * r * (h + r) ;
v = 3.14 * r * r * h ;
// Affichage des résultats
printf ("La surface du cylindre est : %.2f\n", s);
printf ("Le volume du cylindre : %.2f\n", v);
return 0;
}
```

Série 2 — Fonctions d'entrée-sortie conversationnelles

Exercice 14 — Calcul de la moyenne de 3 nombres

Enoncé

Ecrivez un programme en C qui demande à l'utilisateur de saisir 3 nombres et qui affiche leur moyenne.

Exemple d'exécution :

Saisir un nombre a : 5
Saisir un nombre b : 4
Saisir un nombre c : 6

La moyenne est : 5.00

Astuces

La moyenne est la somme des trois nombres divisée par 3

$$moy = \frac{(a + b + c)}{3}$$

Corrigé

```c
#include <stdio.h>
int main () {
// Déclaration des variables
float a, b, c;
float moy;
// Saisie des 3 nombres
printf ("Saisir un nombre a : ");
scanf ("%f",&a);
printf ("Saisir un nombre b : ");
scanf ("%f",&b);
printf ("Saisir un nombre c : ");
scanf("%f",&c);
// Calcul de la moyenne
moy = (a + b + c) / 3;
// Affichage de la moyenne
printf ("La moyenne est : %.2f\n", moy);
return 0;
}
```

Série 2 — Fonctions d'entrée-sortie conversationnelles

Exercice 15 — Calcul du prix TTC d'un article

Enoncé

Ecrivez un programme en C qui demande à l'utilisateur de saisir le prix d'un article hors taxe et qui affiche sa valeur TTC (le taux de TVA est 20%)

Exemple d'exécution :

Saisir le prix hors taxe d'un article : 10

Le prix TTC : 12.00

Astuces

Prix toute taxe comprise = 1.2 x Prix hors taxe

$$prixTTC = 1.2 * prixHT$$

prixHT → → prixTTC

Corrigé

```c
#include <stdio.h>
int main () {
// Déclaration des variables
float PrixTTC;
float PrixHT;
// Saisie du prix hors taxe HT
printf ("Saisir le prix hors taxe d\'un article : ");
scanf ("%f",&PrixHT);
// Calcul du prix toute taxe comprise TTC
PrixTTC = 1.2 * PrixHT;
// Affichage du prix TTC
printf ("Le prix TTC : %.2f\n", PrixTTC);
return 0;
}
```

| Série 2 | Fonctions d'entrée-sortie conversationnelles |

| Exercice 16 | Conversion décimale   Octale |

Enoncé

Ecrivez un programme en C qui permet de saisir un entier en décimale et qui donne sa valeur en octale.

Exemple d'exécution :

Entrez un entier dans la base decimale : 120

La valeur dans la base octale : 170

Astuces

Il faut utiliser le format "%o" pour afficher la valeur octale d'un nombre saisi avec le format %d

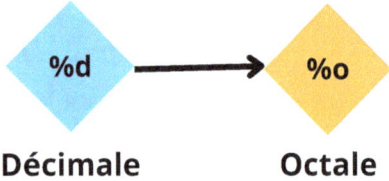

Décimale   Octale

Corrigé

```
1  #include <stdio.h>
2  int main () {
3      int n;
4      printf("Entrez un entier dans la base decimale : ");
5      scanf("%d", &n);
6      printf("La valeur dans la base octale : %o\n", n);
7      return 0;
8  }
```

Série 2 — Fonctions d'entrée-sortie conversationnelles

Exercice 17 — Conversion décimale   Hexadécimale

Enoncé

Ecrivez un programme en C qui permet de saisir un entier en décimale et qui donne sa valeur en hexadécimale.

Exemple d'exécution :

Entrez un entier dans la base decimale : 161

La valeur dans la base hexadecimale : a1

Astuces

Il faut utiliser le format "%x" pour afficher la valeur hexadécimale d'un nombre saisi avec le format %d

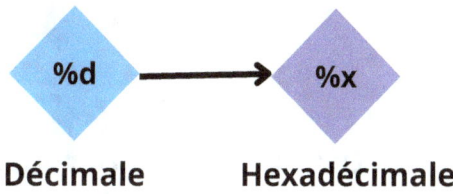

Décimale   Hexadécimale

Corrigé

```c
#include <stdio.h>
int main () {
    int n;
    printf("Entrez un entier dans la base decimale : ");
    scanf("%d", &n);
    printf("La valeur dans la base hexadecimale : %x\n", n);
    return 0;
}
```

Série 2 — Fonctions d'entrée-sortie conversationnelles

Exercice 18 — Conversion Octale Décimale

Enoncé

Ecrivez un programme en C qui permet de saisir un entier en octale et qui donne sa valeur en décimale.

Exemple d'exécution :

Entrez un nombre en octal : 154

La valeur decimale : 108

Astuces

Il faut utiliser le format %o pour saisir la valeur octale d'un nombre que vous voulez convertir et afficher en décimal %d

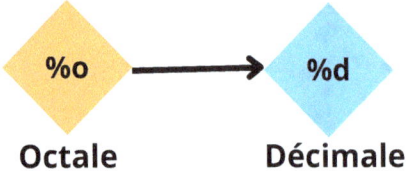

Octale   Décimale

Corrigé

```c
#include <stdio.h>
int main () {
    int n;
    printf("Entrez un nombre en octal : ");
    scanf("%o", &n);
    printf("La valeur decimale : %d\n", n);
    return 0;
}
```

Série 2 — Fonctions d'entrée-sortie conversationnelles

Exercice 19 — Conversion Hexadécimale Décimale

Enoncé

Ecrivez un programme en C qui permet de saisir un entier en hexadécimale et qui donne sa valeur en décimale.

Exemple d'exécution :

Entrez un nombre en hexadecimal : AB

La valeur decimale : 171

Astuces

Il faut utiliser le format %x pour saisir la valeur hexadécimal d'un nombre que vous voulez convertir et afficher en décimal %d

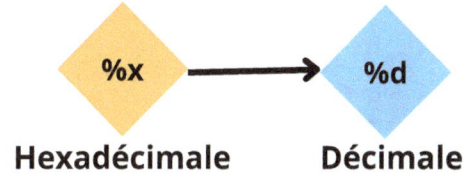

Hexadécimale   Décimale

Corrigé

```c
#include <stdio.h>
int main () {
    int n;
    printf("Entrez un nombre en hexadecimal : ");
    scanf("%x", &n);
    printf("La valeur decimale : %d\n", n);
    return 0;
}
```

Instructions de contrôle conditionnelles

Série 3 — Instructions de contrôle conditionnelles

Exercice 01 — Nombre pair ou impair

Enoncé

Ecrivez un programme en C qui demande à l'utilisateur de saisir un entier et qui affiche si cet entier est pair ou impair.

Exemple d'exécution 1 :

Entrez un entier : 5
5 est impair

Exemple d'exécution 2 :

Entrez un entier : 4
4 est pair

Astuces

Un nombre pair est un nombre divisible par 2. C'est-à-dire, le reste de sa division Euclidienne par 2 est égale à 0.

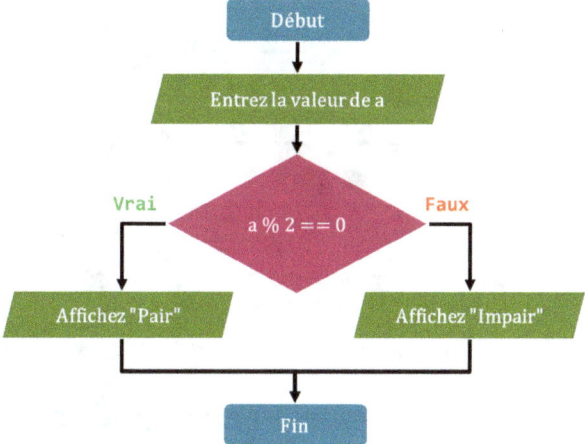

Corrigé

```c
#include <stdio.h>
int main (){
//Déclaration d'un nombre entier
int a;
// Saisie du nombre entier
printf ("Entrez un entier : ");
scanf ("%d",&a);
// Tester si le nombre est pair ou impair
if(a%2==0) printf ("%d est pair",a);
else printf ("%d est impair",a);
return 0;
}
```

Série 3 — Instructions de contrôle conditionnelles

Exercice 02 — Nombre positif, négatif ou nul

Enoncé

Ecrivez un programme en C qui demande à l'utilisateur de saisir un nombre et qui affiche si ce nombre est positif, négatif ou nul.

Exemple d'exécution 1 :

Entrez un entier :-10
-10.00 est negatif

Exemple d'exécution 2 :

Entrez un entier :10
10.00 est positif

Astuces

Un nombre peut être strictement positif, strictement négatif ou bien nul

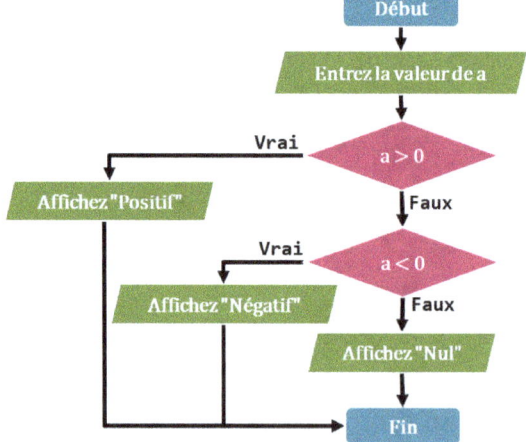

Corrigé

```
1  #include <stdio.h>
2  int main (){
3   //Déclaration d'un nombre
4   float a;
5   // Saisie du nombre
6   printf ("Entrez un nombre : ");
7   scanf ("%f",&a);
8   // Tester si le nombre est positif, négatif ou nul
9   if(a>0) printf ("%.2f est positif",a);
10  else if (a<0)printf ("%.2f est negatif",a);
11  else printf ("%.2f est nul",a);
12  return 0;
13 }
```

| Série 3 | Instructions de contrôle conditionnelles |

| Exercice 03 | Multiple d'un entier |

Enoncé

Ecrivez un programme en C qui demande à l'utilisateur de saisir un entier et qui affiche si cet entier est un multiple de 7 ou non.

Exemple d'exécution 1 :

Saisir un entier :15
15 n'est pas un multiple de 7

Exemple d'exécution 2 :

Saisir un entier :42
42 est un multiple de 7

Astuces

Un nombre entier est un multiple de 7 s'il est divisible 7. C'est-à-dire, le reste de sa division Euclidienne par 7 est égale à 0.

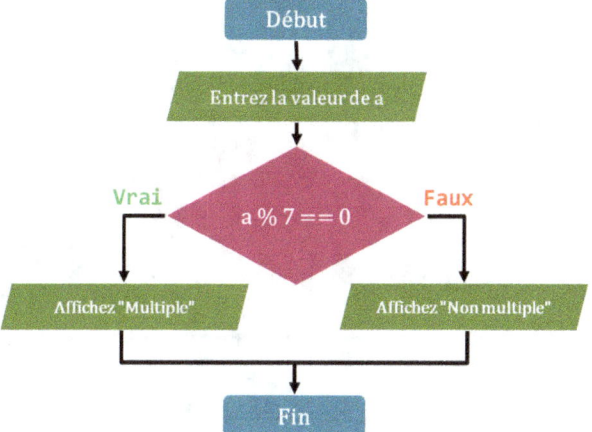

Corrigé

```
1   #include <stdio.h>
2   int main (){
3   //Déclaration d'un nombre entier
4   int a;
5   // Saisie du nombre
6   printf ("Entrez un entier : ");
7   scanf ("%d",&a);
8   // Tester s'il est un multiple de 7 ou non
9   if(a%7==0) printf ("%d est un multiple de 7",a);
10  else printf ("%d n'est pas un multiple de 7",a);
11  return 0;
12  }
```

Série 3 — Instructions de contrôle conditionnelles

Exercice 04 — Diviseur d'un entier

Enoncé

Ecrivez un programme en C qui demande à l'utilisateur de saisir un entier et qui affiche si cet entier est un diviseur de 100 ou non.

Exemple d'exécution 1 :

Entrez un entier : 5
5 est un diviseur de 100

Exemple d'exécution 2 :

Entrez un entier : 7
7 n'est pas un diviseur de 100

Astuces

Un nombre entier est un diviseur de 100 si le reste de la division Euclidienne de 100 par ce nombre est égale à 0.

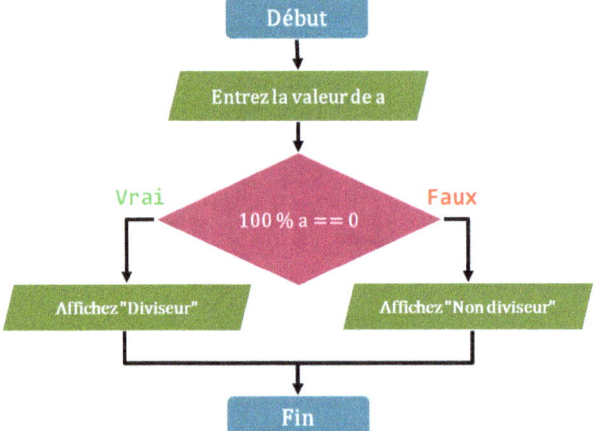

Corrigé

```
1  #include <stdio.h>
2  int main (){
3  //Déclaration d'un nombre entier
4  int a;
5  // Saisie du nombre
6  printf ("Entrez un entier : ");
7  scanf ("%d",&a);
8  // Tester si c'est un diviseur de 100 ou non
9  if(100%a==0) printf ("%d est un diviseur de 100",a);
10 else printf ("%d n'est pas un diviseur de 100",a);
11 return 0;
12 }
```

Série 3 : Instructions de contrôle conditionnelles

Exercice 05 : Le plus grand de deux nombres

Enoncé

Ecrivez un programme en C qui demande à l'utilisateur de saisir deux nombres et qui affiche le plus grand.

Exemple d'exécution 1 :

Entrez un nombre : 5
Entrez un nombre : 10
Le maximum est : 10.00

Astuces

Dans cette situation, vous avez deux possibilités : L'un dex deux nombres doit être le maximum.

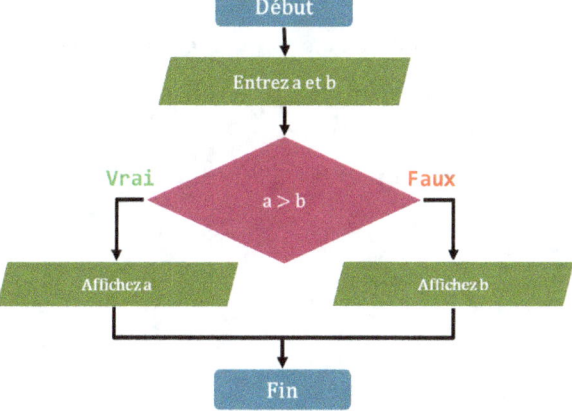

Corrigé

```c
#include <stdio.h>
int main (){
//Déclaration des variables
float a,b;
// Saisie des deux nombres
printf ("Entrez un nombre : ");
scanf ("%f",&a);
printf ("Entrez un nombre : ");
scanf ("%f",&b);
// Comparaison des deux nombres pour afficher le maximum
if(a>b) printf ("Le maximum est : %.2f",a);
else printf ("Le maximum est : %.2f",b);
return 0;
}
```

Série 3 — Instructions de contrôle conditionnelles

Exercice 06 — Le plus petit de trois nombres

Enoncé

Ecrivez un programme en C qui demande à l'utilisateur de saisir 3 nombres et qui affiche le minimum.

Exemple d'exécution 1 :

Entrez un nombre : 15

Entrez un nombre : 10

Entrez un nombre : 20

Le minimum est : 10.00

Astuces

Il existe trois possibilités où l'un des trois nombres est le minimum :

- Premier cas : a est inférieur à b et à c
- Deuxième cas : b est inférieur à a et à c
- Troisième cas : c est inférieur à a et à b

Corrigé

```c
#include <stdio.h>
#include <conio.h>
main (){
float a,b,c;
printf ("Entrez un nombre : ");
scanf ("%f",&a);
printf ("Entrez un nombre : ");
scanf ("%f",&b);
printf ("Entrez un nombre : ");
scanf ("%f",&c);
// Comparer les 3 nombres pour afficher le minimum
if(a<=b && a<=c) printf ("Le minimum est : %.2f",a);
else if (b<=a && b<=c) printf ("Le minimum est : %.2f",b);
else if (c<=a && c<=b) printf ("Le minimum est : %.2f",c);
getch();
}
```

| Série 3 | Instructions de contrôle conditionnelles |

| Exercice 07 | Valeur absolue d'un nombre |

Enoncé

Ecrivez un programme en C qui demande à l'utilisateur de saisir un nombre et qui affiche sa valeur absolue.

Exemple d'exécution 1 :

Entrez un nombre : -5
|-5.00| = 5.00

Astuces

- Si le nombre (a) est positif, sa valeur absolue est le nombre (a).
- Si le nombre (a) est négatif, sa valeur absolue est (-a).

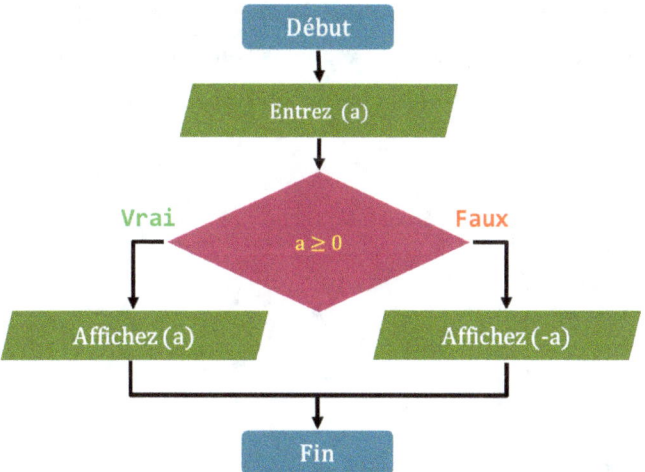

Corrigé

```
1  #include <stdio.h>
2  #include <conio.h>
3  main (){
4  float a;
5  printf ("Entrez un nombre : ");
6  scanf ("%f",&a);
7  if(a>=0) printf ("|%.2f| = %.2f",a,a);
8  else printf ("|%.2f| = %.2f",a,-a);
9  getch();
10 }
```

| Série 3 | Instructions de contrôle conditionnelles |

| Exercice 08 | Produit positif, négatif ou nul |

Enoncé

Ecrivez un programme en C qui demande à l'utilisateur de saisir 2 nombres et qui affiche si leur produit est positif, négatif ou nul sans calculer le produit.

Exemple d'exécution 1 :

Entrez un nombre : 5

Entrez un nombre : -7

Le produit est negatif

Exemple d'exécution 2 :

Entrez un nombre : -5

Entrez un nombre : -7

Le produit est positif

Astuces

- Si les deux nombres ont le même signe, leur produit est positif.
- Si les deux nombres ont des signes opposés, leur produit est négatif.
- Si l'un des deux nombres est nul, leur produit est également nul.

Corrigé

```c
#include <stdio.h>
int main (){
    float a,b;
    printf ("Entrez un nombre : ");
    scanf ("%f",&a);
    printf ("Entrez un nombre : ");
    scanf ("%f",&b);
    // Les deux nombres ont le même signe
    if(a>0 && b>0 || a<0 && b<0) {
        printf ("Le produit est positif");
    }
    // Les deux nombres ont des signes différents
    else if(a>0 && b<0 || a<0 && b>0) {
        printf ("Le produit est negatif");
    }
    // L'un des deux nombres est nul
    else {
        printf ("Le produit est nul");
    }
    return 0;
}
```

Série 3 : Instructions de contrôle conditionnelles

Exercice 09 : Mention d'un stagiaire

Enoncé

Ecrivez un programme en C qui demande à l'utilisateur de saisir la note d'un stagiaire et qui affiche sa mention.

Exemple d'exécution 1 :

Entrez la note : 13
Assez bien

Astuces

Les situations possibles sont :

Note	Mention
0 <= Note < 10	Redoublant
10 <= Note < 12	Passable
12 <= Note < 14	Assez bien
14 <= Note < 16	Bien
16 <= Note < 18	Très bien
18 <= Note <= 20	Excellent

Corrigé

```c
#include <stdio.h>
int main (){
    float a;
    printf ("Entrez la note : ");
    scanf ("%f",&a);
    if(a>=0 && a<10) printf ("Redoublant");
    else if(a>=10 && a<12) printf ("Passable");
    else if(a>=12 && a<14) printf ("Assez bien");
    else if(a>=14 && a<16) printf ("Bien");
    else if(a>=16 && a<18) printf ("Tres bien");
    else if(a>=18 && a<=20) printf ("Excellent");
    else printf("Note invalide");
    return 0;
}
```

Série 3 — Instructions de contrôle conditionnelles

Exercice 10 — Etat de l'eau

Enoncé

Ecrivez un programme en C qui demande à l'utilisateur de saisir la température de l'eau et qui affiche son état physique dans les condtions normales.

Exemple d'exécution :

Entrez la temperature : 120
Gaz

Astuces

3 cas possibles :

Température	Etat
T ≤ 0	Solide
0 < T < 100	Liquide
T ≥ 100	Gaz

Corrigé

```c
#include <stdio.h>
int main (){
    float t;
    printf ("Entrez la temperature : ");
    scanf ("%f",&t);
    // Température négative ou nulle
    if(t<=0) {
        printf ("Solide");
    }
    // Température entre 0 et 100
    else if(t>0 && t<100) {
        printf ("Liquide");
    }
    // Température est supérieure à 100
    else {
        printf ("Gaz");
    }
    return 0;
}
```

Série 3 — Instructions de contrôle conditionnelles

Exercice 11 — Inverse d'un nombre

Enoncé

Ecrivez un programme en C qui demande à l'utilisateur de saisir un nombre et qui affiche son inverse (Empêcher la division par 0).

Exemple d'exécution 1 :

Entrez un nombre : 5
1 / 5.00 = 0.20

Astuces

Il faut vérifier si le nombre est nul ou non. Dans le cas d'un nombre nul, l'inverse n'est pas défini.

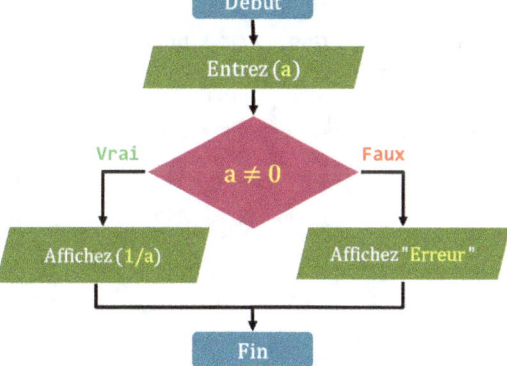

Corrigé

```
1   #include <stdio.h>
2   int main (){
3       float a;
4       printf ("Entrez un nombre : ");
5       scanf ("%f",&a);
6       // Possible de calculer l'inverse
7       if(a!=0) {
8           printf ("1 / %.2f = %.2f",a,1/a);
9       }
10      // Impossible de calculer l'inverse
11      else {
12          printf ("Erreur de division par 0");
13      }
14      return 0;
15  }
```

Série 3 — Instructions de contrôle conditionnelles

Exercice 12 — Validation de la forme triangulaire

Enoncé

Écrivez un programme en C qui vérifie si les longueurs des côtés saisies peuvent former la forme d'un triangle.

Exemple d'exécution 1 :

Entrez les longueurs :
a = 5
b = 2
c = 3
Ce n'est pas un triangle

Astuces

Une forme ne peut être un triangle que si la longueur de deux côtés est supérieure strictement à la longueur du troisième côté

Trois conditions que les côtés doivent respecter pour former un triangle :

- a + b > c
- a + c > b
- b + c > a

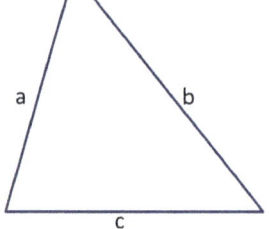

Corrigé

```c
#include <stdio.h>
int main (){
    float a,b,c;
    printf ("Entrez les longueurs :\n");
    printf ("a = ");
    scanf ("%f",&a);
    printf ("b = ");
    scanf ("%f",&b);
    printf ("c = ");
    scanf ("%f",&c);
    if (a + b > c && a + c > b && b + c > a) {
        printf("C'est un triangle.\n");
    }
    else {
        printf("Ce n'est pas un triangle\n");
    }
    return 0;
}
```

Série 3 : Instructions de contrôle conditionnelles

Exercice 13 : Ajout d'une minute

Enoncé

Ecrivez un programme en C qui demande à l'utilisateur de saisir une heure (HH:MM) et qui affiche l'heure une minute après.

Exemple d'exécution 1 :

Entrez une heure (HH:MM) : 12:59

Nouvelle heure : 13 : 00

Astuces

Il existe 4 cas :

- Lorsque les minutes   [0,58] et les heures   [0,23]
- Lorsque les minutes sont égales à 59 et les heures sont dans l'intervalle [0,22]
- Lorsque les minutes sont égales à 59 et les heures sont égales à 23
- Lorsques l'heure saisie n'est pas valide

Corrigé

```c
#include <stdio.h>
// Fonction du programme principal
int main (){
    int h,m;
    // Saisie de l'heure
    printf ("Entrez une heure (HH:MM) : ");
    scanf ("%d : %d",&h,&m);
    // Premier cas
    if(m>=0 && m<=58 && h>=0 && h<=23)
        printf("Nouvelle heure : %d : %d",h,m+1);
    // Deuxième cas
    else if(m==59 && h>=0 && h<23)
        printf ("Nouvelle heure : %d : 00",h+1);
    // Troisième cas
    else if(m==59 && h==23)
        printf ("Nouvelle heure : 00 : 00");
    // Quatrième cas : Heure invalide
    else printf ("Heure invalide");
    return 0;
}
```

| Série 3 | Instructions de contrôle conditionnelles |

Exercice 14 — Ajout d'une seconde

Enoncé

Ecrivez un programme en C qui demande à l'utilisateur de saisir une heure (HH:MM:SS) et qui affiche l'heure une seconde après.

Exemple d'exécution 1 :

Entrez une heure (HH:MM:SS) : 12:59:59
Nouvelle heure : 13 : 00 : 00

Astuces

Supposons que nous travaillons dans les intervalles valides : Les secondes S ∈ [0,59], les minutes M ∈ [0,59] et les heures H ∈ [0,23]

- Lorsque S ∈ [0,58]   S = S + 1
- Lorsque S = 59 et M ∈ [0,58]   S = 0 et M = M + 1
- Lorsque S = 59 , M = 59 et H ∈ [0,22]   S = 0, M = 0 et H = H + 1
- Lorsque S = 59 , M = 59 et H = 23   S = 0, M = 0 et H = 0

Corrigé

```c
#include <stdio.h>
int main (){
    int h,m,s;
    printf ("Entrez une heure (HH:MM:SS) : ");
    scanf ("%d : %d : %d",&h,&m,&s);
    if (s>=0 && s<=58 && m>=0 && m<=59 && h>=0 && h<=23)
        printf ("Nouvelle heure : %d : %d : %d",h,m,s+1);
    else if (s==59 && m>=0 && m<59 && h>=0 && h<=23)
        printf ("Nouvelle heure : %d : %d : 00",h,m+1);
    else if (s==59 && m==59 && h>=0 && h<23)
        printf ("Nouvelle heure : %d : 00 : 00",h+1);
    else if (s==59 && m==59 && h==23)
        printf ("Nouvelle heure : 00 : 00 : 00");
    else printf ("Heure invalide");
    return 0;
}
```

Série 3 : Instructions de contrôle conditionnelles

Exercice 15 : Soustraction d'une minute

Enoncé

Ecrivez un programme en C qui demande à l'utilisateur de saisir une heure (HH :MM) et qui affiche l'heure une minute avant.

Exemple d'exécution 1 :

Entrez une heure (HH:MM) : 12:00
Nouvelle heure : 11 : 59

Astuces

Supposons que nous travaillons dans les intervalles valides : Les minutes M ∈ [0,59] et les heures H ∈ [0,23]

- Lorsque M ∈ [1,59]   M = M - 1
- Lorsque M = 0 et H ∈ [1,23]   M = 59 et H = H - 1
- Lorsque M = 0 et H = 0   M = 59 et H = 23

Corrigé

```c
#include <stdio.h>
int main (){
    int h,m;
    // Saisie de l'heure
    printf ("Entrez une heure (HH:MM) : ");
    scanf ("%d : %d",&h,&m);
    // Cas 1
    if(m>0 && m<=59 && h>=0 && h<=23)
        printf ("Nouvelle heure : %d : %d",h,m-1);
    // Cas 2
    else if(m==0 && h>0 && h<=23)
        printf ("Nouvelle heure : %d : 59",h-1);
    // Cas 3
    else if(m==0 && h==0)
        printf ("Nouvelle heure : 23 : 59");
    // Cas 4 : Losque les entrées ne sont pas valides
    else printf ("Heure invalide");
    return 0;
}
```

Série 3 — Instructions de contrôle conditionnelles

Exercice 16 — Soustraction d'une seconde

Enoncé

Ecrivez un programme en C qui demande à l'utilisateur de saisir une heure (HH:MM:SS) et qui affiche l'heure une seconde avant.

Exemple d'exécution 1 :

Entrez une heure (HH:MM:SS) : 12:59:00
Nouvelle heure : 12 : 58 : 59

Astuces

Supposons que nous travaillons dans les intervalles valides : Les secondes S ∈ [0,59], les minutes M ∈ [0,59] et les heures H ∈ [0,23]

- Lorsque S ∈ [1,59]   S = S - 1
- Lorsque S = 0 et M ∈ [1,59]   S = 59 et M = M - 1
- Lorsque S = 0 , M = 0 et H ∈ [1,23]   S = 59, M = 59 et H = H - 1
- Lorsque S = 0 , M = 0 et H = 0   S = 59, M = 59 et H = 23

Corrigé

```c
#include <stdio.h>
int main (){
    int h,m,s;
    // Saisie de l'heure
    printf ("Entrez une heure (HH:MM:SS) : ");
    scanf ("%d : %d : %d",&h,&m,&s);
    // Cas 1
    if(s>0 && s<=59 && m>=0 && m<=59 && h>=0 && h<=23)
        printf ("Nouvelle heure : %d : %d : %d",h,m,s-1);
    // Cas 2
    else if(s==0 && m>0 && m<=59 && h>=0 && h<=23)
        printf ("Nouvelle heure : %d : %d : 59",h,m-1);
    // Cas 3
    else if(s==0 && m==0 && h>0 && h<=23)
        printf ("Nouvelle heure : %d : 59 : 59",h-1);
    // Cas 4
    else if(s==0 && m==0 && h==0)
        printf ("Nouvelle heure : 23 : 59 : 59");
    // Cas 5 : Les entrées ne sont pas valides
    else printf ("Heure invalide");
    return 0;
}
```

Série 3 — Instructions de contrôle conditionnelles

Exercice 17 — Durée d'un voyage

Enoncé

Ecrivez un programme en C qui demande à l'utilisateur de saisir l'heure de départ du train (HH:MM) et l'heure d'arrivée (HH:MM) et qui affiche la durée du voyage.

Exemple d'exécution 1 :

Heure de depart (HH:MM) : 12:30
Heure d'arrivee (HH:MM) : 14:20
Duree : 01 H 50 Min

Astuces

Si l'heure d'arrivée est inférieure à l'heure de départ, cela signifie que l'arrivée aura lieu le jour suivant et qu'il faudra ajouter 24 heures.

Après avoir ajouté 24 heures, vérifiez si les minutes de départ sont supérieures à celles d'arrivée. Si c'est le cas, convertissez une heure de l'heure d'arrivée en minutes.

```
      +24                  -1
                          +24   +60           -1   +60
    10 H 35             10 H 35           18 H 35           18 H 35
  - 12 H 22           - 10 H 40         - 12 H 40         - 12 H 22
    ───────             ───────           ───────           ───────
    22 H 13             23 H 55           05 H 55           06 H 13
```

Corrigé

```c
#include <stdio.h>
int main() {
    int h1, m1, h2, m2, hd, md;
    printf("Heure de depart (HH:MM) : ");
    scanf("%d:%d", &h1, &m1);
    printf("Heure d'arrivee (HH:MM) : ");
    scanf("%d:%d", &h2, &m2);
    if (h2 < h1 || (h2 == h1 && m2 < m1)) h2 += 24;
    if (m2 < m1) {
        m2 += 60;
        h2 -= 1;
    }
    md = m2 - m1;
    hd = h2 - h1;
    printf("Duree : %02d H %02d Min\n", hd, md);
    return 0;
}
```

Série 3 — Instructions de contrôle conditionnelles

Exercice 18 — Heure d'arrivée

Enoncé

Ecrivez un programme en C qui demande à l'utilisateur de saisir l'heure de départ du train (HH:MM) et la durée du voyage et qui affiche l'heure d'arrivée (HH:MM).

Exemple d'exécution 1 :

Heure de depart (HH:MM) : 23:30
Duree de voyage (Heure:Minute) : 3:50
Heure d'arrivee : 03:20

Astuces

```
   18 H 35          30 H 75           31 H 15
 +                    +1   -60          -24
   12 H 40
  ────────         ────────          ────────
   30 H 75          31 H 15           07 H 15
```

Corrigé

```c
#include <stdio.h>
int main() {
    int h1, m1, hd, md, h2, m2;
    printf("Heure de depart (HH:MM) : ");
    scanf("%d:%d", &h1, &m1);
    printf("Duree de voyage (Heure:Minute) : ");
    scanf("%d:%d", &hd, &md);
    m2 = m1 + md;
    h2 = h1 + hd;
    if (m2 >= 60) {
        m2 -= 60;
        h2 += 1;
    }
    if (h2 >= 24) {
        h2 -= 24;
    }
    printf("Heure d'arrivee : %02d:%02d\n", h2, m2);
    return 0;
}
```

Série 3 — Instructions de contrôle conditionnelles

Exercice 19 — Année bissextile et année commune

Enoncé

Ecrivez un programme en C qui demande à l'utilisateur de saisir une année et qui affiche si cette année est bissextile ou commune.

Exemple d'exécution 1 :

Entrez une annee : 2020
Cette annee est bissextile.

Exemple d'exécution 2 :

Entrez une annee : 2021
Cette annee est commune.

Astuces

- Une année est bissextile si elle est divisible par 4.
- Cependant, si elle est divisible par 100, elle n'est pas bissextile.
- Sauf si elle est également divisible par 400, dans ce cas, elle est bissextile.

Exemples :

- 2000 % 4 = 0 et (2000 % 100 = 0 et 2000 % 400 = 0)   Bissextile
- 1900 % 4 = 0 et (1900 % 100 = 0 et 1900 % 400 ≠ 0)   Commune
- 2021 % 4 ≠ 0   Commune

Corrigé

```c
#include <stdio.h>
int main() {
    int a;
    // Saisie de l'année par l'utilisateur
    printf("Entrez une annee : ");
    scanf("%d", &a);
    // Cas d'une année bissextile
    if ((a % 400 == 0) || (a % 4 == 0 && a % 100 != 0)) {
        printf("Cette annee est bissextile.\n");
    }
    // Cas d'une année commune
    else {
        printf("Cette annee est commune.\n");
    }
    return 0;
}
```

Série 3 — Instructions de contrôle conditionnelles

Exercice 20 — Ajout d'un jour à une date

Enoncé

Ecrivez un programme en C qui demande à l'utilisateur de saisir une date et qui affiche la date un jour après.

Exemple d'exécution 1 :

Entrez une date (JJ/MM/AA) : 31/12/2000
Nouvelle date : 01/01/2001

Exemple d'exécution 2:

Entrez une date (JJ/MM/AA) : 29/02/2020
Nouvelle date : 01/03/2020

Astuces

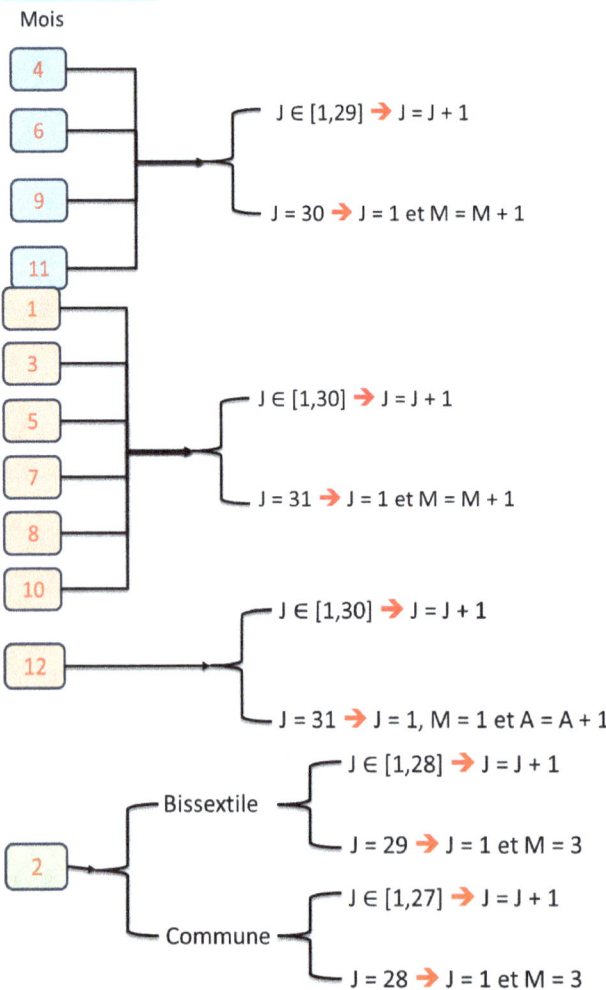

Série 3 — Instructions de contrôle conditionnelles

Exercice 20 — Ajout d'un jour à une date

Corrigé

```c
#include <stdio.h>
int main() {
    int j, m, a, valide = 1;
    printf("Entrez une date (JJ/MM/AA) : ");
    scanf("%d/%d/%d", &j, &m, &a);
    if ((m == 4 || m == 6 || m == 9 || m == 11)
        && (j >= 1 && j <= 30)) {
        if (j == 30) {
            j = 1;
            m++;
        } else j++;
    }
    else if ((m == 1||m==3||m==5||m==7||m==8||m==10||m==12)
            && (j >= 1 && j <= 31)) {
        if (j == 31) {
            j = 1;
            if (m == 12) {
                m = 1;
                a++;
            } else m++;
        }
        else j++;
    }
    else if (m == 2) {
        int bissextile = (a%400==0||(a%4==0 && a%100!=0));
        int max_jours = bissextile ? 29 : 28;
        if (j >= 1 && j <= max_jours) {
            if (j == max_jours) {
                j = 1;
                m++;
            } else j++;
        } else valide = 0;
    } else valide = 0;
    if (valide == 0) printf("Date invalide\n");
    else printf("Nouvelle date : %02d/%02d/%d", j, m, a);
    return 0;
}
```

Série 3 — Instructions de contrôle conditionnelles

Exercice 21 — Soustraction d'un jour d'une date

Enoncé

Ecrivez un programme en C qui demande à l'utilisateur de saisir une date et qui affiche la date un jour avant.

Exemple d'exécution 1 :

Entrez une date (JJ/MM/AA) : 01/03/2000
Nouvelle date : 29/02/2000

Exemple d'exécution 2:

Entrez une date (JJ/MM/AA) : 01/01/2024
Nouvelle date : 31/12/2023

Astuces

Pour le mois de janvier :

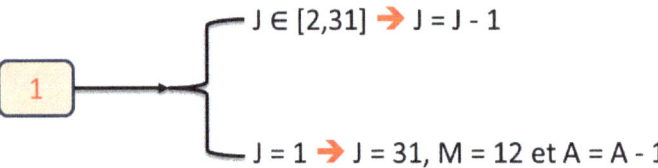

Pour le mois de février :

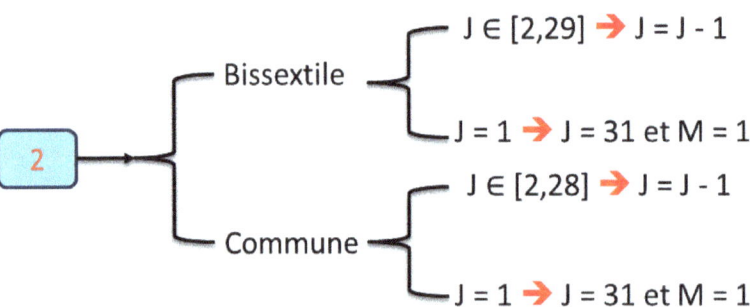

Pour le mois de mars :

- J ∈ [2,31] ➔ J = J - 1
- J = 1
  - Bissextile ➔ J = 29 et M = 2
  - Commune ➔ J = 28 et M = 2

Série 3 — Instructions de contrôle conditionnelles

Exercice 21 — Soustraction d'un jour d'une date

Pour les mois ayant 30 jours et dont le mois précédent en compte 31 (Mois 4, 6, 9 et 11)

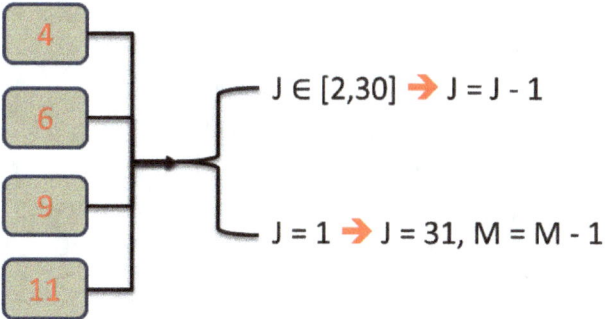

- J ∈ [2,30] ➔ J = J - 1
- J = 1 ➔ J = 31, M = M - 1

Pour les mois ayant 31 jours et dont le mois précédent en compte 30 (Mois 5, 7, 10 et 12)

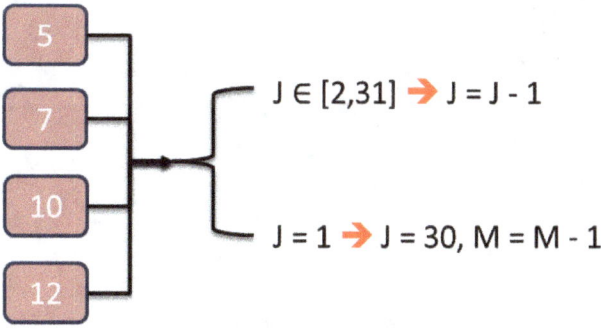

- J ∈ [2,31] ➔ J = J - 1
- J = 1 ➔ J = 30, M = M - 1

Pour les mois ayant 31 jours et dont le mois précédent en compte 31 (Mois 8)

- J ∈ [2,31] ➔ J = J - 1
- J = 1 ➔ J = 31, M = 7

Série 3 — Instructions de contrôle conditionnelles

Exercice 21 — Soustraction d'un jour d'une date

Corrigé

```c
#include <stdio.h>
int main() {
    int valide = 1;
    int j, m, a;
    printf("Entrez une date (JJ/MM/AA) : ");
    scanf("%d/%d/%d", &j, &m, &a);
    if (m == 1) {
        if (j > 1 && j <= 31) j--;
        else if (j == 1) {
            j = 31;
            m = 12;
            a--;
        } else valide = 0;
    } else if (m == 3) {
        if (j > 1 && j <= 31) j--;
        else if (j == 1) {
            if (a%400==0 || a%4==0 && a%100!=0) j = 29;
            else j = 28;
            m--;
        } else valide = 0;
    }
        else if (m == 2) {
            if (a%400==0 || a%4==0 && a%100!=0) {
                if (j > 1 && j <= 29) j--;
                else if (j == 1) {
                    j = 31;
                    m--;
                } else valide = 0;
            } else {
                if (j > 1 && j <= 28) j--;
                else if (j == 1) {
                    j = 31;
                    m--;
                } else valide = 0;
            }
        }
```

Série 3 — Instructions de contrôle conditionnelles

Exercice 21 — Soustraction d'un jour d'une date

Corrigé

```
37      else if (m==4 || m==6 || m==9 || m==11) {
38          if (j > 1 && j <= 30) j--;
39          else if (j == 1) {
40              j = 31;
41              m--;
42          } else valide = 0;
43      }
44      else if (m==5 || m==7 || m==10 || m==12 || m==8) {
45          if (j > 1 && j <= 31) j--;
46          else if (j == 1) {
47              j = (m == 8) ? 31 : 30;
48              m--;
49          } else valide = 0;
50      } else valide = 0;
51      if (valide == 0) printf("Date invalide\n");
52      else printf("Nouvelle date : %02d/%02d/%d", j, m, a);
53      return 0;
54  }
```

Série 3 — Instructions de contrôle conditionnelles

Exercice 22 — Solutions d'une équation du premier degré

Enoncé

Ecrivez un programme en C qui permet de résoudre une équation de 1er degré :
(ax + b = 0)

Exemple d'exécution 1 :

Equation ax+b=0
Entrez la valeur de a : 3
Entrez la valeur de b : 6
x=-2.00

Exemple d'exécution 2:

Equation ax+b=0
Entrez la valeur de a : 0
Entrez la valeur de b : 5
Pas de solution

Astuces

3 cas possibles pour résoudre une équation de premier degré (AX + B = 0) :

- Si A ≠ 0   X = -B/A
- Si A = 0 et B ≠ 0   Pas de solution
- Si A = 0 et B = 0   Toute valeur réelle est une solution

Corrigé

```c
#include <stdio.h>
int main (){
  float a,b;
  printf ("Equation ax+b=0\n");
  printf ("Entrez la valeur de a : ");
  scanf ("%f",&a);
  printf ("Entrez la valeur de b : ");
  scanf ("%f",&b);
  if(a!=0) printf ("x=%.2f",-b/a);
  else if(a==0 && b!=0)printf("Pas de solution");
  else printf ("Toute valeur est une solution");
  return 0;
}
```

Série 3 — Instructions de contrôle conditionnelles

Exercice 23 — Solutions d'une équation du deuxième degré

Enoncé

Ecrivez un programme en C qui permet de résoudre une équation de 2ème degré (aX^2+bX+c=0)

Exemple d'exécution 1 :

Equation aX^2+bX+c=0
Entrez la valeur de a : 1
Entrez la valeur de b : -2
Entrez la valeur de c : 1
x=1.00

Exemple d'exécution 2 :

Equation aX^2+bX+c=0
Entrez la valeur de a : 1
Entrez la valeur de b : 1
Entrez la valeur de c : 1
Pas de solution

Astuces

A ≠ 0 et Δ > 0 : $X = \dfrac{-B \pm \sqrt{B^2 - 4AC}}{2A}$ A ≠ 0 et Δ < 0 :   Pas de solution réelle

A ≠ 0 et Δ = 0 : $X = \dfrac{-B}{2A}$ A = 0 :   Equation de 1er degré

Corrigé

```c
#include <stdio.h>
#include <math.h>
int main (){
    float a,b,c,delta;
    printf ("Equation aX^2+bX+c=0\n");
    printf ("Entrez la valeur de a : ");
    scanf ("%f",&a);
    printf ("Entrez la valeur de b : ");
    scanf ("%f",&b);
    printf ("Entrez la valeur de c : ");
    scanf ("%f",&c);
    delta = b*b-4*a*c;
    if(a!=0){
        if(delta>0){
            printf ("x1=%.2f\n",(-b-sqrt(delta))/(2*a));
            printf ("x2=%.2f",(-b+sqrt(delta))/(2*a)); }
        else if (delta==0) printf ("x=%.2f",-b/2*a);
        else if(delta<0) printf ("Pas de solution");
    }
    else if (b!=0) printf ("x=%.2f",-c/b);
    else if (b==0 && c==0) printf ("L'ensemble R");
    else if (b==0 && c!=0) printf ("Pas de solution");
    return 0;
}
```

Série 3 — Instructions de contrôle conditionnelles

Exercice 24 — Calculatrice basique

Enoncé

Ecrivez un programme en C qui permet à l'utilisateur de choisir l'opération à effectuer (addition, soustraction, division ou multiplication) et qui affiche le résultat selon son choix.

Exemple d'exécution :

1 - Addition
2 - Soustraction
3 - Division
4 - Multiplication
Entrez la valeur de a : 5
Entrez la valeur de b : 2
Choisissez l'operation : 3
Le resultat de la division est : 2.50

Astuces

- Affichez un message indiquant à l'utilisateur les opérations possibles.
- Demandez à l'utilisateur de choisir une opération
- Utilisez **switch** avec les différents cas possibles.

Remarque :
Pour le cas de la division, n'oubliez pas de vérifier si le dénominateur est différent de 0.

Corrigé

```c
#include <stdio.h>
int main (){
    float a,b;
    int op;
    printf ("1-Addition\n2-Soustraction\n");
    printf ("3-Division\n4-Multiplication\n");
    printf ("Entrez la valeur de a : ");
    scanf ("%f",&a);
    printf ("Entrez la valeur de b : ");
    scanf ("%f",&b);
    printf ("Choisissez l\'operation : ");
    scanf ("%d",&op);
    switch(op){
        case 1 :printf ("%.2f + %.2f = %.2f",a,b,a+b);break;
        case 2 :printf ("%.2f - %.2f = %.2f",a,b,a-b);break;
        case 3 :if (b!=0) printf ("%.2f / %.2f = %.2f",a,b,a/b);
        else printf ("Erreur de division par 0");break;
        case 4 : printf ("%.2f * %.2f = %.2f",a,b,a*b); break;
        default : printf ("Operation invalide"); break;
    }
    return 0;
}
```

Instructions de contrôle itératives - for

Série 4 — Instructions de contrôle itératives - for

Exercice 01 — Répétition d'un message plusieurs fois

Enoncé

Ecrivez un programme en C qui permet d'afficher le message « Bonjour Mr QARA » 10 fois avec des retours à la ligne.

Exemple d'exécution :

Bonjour Mr QARA
Bonjour Mr QARA
Bonjour Mr QARA
Bonjour Mr QARA
Bonjour Mr QARA
Bonjour Mr QARA
Bonjour Mr QARA
Bonjour Mr QARA
Bonjour Mr QARA
Bonjour Mr QARA

Astuces

- Déclarez une variable pour la boucle for à l'extérieur de la boucle.
- Utilisez une boucle **for** pour répéter l'affichage du message 10 fois.
- Utilisez **printf** avec le message et ajoutez **\n** pour le retour à la ligne.

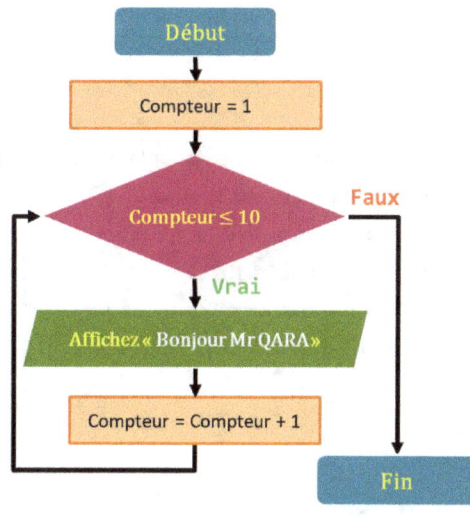

Corrigé

```c
#include <stdio.h>
int main (){
    int i;
    for (i=1;i<=10;i++) {
        printf ("Bonjour Mr QARA\n");
    }
    return 0;
}
```

Série 4 — Les instructions de contrôle itératives - for

Exercice 02 — Affichage des nombres de 1 à 10

Enoncé

Ecrivez un programme en C qui permet d'afficher les nombres entiers de 1 jusqu'à 10 avec des retours à la ligne.

Exemple d'exécution :

1
2
3
4
5
6
7
8
9
10

Astuces

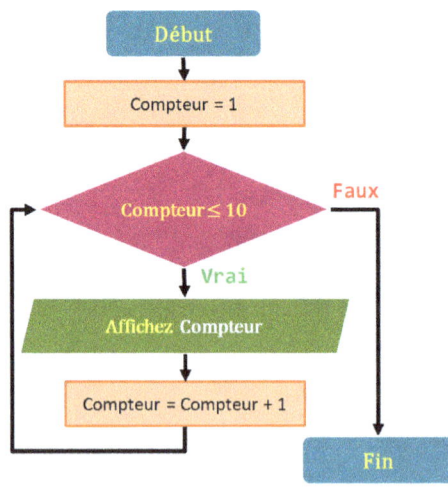

- Déclarez une variable i pour la boucle for à l'extérieur de la boucle.
- Utilisez une boucle for pour parcourir les nombres de 1 à 10.
- Utilisez printf pour afficher chaque nombre i suivi d'un retour à la ligne \n.

Corrigé

```c
#include <stdio.h>
int main (){
    int i;
    for (i=1;i<=10;i++) {
        printf ("%d\n",i);
    }
    return 0;
}
```

Série 4 : Les instructions de contrôle itératives - for

Exercice 03 : Affichage des nombres pairs de 1 à 20

Enoncé

Ecrivez un programme en C qui permet d'afficher les nombres pairs compris entre 1 et 20 avec des retours à la ligne.

Exemple d'exécution :

2
4
6
8
10
12
14
16
18
20

Astuces

Première méthode : Pas d'incrémentation égale à 2

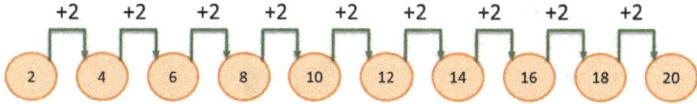

Deuxième méthode : Pas d'incrémentation égale à 1 avec une condition de filtrage

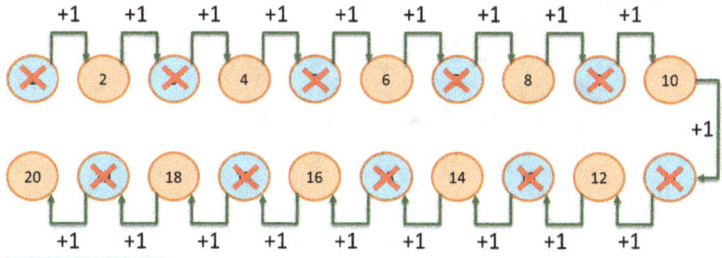

Corrigé

```
1  #include <stdio.h>
2  int main (){
3      int i;
4      for (i=2;i<=20;i=i+2){
5          printf ("%d\n",i);
6      }
7      return 0;
8  }
```

```
1  #include <stdio.h>
2  int main (){
3      int i;
4      for (i=1;i<=20;i++) {
5          if(i%2==0)
6          printf ("%d\n",i);
7      }
8      return 0;
9  }
```

| Série 4 | Les instructions de contrôle itératives - for |

| Exercice 04 | Saisie de dix entiers |

Enoncé

Ecrivez un programme en C qui permet de saisir dix entiers.

Exemple d'exécution :

Entier numero 1 : 5
Entier numero 2 : 10
Entier numero 3 : 7
Entier numero 4 : -15
Entier numero 5 : 14
Entier numero 6 : 3
Entier numero 7 : 8
Entier numero 8 : 9
Entier numero 9 : 12
Entier numero 10 : 0

Astuces

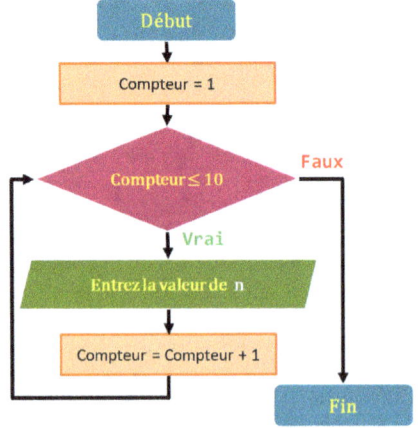

Corrigé

```c
#include <stdio.h>
int main (){
    int i,n;
    for (i=1;i<=10;i++){
        printf ("Entier numero %d : ",i);
        scanf ("%d",&n);
    }
    return 0;
}
```

Série 4 — Les instructions de contrôle itératives - for

Exercice 05 — Calcul de la somme de 1 à 100

Enoncé

Ecrivez un programme en C qui permet de calculer la somme :
S1 = 1 + 2 + 3 + 4 + 5 + 6 + ... + 100

Exemple d'exécution :

la somme S1 = 5050

Astuces

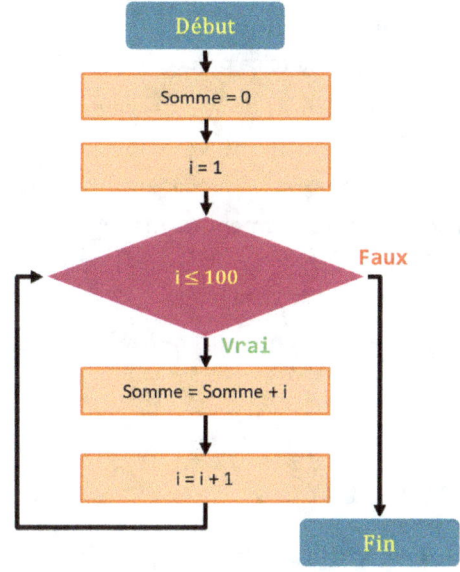

Corrigé

```c
#include <stdio.h>
int main (){
    int i;
    int S1=0;
    for (i=1;i<=100;i++){
        S1=S1+i;
    }
    printf("la somme S1 = %d",S1);
    return 0;
}
```

Série 4 — Les instructions de contrôle itératives - for

Exercice 06 — Calcul de la somme des nombres impairs de 1 à 99

Enoncé

Ecrivez un programme en C qui permet de calculer la somme :
$S2 = 1 + 3 + 5 + ... + 99$

Exemple d'exécution :

la somme S2 = 2500

Astuces

Première méthode :

Le même programme que le l'exercice précédent. Il suffit juste de commencer par 1 et d'incrémenter le compteur par 2.

Deuxième méthode :

Le même programme que le l'exercice précédent. Il suffit juste d'ajouter, dans le bloc **for**, une condition pour choisir seulement les nombres impairs.

Corrigé

```c
#include <stdio.h>
int main (){
    int i;
    int S2 = 0;
    for (i = 1; i <= 99; i = i + 2 ) {
        S2 = S2 + i ;
    }
    printf("la somme S2 = %d",S2);
    return 0;
}
```

```c
#include <stdio.h>
int main (){
    int i;
    int S2 = 0;
    for (i = 1; i <= 99; i++ ) {
        if( i % 2 != 0 )
            S2 = S2 + i ;
    }
    printf("la somme S2 = %d",S2);
    return 0;
}
```

Série 4 — Les instructions de contrôle itératives - for

Exercice 07 — Calcul de la somme des carrés de 1 à 100

Enoncé

Ecrivez un programme en C qui permet de calculer la somme :
S3 = 1^2 + 2^2 + 3^2 + 4^2 + 5^2 + 6^2 + ... + 100^2

Exemple d'exécution :

la somme S3 = 338350

Astuces

Le programme est identique à celui de l'exercice (Série 04 - Exercice 05), à la différence près que vous devez ajouter **i^2** à la somme dans la boucle **for** au lieu de simplement ajouter **i**.

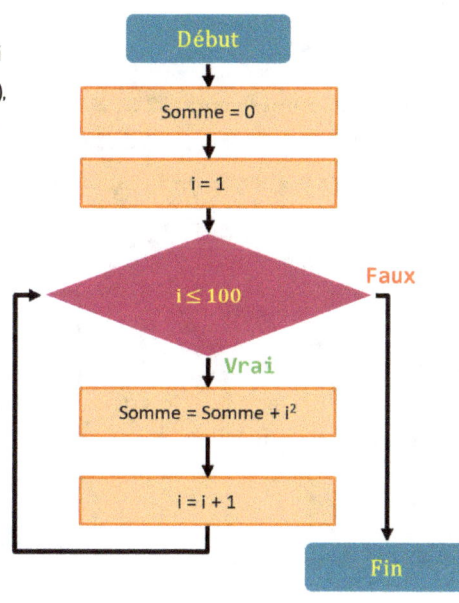

Corrigé

```
#include <stdio.h>
int main (){
    int i;
    int S3 = 0;
    for (i = 1; i <= 100; i++){
        S3 = S3 + i*i;
    }
    printf("la somme S3 = %d",S3);
    return 0;
}
```

| Série 4 | Les instructions de contrôle itératives - for |

| Exercice 08 | Calcul de la somme des fractions 1/2 à 99/100 |

Enoncé

Ecrivez un programme en C qui permet de calculer la somme :
S4 = 1/2 + 2/3 + 3/4 + 4/5 + 5/6 + ... + 98/99 + 99/100

Exemple d'exécution :

la somme S4 = 94.81

Astuces

- Les valeurs des numérateurs : 1,2,3, ...,99
- Les valeurs des dénominateurs : 2,3, ...,100
- Dénominateur = numérateur + 1

Remarque:
N'oubliez pas d'utilser le **casting** lors de l'utilisation de l'opérateur **/**

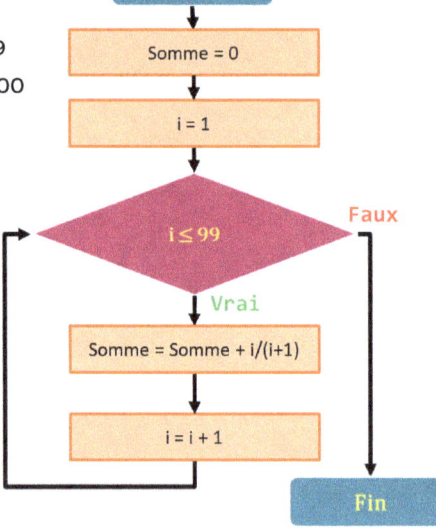

Corrigé

```c
#include <stdio.h>
int main (){
    int i;
    float S4 = 0;
    for (i = 1; i <= 99; i++) {
        S4 = S4 + (float)i/(i+1);
    }
    printf("la somme S4 = %.2f",S4);
    return 0;
}
```

Série 4 — Les instructions de contrôle itératives - for

Exercice 09 — Calcul de la somme 1/2 - 2/3 + 3/4 - 4/5 + ... - 98/99 + 99/100

Enoncé

Ecrivez un programme en C qui permet de calculer la somme :
S5 = 1/2 - 2/3 + 3/4 - 4/5 + 5/6 - ... - 98/99 + 99/100

Exemple d'exécution :

la somme S5 = 0.69

Astuces

- Les valeurs des numérateurs : 1,2,3, ...,99
- Les valeurs des dénominateurs : 2,3, ...,100
- Lorsque le numérateur est impair, on utilise " + "
- Lorsque le numérateur est pair, on utilise " - "
- Dénominateur = numérateur + 1

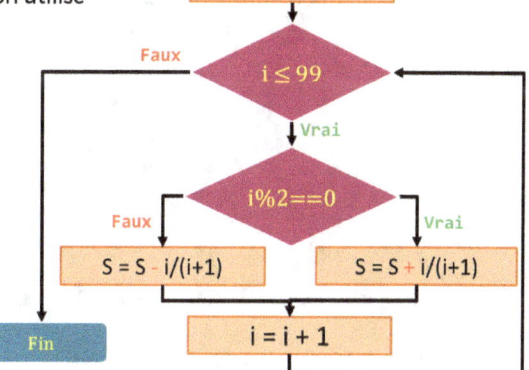

Remarque :
N'oubliez pas d'utilser le **casting** lors de l'utilisation de l'opérateur **/**

Corrigé

```c
#include <stdio.h>
int main (){
    int i;
    float S5=0;
    for (i=1;i<=99;i++){
        if(i%2!=0)
            S5=S5+(float)i/(i+1);
        else
            S5=S5-(float)i/(i+1);
    }
    printf("la somme S5 = %.2f",S5);
    return 0;
}
```

Série 4 — Les instructions de contrôle itératives - for

Exercice 10 — Calcul du produit de 1 à 10

Enoncé

Ecrivez un programme en C qui permet de calculer le produit :
P1 = 1 * 2 * 3 * 4 * 5 * 6 * ... * 10

Exemple d'exécution :

le produit = 3628800

Astuces

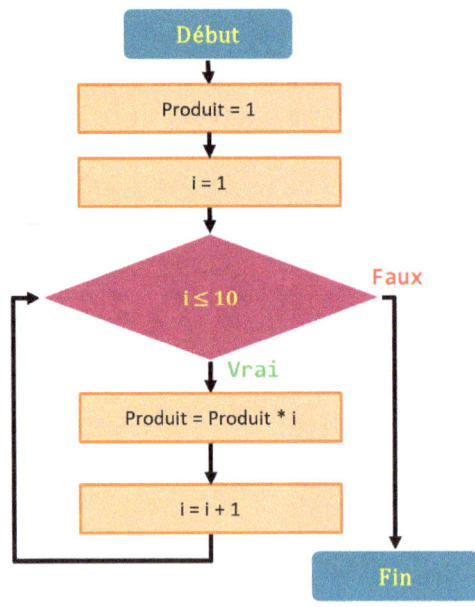

Corrigé

```
1  #include <stdio.h>
2  int main (){
3      int i, P1 = 1;
4      for (i = 1; i <= 10; i++) {
5          P1 = P1 * i;
6      }
7      printf("le produit = %d",P1);
8      return 0;
9  }
```

Série 4 — Les instructions de contrôle itératives - for

Exercice 11 — Calcul du produit 1/2 x 3/4 x 5/6 x ... x 19/20

Enoncé

Ecrivez un programme en C qui permet de calculer le produit :
P2 = 1/2 * 3/4 * 5/6 * 7/8 *... * 19/20

Exemple d'exécution :

le produit = 0.176197

Astuces

- Les valeurs des numérateurs : 1,3,5, ...,19
- Les valeurs des dénominateurs : 2,4, ...,20
- Dénominateur = numérateur + 1

Remarque:

N'oubliez pas d'utilser le **casting** lors de l'utilisation de l'opérateur /

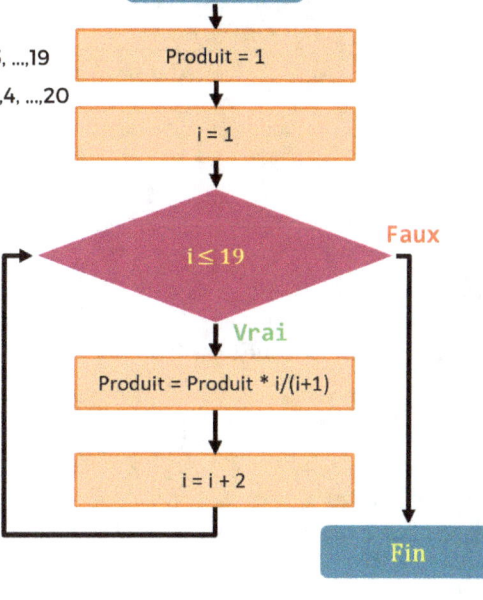

Corrigé

```c
#include <stdio.h>
int main (){
    int i;
    float P1 = 1;
    for (i = 1; i <= 19; i = i + 2) {
        P1 = P1 * (float)i/(i+1);
    }
    printf("le produit = %f",P1);
    return 0;
}
```

Série 4 — Les instructions de contrôle itératives - for

Exercice 12 — Calcul des puissances de 2

Enoncé

Ecrivez un programme en C qui permet d'afficher les puissances de 2 jusqu'à 2^10

Exemple d'exécution :

2^0 = 1

2^1 = 2

2^2 = 4

2^3 = 8

2^4 = 16

2^5 = 32

2^6 = 64

2^7 = 128

2^8 = 256

2^9 = 512

2^10 = 1024

Astuces

Multipliez par 2 à chaque itération de la boucle for.

Corrigé

```c
#include <stdio.h>
int main (){
    // Initialisation d'un compteur pour la boucle for
    int i;
    // Déclaration et initialisation de la variable p à 1
    int p = 1;
    // Démarrage de la boucle for de 1 à 11
    for (i = 1; i <= 11; i++) {
        // Affichage de la puissance de 2
        printf ("2^%d = %d\n",i - 1, p);
        // Calcul de la puissance suivante
        p = p * 2;
    }
    return 0;
}
```

Série 4 — Les instructions de contrôle itératives - for

Exercice 13 — Liste des diviseurs d'un entier

Enoncé

Ecrivez un programme en C qui demande à l'utilisateur de saisir un entier et qui affiche tous ses diviseurs

Exemple d'exécution :

Entrez un entier positif : 50
[1, 2, 5, 10, 25, 50]

Astuces

- Parcourez les entiers de 1 à n/2
- Chaque fois que vous trouvez un diviseur de n (n % i == 0), affichez-le
- N'oubliez pas d'afficher la valeur de n, car n est aussi un diviseur de n.

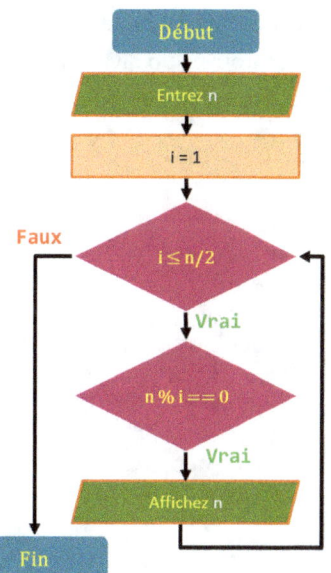

Corrigé

```c
#include <stdio.h>
int main (){
    int i, n;
    printf ("Entrez un entier positif : ");
    scanf ("%d", &n);
    printf("[");
    for (i = 1; i <= n / 2; i++) {
        if(n % i == 0) printf ("%d, ", i);
    }
    printf ("%d ]", n);
    return 0;
}
```

Série 4 — Les instructions de contrôle itératives - for

Exercice 14 — Vérification de la primalité d'un nombre

Enoncé

Ecrivezun programme en C qui demande à l'utilisateur de saisir un entier et qui affiche si ce nombre est premier ou non.

Exemple d'exécution 1 :

Entrez un entier positif : 61
61 est un nombre premier

Exemple d'exécution 2 :

Entrez un entier positif : 60
60 n'est pas un nombre premier

Astuces

- Parcourez les entiers de 2 à n/2
- Si vous trouvez un diviseur de n, notez que le nombre n'est pas premier
- Si vous terminez la boucle sans trouver un diviseur, alors le nombre est premier.

Corrigé

```c
#include <stdio.h>
#include <stdbool.h>
int main (){
    int i, n;
    bool siPremier = true;
    // Saisie du nombre entier
    printf ("Entrez un entier positif : ");
    scanf ("%d", &n);
    // Parcours des entier de 2 à n/2
    for (i = 2; i <= n / 2; i++) {
        // Si un diviseur est trouvé, notez que le nombre
        // n'est pas premier et quittez la boucle
        if(n % i == 0) {
            siPremier = false;
            break;
        }
    }
    // Vérification de la valeur de la variable "siPremier"
    // Si la valeur de siPremier = true, cela veut dire qu'aucun
    // diviseur n'est trouvé. Alors le nombre est premier
    if(!siPremier) printf ("%d n\'est pas un nombre premier", n);
    else printf ("%d est un nombre premier", n);
    return 0;
}
```

Série 4 — Les instructions de contrôle itératives - for

Exercice 15 — Table de multiplication d'un entier n

Enoncé

Ecrivez un programme en C qui demande à l'utilisateur de saisir un entier et qui affiche sa table de multiplication.

Exemple d'exécution 1 :

Entrez un entier n (1 <= n <= 10) : 5

5 x 1 = 5

5 x 2 = 10

5 x 3 = 15

5 x 4 = 20

5 x 5 = 25

5 x 6 = 30

5 x 7 = 35

5 x 8 = 40

5 x 9 = 45

5 x 10 = 50

Astuces

- Entrez la valeur d'un entier n à l'aide de scanf
- Parcourez les entiers de 1 à 10
- A chaque itération de la boucle for, affichez n x i

Corrigé

```c
#include <stdio.h>
int main() {
    int i;
    int n=5;
    printf ("Entrez un entier n (1 <= n <= 10) : ");
    scanf ("%d", &n);
    for(i = 1; i <= 10; i++) {
        printf("%d x %d = %d\n", n, i, n * i);
    }
    return 0;
}
```

Série 4 — Les instructions de contrôle itératives - for

Exercice 16 — Calcul de la puissance a^n

Enoncé

Ecrivez un programme en C qui demande à l'utilisateur de saisir deux entier a et n et qui affiche la puissance a^n

Exemple d'exécution :

Entrez un entier a : 5
Entrez un entier positif n : 3
5^3 = 125

Astuces

- Entrez les valeurs de la base et de l'exposant
- A chaque itération, multipliez par a
- L'opération va se répéter n fois (n positif)

Corrigé

```c
#include <stdio.h>
int main (){
    /* Déclaration des variables
        i : L'itération
        n : L'exposant
        a : La base
        p : Le résultat de la puissance, initialisé à 1
    */
    int i, n, a, p = 1;
    // Demande à l'utilisateur d'entrer un entier a
    printf("Entrez un entier a : ");
    scanf("%d", &a);
    // Demande à l'utilisateur d'entrer un entier positif n
    printf("Entrez un entier positif n : ");
    scanf("%d", &n);
    // Boucle pour calculer a^n
    for (i = 1; i <= n; i++) {
        // Multiplie p par a à chaque itération
        p = p * a;
    }
    // Affiche le résultat de a^n
    printf("%d^%d = %d", a, n, p);
    return 0;
}
```

Série 4 — Les instructions de contrôle itératives - for

Exercice 17 — Affichage des lettres de l'alphabet

Enoncé

Ecrivez un programme en C qui affiche les lettres de l'alphabet de A à Z

Exemple d'exécution :

A B C D E F G H I J K L M N O P Q R S T U V W X Y Z

Astuces

- Vous pouvez utiliser les opérateurs de comparaison avec les caractères.
- Utilisez la boucle for : Le compteur est un caractère allant de 'A' à 'Z'.

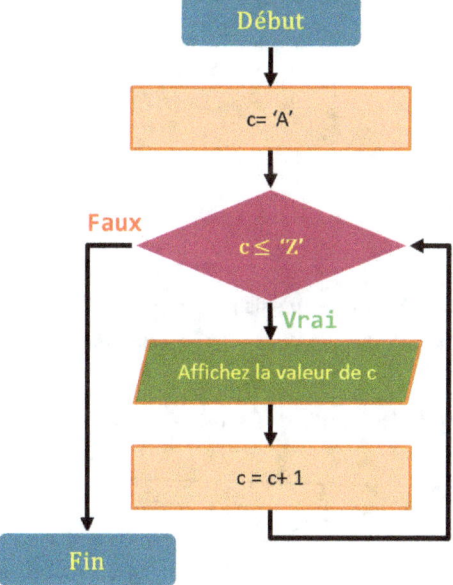

Corrigé

```c
#include <stdio.h>
int main() {
    char c;
    for(c = 'A'; c <= 'Z'; c++) {
        printf("%c ", c);
    }
    return 0;
}
```

Série 4 — Les instructions de contrôle itératives - for

Exercice 18 — Détermination du plus grand de 10 nombres

Enoncé

Ecrivez un programme en C qui permet de saisir dix entiers et qui affiche le maximum

Exemple d'exécution :

Entrez dix entiers :
1) 10
2) 18
3) 15
4) 5
5) 19
6) 3
7) 6
8) 20
9) 14
10) 1
Le maximum est : 20

Astuces

- La boucle for répète 10 fois pour saisir un nombre.
- Comparez chaque nombre saisi au MAX et, si le nouveau nombre est supérieur, il devient le MAX.
- Au premier tour (i = 1), le nombre saisi est le MAX.

Corrigé

```c
#include <stdio.h>
int main (){
    int i, max, a;
    printf ("Entrez dix entiers :\n");
    for (i = 1; i <= 10; i++) {
        printf ("%d) ", i);
        scanf ("%d", &a);
        if (i == 1 || max < a) max = a;
    }
    printf ("Le maximum est : %d", max);
    return 0;
}
```

Série 4 — Les instructions de contrôle itératives - for

Exercice 19 — Calcul d'un terme d'une suite arithmétique (1)

Enoncé

Ecrivez un programme en C qui permet de calculer le nième terme de la suite suivante (n est saisi par l'utilisateur) :
$U_0 = 1$
$U_{n+1} = 2*U_n + 5$

Exemple d'exécution :

Entrez un entier : 10
U(10) = 6139

Astuces

- La valeur initiale de U est U0 = 1.
- La boucle for répète n fois selon la valeur saisie par l'utilisateur.
- À chaque itération, calculez le terme suivant : U = 2 * U + 5.

Corrigé

```c
#include <stdio.h>
int main () {
    int i, n, u = 1;
    printf ("Entrez un entier : ");
    scanf ("%d", &n);
    for (i = 1; i <= n; i++) {
        u = 2 * u + 5;
    }
    printf ("U(%d)=%d", n, u);
    return 0;
}
```

Série 4 — Les instructions de contrôle itératives - for

Exercice 20 — Calcul d'un terme d'une suite arithmétique (2)

Enoncé

Ecrivez un programme en C qui permet de calculer le terme de la suite (n est saisi par l'utilisateur)
U0 = 1
U1 = 1
Un+2= Un+1 + 2*Un + 3

Exemple d'exécution :

Entrez un entier : 5
U(5)=51

Astuces

- Déclarez et initialisez U = U0 = 1 et V = U1 = 1.
- Demandez à l'utilisateur de saisir n.
- Utilisez une boucle for pour calculer les termes de U2 jusqu'à Un
- Affichez le nième terme après la boucle.

Remarque :

Utilisez deux variables U et V pour le stockage des deux derniers termes

Corrigé

```c
#include <stdio.h>
int main (){
    int i, n, u = 1, v = 1, t;
    printf ("Entrez un entier : ");
    scanf ("%d", &n);
    for (i = 2; i <= n; i++) {
        t = u;
        u = u + 2 * v + 3;
        v = t;
    }
    printf ("U(%d)=%d", n, u);
    return 0;
}
```

Série 4 — Les instructions de contrôle itératives - for

Exercice 21 — Suite de Fibonacci

Enoncé

Ecrivez un programme en C qui calcule les 10 premiers termes de la suite de Fibonacci.
$F_0 = 0$
$F_1 = 1$
$F_{n+2} = F_{n+1} + F_n$

Exemple d'exécution :

Les 10 permiers termes de Fibonacci :
$F_0 = 0$
$F_1 = 1$
$F_2 = 1$
$F_3 = 2$
$F_4 = 3$
$F_5 = 5$
$F_6 = 8$
$F_7 = 13$
$F_8 = 21$
$F_9 = 34$

Astuces

- La suite de Fibonacci ressemble à la suite de l'exercice précédent :
- a = F0 = 0 et b = F1 = 1
- Les opérations dans le schéma se répètent jusqu'à le terme 9.

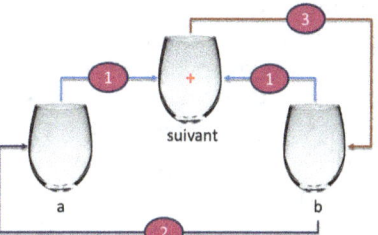

Corrigé

```c
#include <stdio.h>
int main () {
    int a = 0, b = 1, suivant;
    int i;
    printf("Les 10 permiers termes de Fibonacci :\n");
    for (i = 1; i <= 10; i++) {
        printf("F%d = %d\n",i-1,a);
        suivant = a + b;
        a = b;
        b = suivant;
    }
    return 0;
}
```

Série 4 — Les instructions de contrôle itératives - for

Exercice 22 — Affichage d'une forme (1)

Enoncé

Ecrivez un programme en C qui permet d'afficher la forme suivante.
(Le nombre de lignes est saisi par l'utilisateur).

Exemple d'exécution :

```
Entrez un entier positif : 10
* * * * * * * * * *
* * * * * * * * * *
* * * * * * * * * *
* * * * * * * * * *
* * * * * * * * * *
* * * * * * * * * *
* * * * * * * * * *
* * * * * * * * * *
* * * * * * * * * *
* * * * * * * * * *
```

Astuces

- Utilisez une boucle for externe pour le numéro de ligne i.
- À l'intérieur de cette boucle, utilisez une boucle for interne pour répéter l'affichage des signes "*" de la ligne i.
- Après la boucle interne, ajoutez un retour à la ligne \n.

	j									
	1	2	3	4	5	6	7	8	9	10
1	*	*	*	*	*	*	*	*	*	*
2	*	*	*	*	*	*	*	*	*	*
3	*	*	*	*	*	*	*	*	*	*
4	*	*	*	*	*	*	*	*	*	*
5	*	*	*	*	*	*	*	*	*	*
6	*	*	*	*	*	*	*	*	*	*
7	*	*	*	*	*	*	*	*	*	*
8	*	*	*	*	*	*	*	*	*	*
9	*	*	*	*	*	*	*	*	*	*
10	*	*	*	*	*	*	*	*	*	*

i

Corrigé

```c
#include <stdio.h>
int main() {
    int i, j, n;
    printf ("Entrez un entier positif : ");
    scanf ("%d", &n);
    for(i = 0; i < n; i++) {
        for(j = 0; j < n; j++) {
            printf("* ");
        }
        printf("\n");
    }
    return 0;
}
```

Série 4 — Les instructions de contrôle itératives - for

Exercice 23 — Affichage d'une forme (2)

Enoncé

Ecrivez un programme en C qui permet d'afficher la forme suivante.
(Le nombre de lignes est saisi par l'utilisateur).

Exemple d'exécution :

```
Entrez un entier : 10
+
++
+++
++++
+++++
++++++
+++++++
++++++++
+++++++++
++++++++++
```

Astuces

- Utilisez une boucle for externe pour le numéro de ligne i, allant de 1 à n.
- À l'intérieur de cette boucle, utilisez une boucle for interne pour répéter l'affichage des signes "+" de la ligne i.
- Notez que le nombre de "+" dans une ligne i est égal au numéro de la ligne i.
- Après la boucle interne, ajoutez un retour à la ligne \n.

	1	2	3	4	5	6	7	8	9	10
1	+									
2	+	+								
3	+	+	+							
4	+	+	+	+						
5	+	+	+	+						
6	+	+	+	+	+					
7	+	+	+	+	+	+				
8	+	+	+	+	+	+	+			
9	+	+	+	+	+	+	+	+		
10	+	+	+	+	+	+	+	+	+	

Corrigé

```c
#include <stdio.h>
int main (){
    int i,j,n;
    printf ("Entrez un entier : ");
    scanf ("%d",&n);
    for (i = 1; i <= n; i++) {
        for (j = 1; j <= i; j++) printf ("+");
        printf ("\n");
    }
    return 0;
}
```

Série 4 — Les instructions de contrôle itératives - for

Exercice 24 — Affichage d'une forme (3)

Enoncé

Ecrivez un programme en C qui permet d'afficher la forme suivante.
(Le nombre de lignes est saisi par l'utilisateur).

Exemple d'exécution :

```
Entrez un entier : 10
++++++++++
+++++++++
++++++++
+++++++
++++++
+++++
++++
+++
++
+
```

Astuces

- Utilisez une boucle for externe pour le numéro de ligne i, allant de 1 à n.
- À l'intérieur de cette boucle, utilisez une boucle for interne pour répéter l'affichage des signes "+" de la ligne i.
- Nombre de "+" dans une ligne i = n + 1 - i
- Après la boucle interne, ajoutez un retour à la ligne \n.

					j					
i		1	2	3	4	5	6	7	8	9	10
	1	+	+	+	+	+	+	+	+	+	+
	2	+	+	+	+	+	+	+	+	+	
	3	+	+	+	+	+	+	+	+		
	4	+	+	+	+	+	+	+			
	5	+	+	+	+	+	+				
	6	+	+	+	+	+					
	7	+	+	+	+						
	8	+	+	+							
	9	+	+								
	10| +									

Corrigé

```c
#include <stdio.h>
int main (){
    int i, j, n;
    printf ("Entrez un entier : ");
    scanf ("%d", &n);
    for (i = 1; i <= n; i++) {
        for (j = 1; j <= n - i + 1; j++) printf ("+");
        printf ("\n");
    }
    return 0;
}
```

Série 4	Les instructions de contrôle itératives - for

Exercice 25	Affichage d'une forme (4)

Enoncé

Ecrivez un programme en C qui permet d'afficher la forme suivante.
(Le nombre de lignes est saisi par l'utilisateur).

Exemple d'exécution :

```
Entrez un entier : 10
++++++++++
 +++++++++
  ++++++++
   +++++++
    ++++++
     +++++
      ++++
       +++
        ++
         +
```

Astuces

- Utilisez une boucle for externe pour le numéro de ligne i, allant de 1 à n.
- À l'intérieur de cette boucle, utilisez 2 boucles for internes : Une pour l'affichage des espaces et une pour l'affichage du signe "+"
- Nombre des espaces = i - 1
- Nombre de signes "+" = n + 1 - i
- Après chaque ligne, ajoutez \n.

Corrigé

```c
#include <stdio.h>
int main (){
    int i, j, n;
    printf ("Entrez un entier : ");
    scanf ("%d", &n);
    for (i = 1; i <= n; i++) {
        for (j = 1; j <= i - 1; j++) printf (" ");
        for (j = 1; j <= n - i + 1; j++) printf ("+");
        printf ("\n");
    }
    return 0;
}
```

Série 4 — Les instructions de contrôle itératives - for

Exercice 26 — Affichage d'une forme (5)

Enoncé

Ecrivez un programme en C qui permet d'afficher la forme suivante.
(Le nombre de lignes est saisi par l'utilisateur).

Exemple d'exécution :

```
Entrez un entier : 10
         +
        ++
       +++
      ++++
     +++++
    ++++++
   +++++++
  ++++++++
 +++++++++
++++++++++
```

Astuces

- Utilisez une boucle for externe pour le numéro de ligne i, allant de 1 à n.
- À l'intérieur de cette boucle, utilisez 2 boucles for internes : Une pour l'affichage des espaces et une pour l'affichage du signe "+"
- Nombre des espaces = n- i
- Nombre de signes "+" = i
- Après chaque ligne, ajoutez \n.

	j									
	1	2	3	4	5	6	7	8	9	10
1										+
2									+	+
3								+	+	+
4							+	+	+	+
5						+	+	+	+	+
6					+	+	+	+	+	+
7				+	+	+	+	+	+	+
8			+	+	+	+	+	+	+	+
9		+	+	+	+	+	+	+	+	+
10	+	+	+	+	+	+	+	+	+	+

Corrigé

```c
#include <stdio.h>
int main (){
    int i, j, n;
    printf ("Entrez un entier : ");
    scanf ("%d", &n);
    for (i = 1; i <= n; i++) {
        for (j = 1; j <= n - i; j++) printf (" ");
        for (j = 1; j <= i; j++) printf ("+");
        printf ("\n");
    }
    return 0;
}
```

Série 4 — Les instructions de contrôle itératives - for

Exercice 27 — Affichage d'une forme (6)

Enoncé

Ecrivez un programme en C qui permet d'afficher un traingle isocèle

Exemple d'exécution :

```
Entrez un entier positif : 5
        *
      * * *
    * * * * *
  * * * * * * *
* * * * * * * * *
```

Astuces

- Utilisez une boucle for externe pour le numéro de ligne i, allant de 1 à n.
- À l'intérieur de cette boucle, utilisez 2 boucles for internes
- Nombre des espaces = n - i
- Nombre de signes "+" = 2 * i - 1
- Après chaque ligne, ajoutez \n.

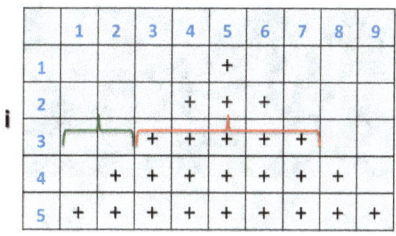

Corrigé

```c
#include <stdio.h>
int main() {
    int i, j, k, n;
    printf("Entrez un entier positif : ");
    scanf ("%d", &n);
    for(i = 1; i <= n; i++) {
        for(j = i; j < n; j++) {
            printf("  ");
        }
        for(k = 1; k <= (2*i-1); k++) {
            printf("* ");
        }
        printf("\n");
    }
    return 0;
}
```

Série 4 — Les instructions de contrôle itératives - for

Exercice 28 — Génération de la table de multiplication

Enoncé

Ecrivez un programme en C qui affiche la table de multiplication

Exemple d'exécution :

1	2	3	4	5	6	7	8	9	10
2	4	6	8	10	12	14	16	18	20
3	6	9	12	15	18	21	24	27	30
4	8	12	16	20	24	28	32	36	40
5	10	15	20	25	30	35	40	45	50
6	12	18	24	30	36	42	48	54	60
7	14	21	28	35	42	49	56	63	70
8	16	24	32	40	48	56	64	72	80
9	18	27	36	45	54	63	72	81	90
10	20	30	40	50	60	70	80	90	100

Astuces

- Utilisez une boucle for externe pour le numéro de ligne i, allant de 1 à 10.
- À l'intérieur de cette boucle, utilisez une boucle for interne pour le numéro de colonne j, allant de 1 à 10.
- Affichez le produit i * j
- Après chaque ligne, ajoutez \n.

Corrigé

```c
#include <stdio.h>
int main() {
    int i, j;
    for(i = 1; i <= 10; i++) {
        for(j = 1; j <= 10; j++) {
            printf("%6d", i * j);
        }
        printf("\n\n");
    }
    return 0;
}
```

Série 4 — Les instructions de contrôle itératives - for

Exercice 29 — Affichage d'un Échiquier 8x8

Enoncé

Ecrivez un programme en C qui affiche un échiquier 8x8 avec des caractères alternants

Exemple d'exécution :

```
X O X O X O X O
O X O X O X O X
X O X O X O X O
O X O X O X O X
X O X O X O X O
O X O X O X O X
X O X O X O X O
O X O X O X O X
```

Astuces

- Utilisez toujours deux boucles comme les exercices précédents.
- Si j est le numéro de la colonne et i est le numéro de la colonne :
  1. Si (i + j) est pair, affichez "X"
  2. Si (i + j) est impair, affichez "O"
- Après chaque ligne, ajoutez \n.

	1	2	3	4	5	6	7	8
1	X	O	X	O	X	O	X	O
2	O	X	O	X	O	X	O	X
3	X	O	X	O	X	O	X	O
4	O	X	O	X	O	X	O	X
5	X	O	X	O	X	O	X	O
6	O	X	O	X	O	X	O	X
7	X	O	X	O	X	O	X	O
8	O	X	O	X	O	X	O	X

Corrigé

```c
#include <stdio.h>
int main() {
    int i, j;
    int n = 8;
    for(i = 0; i < n; i++) {
        for(j = 0; j < n; j++) {
            if((i + j) % 2 == 0) printf("X ");
            else printf("O ");
        }
        printf("\n");
    }
    return 0;
}
```

Série 4	Les instructions de contrôle itératives - for

Exercice 30	Génération de la table de Pascal de 10 lignes

Enoncé

Ecrivez un programme en C qui affiche la table de Pascal de 10 lignes

Exemple d'exécution :

```
1
1  1
1  2  1
1  3  3  1
1  4  6  4  1
1  5  10 10 5  1
1  6  15 20 15 6  1
1  7  21 35 35 21 7  1
1  8  28 56 70 56 28 8  1
1  9  36 84 126 126 84 36 9  1
```

	j									
		0	1	2	3	4	5	6	7	8	9
i	0	1									
	1	1	1								
	2	1	2	1							
	3	1	3	3	1						
	4	1	4	6	4	1					
	5	1	5	10	10	5	1				
	6	1	6	15	20	15	6	1			
	7	1	7	21	35	35	21	7	1		
	8	1	8	28	56	70	56	28	8	1	
	9	1	9	36	84	126	126	84	36	9	1

Astuces

- Les éléments qui se trouvent sur les bords du triangle sont égaux à 1. Autrement dit, le premier et le dernier élément de chaque ligne sont toujours égaux à 1.
- Chaque élément est la somme des deux éléments situés directement au-dessus de lui.

Corrigé

```c
#include <stdio.h>
int main() {
    int n = 10;
    int i, j;
    for(i = 0; i < n; i++) {
        int val = 1;
        for(j = 0; j <= i; j++) {
            printf("%d ", val);
            val = val * (i - j) / (j + 1);
        }
        printf("\n");
    }
    return 0;
}
```

Instructions de contrôle itératives : while et do while

Série 5 — Instructions de contrôle itératives : while et do while

Exercice 01 — Conversion for - while

Enoncé

Convertissez ce programme à l'aide des boucles while et do while

```
1  int i;
2  for (i=1;i<=10;i++)
3      printf ("Bonjour Mr QARA\n");
```

Astuces

```
for ( Expression1; Expression2; Expression3) {

    Expression4;

}
```

```
Expression1;                    Expression1;
while (Expression2) {           do {
    Expression4;                    Expression4;
    Expression3;                    Expression3;
}                               } while (Expression2);
```

Corrigé

```
1   #include <stdio.h>
2   int main () {
3       int i = 1;
4       while (i <= 10) {
5           printf("Bonjour Mr QARA\n");
6           i++;
7       }
8       return 0;
9   }
```

```
1   #include <stdio.h>
2   int main () {
3       int i = 1;
4       i = 1;
5       do {
6           printf("Bonjour Mr QARA\n");
7           i++;
8       } while (i <= 10);
9       return 0;
10  }
```

Série 5 — Instructions de contrôle itératives : while et do while

Exercice 02 — Calcul de la somme des nombres de 1 à 100

Enoncé

Ecrivez un programme en C qui permet de calculer la somme 1 + 2 + 3 + ... + 100

Exemple d'exécution :

Somme = 5050

Astuces

L'exercice est déjà traité avec la boucle for (Série 4 - Exercice 05).

Vous pouvez utiliser la boucle **while** ou la boucle **do while** en respectant les règles de conversions vues dans l'exercice précédent (Série 5 - Exercice 01)

Corrigé

```c
#include <stdio.h>
int main () {
    int somme = 0;
    int i;
    for (i = 1; i <= 100; i++) {
        somme += i;
    }
    printf("Somme = %d\n", somme);
    return 0;
}
```

```c
#include <stdio.h>
int main () {
    int somme = 0;
    int i = 1;
    while (i <= 100) {
        somme += i;
        i++;
    }
    printf("Somme = %d\n", somme);
    return 0;
}
```

Série 5 — Instructions de contrôle itératives : while et do while

Exercice 03 — Contrôle de saisie d'un nombre positif (while/do while)

Enoncé

Ecrivez un programme en C à qui permet de saisir un nombre strictement positif jusqu'à ce que la réponse convienne.

Exemple d'exécution :

Entrez un nombre strictement positif : -5
Entrez un nombre strictement positif : 0
Entrez un nombre strictement positif : -10
Entrez un nombre strictement positif : 7
Le nombre est 7

Astuces

Utilisez soit la boucle **while** ou **do while** :

- Demandez à l'utilisateur d'enter un nombre strictement positif
- **Tant que** le nombre entré est négatif ou nul, répétez l'opération de saisie.

Corrigé

```c
#include <stdio.h>
int main () {
    int nombre;
    do {
        printf("Entrez un nombre strictement positif : ");
        scanf("%d", &nombre);
    } while (nombre <= 0);
    printf("Le nombre est %d\n", nombre);
    return 0;
}
```

```c
#include <stdio.h>
int main () {
    int nombre = 0;
    while (nombre <= 0) {
        printf("Entrez un nombre strictement positif : ");
        scanf("%d", &nombre);
    }
    printf("Le nombre est %d\n", nombre);
    return 0;
}
```

Série 5 — Instructions de contrôle itératives : while et do while

Exercice 04 — Contrôle de saisie d'un nombre positif (for)

Enoncé

Ecrivez un programme en C à qui permet de saisir un nombre strictement positif jusqu'à ce que la réponse convienne.

Exemple d'exécution :

Entrez un nombre strictement positif : -5
Entrez un nombre strictement positif : 0
Entrez un nombre strictement positif : -10
Entrez un nombre strictement positif : 7
Le nombre est 7

Astuces

Utilisez les règles de conversion entre les boucles traitées dans (Série 5 - Exercice 01)

Corrigé

```c
#include <stdio.h>
int main () {
    int nombre = 0;
    for (;nombre <= 0;) {
        printf("Entrez un nombre strictement positif : ");
        scanf("%d", &nombre);
    }
    printf("Le nombre est %d\n", nombre);
    return 0;
}
```

```c
#include <stdio.h>
int main () {
    int nombre;
    for (;;) {
        printf("Entrez un nombre strictement positif : ");
        scanf("%d", &nombre);
        if (nombre > 0) break;
    }
    printf ("Le nombre est %d\n", nombre);
    return 0;
}
```

Série 5 : Instructions de contrôle itératives : while et do while

Exercice 05 — Contrôle de saisie d'un nombre entre 0 et 20

Enoncé

Ecrivez un programme en C qui permet de saisir un nombre compris entre 0 et 20 jusqu'à ce que la réponse convienne.
Si l'utilisateur entre un nombre plus grand que 20, afficher lui « **Plus petit** » et S'il entre un nombre négatif, afficher lui « **Plus grand** ».

Exemple d'exécution :

Entrez un nombre compris entre 0 et 20 : 25
Plus petit
Entrez un nombre compris entre 0 et 20 : -10
Plus grand
Entrez un nombre compris entre 0 et 20 : -5
Plus grand
Entrez un nombre compris entre 0 et 20 : 10
Le nombre est 10

Astuces

- Demandez à l'utilisateur d'enter un nombre entre 0 et 20
- **Tant que** le nombre entré n'est pas compris entre 0 et 20, répétez l'opération de saisie en utilisant la boucle **while** ou **do while**.
- Après chaque saisie, vérifiez **si** le nombre est **supérieur à 20** ou **inférieur à 0** pour afficher un petit message d'aide à l'utilisateur

Corrigé

```c
#include <stdio.h>
int main () {
    int n;
    do {
        printf("Entrez un nombre compris entre 0 et 20 : ");
        scanf("%d", &n);
        if (n > 20) printf("Plus petit\n");
        else if (n < 0) printf("Plus grand\n");
    } while (n < 0 || n > 20);
    printf ("Le nombre est %d\n", n);
    return 0;
}
```

> **Série 5** — **Instructions de contrôle itératives : while et do while**

Exercice 06 — **Compte des occurrences**

Enoncé

Ecrivez un programme en C qui permet de saisir des nombres jusqu'à ce que l'utilisateur saisisse 0.
Ce programme calcule le nombre d'apparition des nombres positifs.

Exemple d'exécution :

Entrez un nombre (0 pour terminer) : 15

Entrez un nombre (0 pour terminer) : 10

Entrez un nombre (0 pour terminer) : -10

Entrez un nombre (0 pour terminer) : -5

Entrez un nombre (0 pour terminer) : 8

Entrez un nombre (0 pour terminer) : 0

Nombres positifs saisis : 3

Astuces

- Demandez à l'utilisateur d'enter un nombre différent de 0
- **Tant que** le nombre entré est différent de 0, répétez l'opération de saisie en utilisant la boucle **while** ou **do while**.
- Après chaque saisie, vérifiez **si** le nombre est **positif** pour **incrémenter un compteur** qui calcule le nombre de nombres positifs (Le compteur est initialisé à 0 au début du programme)

Corrigé

```c
#include <stdio.h>
int main () {
    int nombre, compteur = 0;
    do {
        printf("Entrez un nombre (0 pour terminer) : ");
        scanf("%d", &nombre);
        if (nombre > 0) compteur++;
    } while (nombre != 0);
    printf("Nombres positifs saisis : %d\n", compteur);
    return 0;
}
```

Série 5 — Instructions de contrôle itératives : while et do while

Exercice 07 — Somme et moyenne des nombres positifs uniquement

Enoncé

Ecrivez un programme en C qui permet de saisir des nombres et qui calcule la somme et la moyenne des nombres positifs seulement jusqu'à ce que l'utilisateur entre la valeur 0.

Exemple d'exécution :

Entrez un nombre (0 pour terminer) : 10
Entrez un nombre (0 pour terminer) : -10
Entrez un nombre (0 pour terminer) : 15
Entrez un nombre (0 pour terminer) : 20
Entrez un nombre (0 pour terminer) : 0
Somme = 45
Moyenne = 15.00

Astuces

- Demandez à l'utilisateur d'enter un nombre différent de 0
- **Tant que** le nombre entré est différent de 0, répétez l'opération de saisie en utilisant la boucle **while** ou **do while**.
- Après chaque saisie, vérifiez **si** le nombre est **positif** pour **compter** les nombres positifs et calculer leur **somme**.
- Après avoir quitté la boucle, calculez et affichez la moyenne.

Corrigé

```c
#include <stdio.h>
int main () {
    int nombre, somme = 0, compteur = 0;
    do {
        printf("Entrez un nombre (0 pour terminer) : ");
        scanf("%d", &nombre);
        if (nombre > 0) {
            somme += nombre;
            compteur++;
        }
    } while (nombre != 0);
    if (compteur > 0) {
        printf("Somme = %d\n", somme);
        printf("Moyenne = %.2f\n", (float)somme / compteur);
    }
    return 0;
}
```

| Série 5 | Instructions de contrôle itératives : while et do while |

| Exercice 08 | Contrôle de saisie d'une lettre majuscule |

Enoncé

Ecrivez un programme en C qui demande à l'utilisateur d'entrer une lettre majuscule jusqu'à ce que la réponse convienne.

Exemple d'exécution :

Entrez une lettre majuscule (A->Z): a

Entrez une lettre majuscule (A->Z): 9

Entrez une lettre majuscule (A->Z): ?

Entrez une lettre majuscule (A->Z): Q

La lettre saisie est 'Q'

Astuces

- Demandez à l'utilisateur d'enter une lettre majuscule (A   Z)
- **Tant que** le caractère entré n'est pas une lettre majuscule, répétez l'opération de saisie en utilisant la boucle **while** ou **do while**.
- Une lettre c est une lettre majuscule si : **c >= 'A' et c <= 'Z'**

Corrigé

```c
#include <stdio.h>
int main () {
    char ch;
    do {
        printf("Entrez une lettre majuscule (A->Z): ");
        scanf(" %c", &ch);
    } while (ch < 'A' || ch > 'Z');
    printf ("La lettre saisie est \'%c\'\n", ch);
    return 0;
}
```

| Série 5 | Instructions de contrôle itératives : while et do while |

| Exercice 09 | Division Euclidienne (Reste et quotient) |

Enoncé

Ecrivez un programme en C qui permet de saisir deux entiers positifs et qui calcule le quotient et le reste sans utiliser les opérateurs / et %

Exemple d'exécution :

Entrez deux entiers positifs :
a = 30
b = 7
Quotient = 4, Reste = 2

Astuces

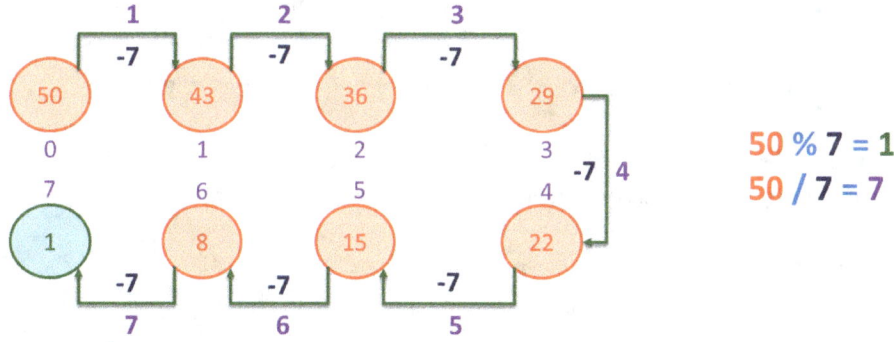

Corrigé

```c
#include <stdio.h>
int main () {
    int a, b, quotient = 0, reste;
    printf("Entrez deux entiers positifs :\n");
    printf ("a = ");
    scanf("%d", &a);
    printf ("b = ");
    scanf("%d", &b);
    reste = a;
    while (reste >= b) {
        reste -= b;
        quotient++;
    }
    printf("Quotient = %d, Reste = %d\n", quotient, reste);
    return 0;
}
```

Série 5 — Instructions de contrôle itératives : while et do while

Exercice 10 — Calcul du plus petit commun multiple (PPCM)

Enoncé

Ecrivez un programme en C qui permet de saisir deux entiers positifs et qui calcule leur PPCM (Plus petit commun multiple).

Exemple d'exécution :

Entrez 2 entiers positifs :
a = 9
b = 6
PPCM (9 , 6) = 18

Astuces

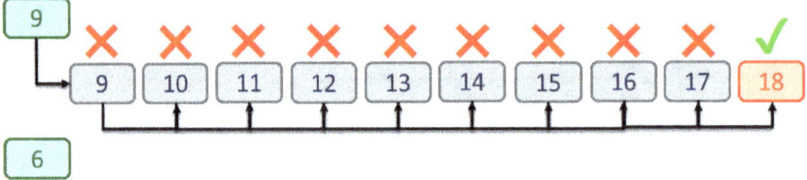

- On cherche le PPCM à partir du plus grand élément
- On s'arrête lorsqu'on trouve un entier mutliple des deux entiers

Corrigé

```c
#include <stdio.h>
int main () {
    int a, b, ppcm, max;
    printf("Entrez 2 entiers positifs :\n");
    printf ("a = ");
    scanf("%d", &a);
    printf ("b = ");
    scanf("%d", &b);
    max = (a > b) ? a : b;
    while (1) {
        if (max % a == 0 && max % b == 0) {
            ppcm = max;
            break;
        }
        max++;
    }
    printf("PPCM ( %d , %d ) = %d\n", a, b, ppcm);
    return 0;
}
```

Série 5 — Instructions de contrôle itératives : while et do while

Exercice 11 — Calcul du plus grand commun diviseur (PGCD)

Énoncé

Ecrivez un programme en C qui permet de saisir deux entiers positifs et qui calcule leur PGCD (Plus grand commun diviseur).
Si b = 0 : PGCD (a,b) = a
Si b != 0 : PGCD (a,b) = PGCD (b,r) tel que r=a%b

Exemple d'exécution :

Entrez 2 entiers positifs :
a = 20
b = 32
PGCD (20 , 32) = 4

Astuces

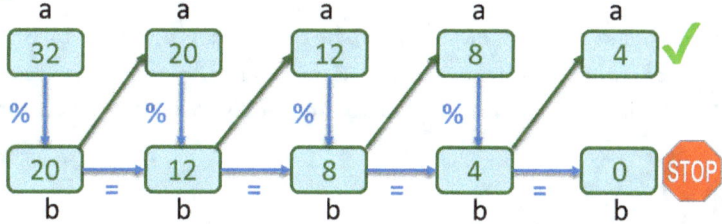

Corrigé

```c
1   #include <stdio.h>
2   int main () {
3       int a, b, temp;
4       printf("Entrez 2 entiers positifs :\n");
5       printf ("a  = ");
6       scanf("%d", &a);
7       printf ("b  = ");
8       scanf("%d", &b);
9       printf ("PGCD (%d , %d) = ", a, b);
10      while (b != 0) {
11          temp = b;
12          b = a % b;
13          a = temp;
14      }
15      printf("%d\n", a);
16      return 0;
17  }
```

> **Série 5** — **Instructions de contrôle itératives : while et do while**

Exercice 12 — Vérification si deux nombres sont premiers entre eux

Enoncé

Ecrivez un programme en C qui permet de saisir deux entiers positifs et qui vérifie s'ils sont premiers entre eux ou non.

Exemple d'exécution :

Entrez 2 entiers positifs :

a = 21

b = 65

21 et 65 sont premiers entre eux.

Astuces

Si le plus grand commun divieurs **PGCD** de deux entiers est **égal à 1**, alors les deux entiers sont premiers entre eux. Sinon, ils ne sont pas premiers entre eux.

Calculez le PGCD (Série 5 - Exercice 11) et vérifiez s'il est égal à 1 ou non.

Corrigé

```c
#include <stdio.h>
int main () {
    int a, b, temp, pgcd;
    printf("Entrez 2 entiers positifs :\n");
    printf ("a = ");
    scanf("%d", &a);
    printf ("b = ");
    scanf("%d", &b);
    int x = a, y = b;
    while (b != 0) {
        temp = b;
        b = a % b;
        a = temp;
    }
    pgcd = a;
    if (pgcd == 1)
        printf("%d et %d sont premiers entre eux.\n", x, y);
    else
        printf("%d et %d ne sont pas premiers entre eux",x,y);
    return 0;
}
```

Série 5 — Instructions de contrôle itératives : while et do while

Exercice 13 — Vérification de la primalité d'un nombre

Enoncé

Ecrivez un programme en C qui permet de vérifier si un nombre est premier ou non.

Exemple d'exécution :

Entrez un entier positif : 67
67 est un nombre premier.

Astuces

- Parcourez tous les entiers de 2 à la racine de n
- Si on trouve un diviseur, alors n n'est pas premier. Sinon n est premier

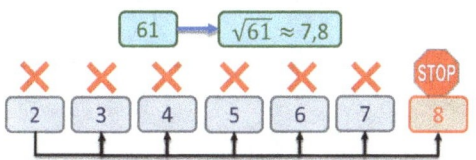
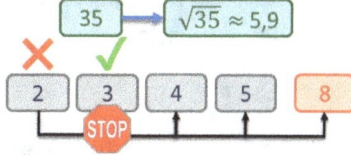

61 est un nombre premier   **35 n'est pas un nombre premier**

Corrigé

```c
#include <stdio.h>
#include <math.h>
int main () {
    int n, siPremier = 1;
    printf("Entrez un entier positif : ");
    scanf("%d", &n);
    if (n <= 1) siPremier = 0;
    int i = 2;
    while (i <= sqrt(n)) {
        if (n % i == 0) {
            siPremier = 0;
            break;
        }
        i++;
    }
    if (siPremier) printf("%d est un nombre premier.\n", n);
    else printf("%d n\'est pas un nombre premier.\n", n);
    return 0;
}
```

Série 5 — Instructions de contrôle itératives : while et do while

Exercice 14 — Contrôle de saisie d'une heure valide

Enoncé

Ecrivez un programme en C qui demande à l'utilisateur d'entrer une heure en respectant le format (HH:MM).

Si le format n'est pas respecté, demander à nouveau jusqu'à ce qu'un format valide soit entré.

Exemple d'exécution :

Entrez une heure (HH:MM): 12 25

Entrez une heure (HH:MM): 12/25

Entrez une heure (HH:MM): 12

Entrez une heure (HH:MM): 12:25

L'heure est valide : 12:25

Astuces

- Vérifiez le nombre de données récupérées à l'aide de la fonction scanf
  scanf (**"%2d:%2d%c"**, **&h**, **&m**, **&c**) = **3** (%c = retour à la ligne)
- Répétez l'opération de saisie, **tant que** le nombre de données à récupérer est différent de 3

Corrigé

```c
#include <stdio.h>
int main() {
    int heures, minutes;
    char colon;
    int siValide;
    do {
        siValide = 1;
        printf("Entrez une heure (HH:MM): ");
        if (scanf("%2d:%2d%c", &heures, &minutes, &colon) != 3
            || colon != '\n') {
            siValide = 0;
            while (getchar() != '\n'); // Effacer le buffer
        } else if (heures < 0 || heures > 23
                || minutes < 0 || minutes > 59) {
            siValide = 0;
        }
    } while (!siValide);

    printf("L\'heure est valide : %02d:%02d\n", heures, minutes);
    return 0;
}
```

Série 5 : Instructions de contrôle itératives : while et do while

Exercice 15 : Liste des nombres premiers entre 1 et 100

Enoncé

Ecrivez un programme en C qui permet de trouver les nombres premiers entre 1 et 100.

Exemple d'exécution :

2 3 5 7 11 13 17 19 23 29 31 37 41 43 47 53 59 61 67 71 73 79 83 89 97

Astuces

Répétez l'opération de vérification pour déterminer les nombres premiers de 2 à 100 (Regardez la série 5 - Exercice 13).

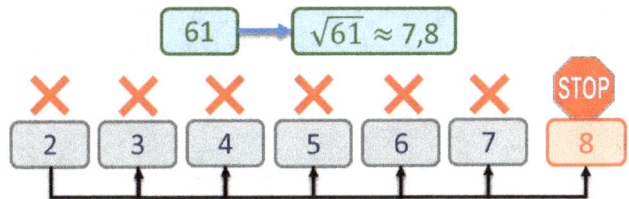

Corrigé

```c
#include <stdio.h>
#include <math.h>
#include <stdbool.h>
int main () {
    int i, j;
    bool siPremier;
    for (i = 2; i <= 100; i++) {
        siPremier = true;
        if (i <= 1) siPremier = false;
        int j = 2;
        while (j <= sqrt(i)) {
            if (i % j == 0) {
                siPremier = false;
                break;
            }
            j++;
        }
        if (siPremier) printf("%d ", i);
    }
    return 0;
}
```

Série 5 — **Instructions de contrôle itératives : while et do while**

Exercice 16 — **Somme des chiffres d'un nombre**

Enoncé

Ecrivez un programme en C qui demande à l'utilisateur de saisir un entier positif et qui calcule la somme des chiffres d'un nombre.

Exemple d'exécution :

Entrez un entier positif : 524
somme des chiffres = 11

Astuces

Répétez ces opérations à l'aide de la boucle jusqu'à ce que le nombre soit 0 :
- Utilisez % 10 pour obtenir le chiffre le plus à droite du nombre.
- Ajoutez ce chiffre à la somme (Initialisée au début à 0).
- Divisez le nombre par 10 pour supprimer le chiffre traité et passer au chiffre suivant.

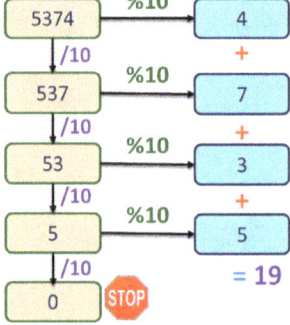

Corrigé

```c
#include <stdio.h>
int main () {
    int n, somme = 0;
    printf("Entrez un entier positif : ");
    scanf("%d", &n);
    while (n != 0) {
        somme += n % 10;
        n /= 10;
    }
    printf("somme des chiffres = %d\n", somme);
    return 0;
}
```

Série 5 — Instructions de contrôle itératives : while et do while

Exercice 17 — Le plus grand chiffre d'un nombre

Enoncé

Ecrivez un programme en C qui demande à l'utilisateur de saisir un entier positif et qui trouve le plus grand chiffre dans un nombre.

Exemple d'exécution :

Entrez un entier positif : 53710
Le plus grand chiffre = 7

Astuces

Utilisez le même algorithme que l'exercice précédent. Lors de la récupération de chaque chiffre, comparez-le avec le maximum actuel.

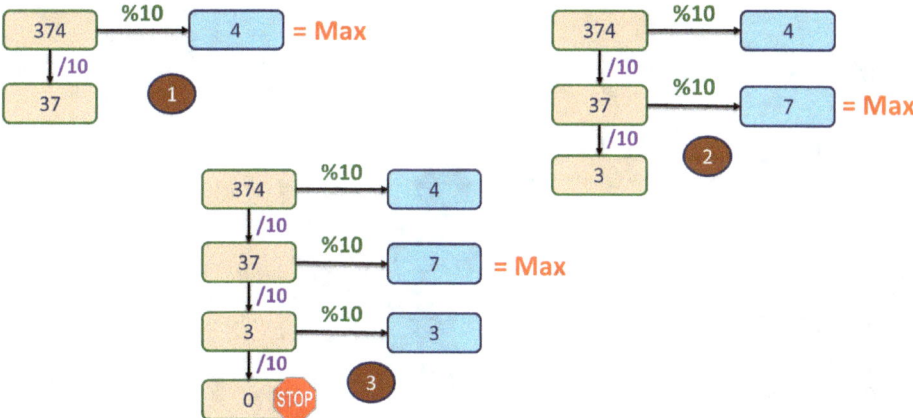

Corrigé

```c
#include <stdio.h>
int main () {
    int n, maxChiffre = 0;
    printf("Entrez un entier positif : ");
    scanf("%d", &n);
    while (n != 0) {
        int chiffre = n % 10;
        if (chiffre > maxChiffre) maxChiffre = chiffre;
        n /= 10;
    }
    printf("Le plus grand chiffre = %d\n", maxChiffre);
    return 0;
}
```

Série 5 — Instructions de contrôle itératives : while et do while

Exercice 18 — Les chiffres d'un entier en ordre inverse

Enoncé

Ecrivez un programme en C qui demande à l'utilisateur de saisir un entier positif et qui affiche ses chiffres en ordre inverse.

Exemple d'exécution :

Entrez un entier positif : 5942
Le nouveau nombre : 2495

Astuces

Suivez les mêmes étapes que les 2 exercices précédents pour récupérer les chiffres et affichez chaque chiffre récupéré.

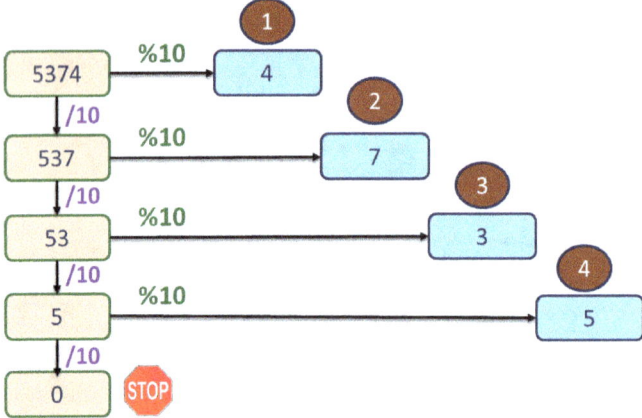

Corrigé

```c
#include <stdio.h>
int main () {
    int n;
    printf("Entrez un entier positif : ");
    scanf("%d", &n);
    printf ("Le nouveau nombre : ");
    while (n != 0) {
        printf("%d", n % 10);
        n /= 10;
    }
    printf("\n");
    return 0;
}
```

Série 5 — Instructions de contrôle itératives : while et do while

Exercice 19 — Vérification d'un nombre palindrome

Énoncé

Ecrivez un programme en C qui demande à l'utilisateur de saisir un entier positif et qui vérifie s'il est un palindrome ou non.

Exemple d'exécution :

Entrez un entier positif : 15451
15451 est un palindrome.

Astuces

Suivez les mêmes étapes que pour les trois exercices précédents pour récupérer les chiffres et calculer le nombre avec les chiffres inversés.

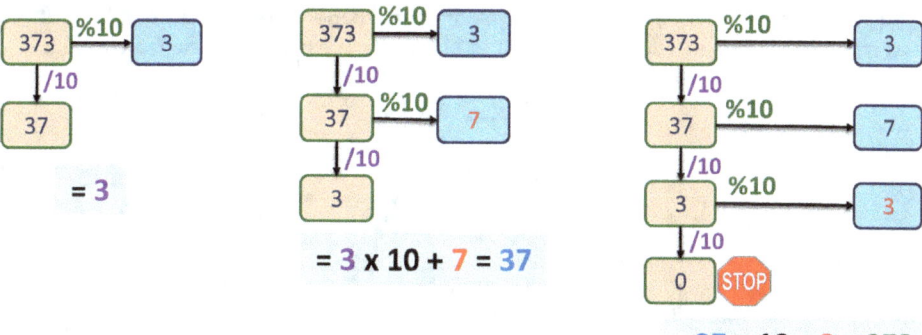

Corrigé

```
1   #include <stdio.h>
2   int main () {
3       int n, nouveau_nombre = 0, nombre;
4       printf("Entrez un entier positif : ");
5       scanf("%d", &n);
6       nombre = n;
7       while (n != 0) {
8           nouveau_nombre = nouveau_nombre * 10 + n % 10;
9           n /= 10;
10      }
11      if (nombre == nouveau_nombre)
12          printf("%d est un palindrome.\n", nombre);
13      else
14          printf("%d n\'est pas un palindrome.\n", nombre);
15      return 0;
16  }
```

Série 5 — Instructions de contrôle itératives : while et do while

Exercice 20 — Les nombres Armstrong

Enoncé

Ecrivez un programme en C qui demande à l'utilisateur de saisir un entier positif et qui vérifie si c'est un nombre Armstrong.
un nombre Armstrong est tout entier naturel qui est égal à la somme des cubes des chiffres qui le composent.

Exemple d'exécution :

Entrez un entier positif : 153
153 est un nombre Armstrong.

Astuces

Suivez les mêmes étapes que pour les exercices précédents pour récupérer les chiffres et calculer somme des cubes. Puis vérifiez si la somme est égale au nombre d'origine.

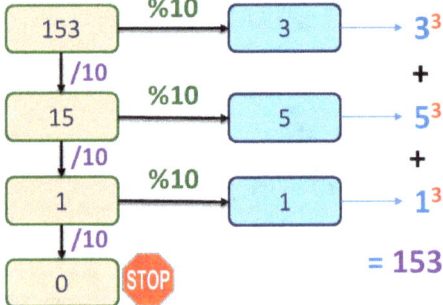

Corrigé

```
1  #include <stdio.h>
2  #include <math.h>
3  int main () {
4      int n, nombre, somme = 0;
5      printf("Entrez un entier positif : ");
6      scanf("%d", &n);
7      nombre = n;
8      while (n != 0) {
9          somme += pow(n % 10, 3);
10         n /= 10;
11     }
12     if (somme == nombre)
13         printf("%d est un nombre Armstrong.\n", nombre);
14     else
15         printf("%d n\'est pas un nombre Armstrong.\n", nombre);
16     return 0;
17 }
```

Série 5 — Instructions de contrôle itératives : while et do while

Exercice 21 — Les nombres parfaits

Enoncé

Ecrivez un programme en C qui demande à l'utilisateur de saisir un entier positif et qui vérifie si c'est un nombre parfait.
un nombre parfait est un entier naturel égal à la moitié de la somme de ses diviseurs.

Exemple d'exécution :

Entrez un entier positif : 28
28 est un nombre parfait.

Astuces

- Utilisez une boucle (**for** ou **while**) pour parcourir les nombres de 1 à n/2.
- Calculez **la somme de tous les diviseurs** strictement inférieurs à n.
- Si cette somme est égale à n, alors n est parfait.

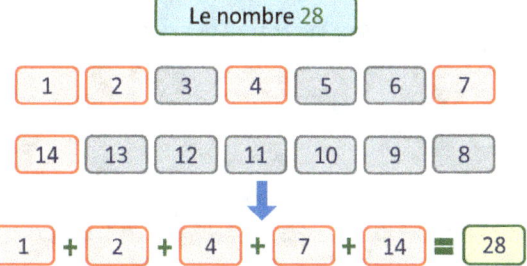

Corrigé

```c
#include <stdio.h>
int main () {
    int n, somme = 0;
    printf("Entrez un entier positif : ");
    scanf("%d", &n);
    int i = 1;
    while (i <= n / 2) {
        if (n % i == 0) somme += i;
        i++;
    }
    if (somme == n)
        printf("%d est un nombre parfait.\n", n);
    else
        printf("%d n'est pas un nombre parfait.\n", n);
    return 0;
}
```

Série 5 — Instructions de contrôle itératives : while et do while

Exercice 22 — Liste des nombres parfaits entre 1 et 1000

Enoncé

Ecrivez un programme en C qui affiche les nombres parfaits entre 1 et 1000.

Exemple d'exécution :

6 28 496

Astuces

- Utilisez une boucle **for** externe pour parcourir les nombres de 1 à 1000.
- Utilisez une boucle interne (**while** ou **for**) pour trouver les diviseurs et calculer leur somme (**Série 5 - Exercice 21**).
- Si la somme des diviseurs dépasse la valeur de n, quittez la boucle interne.
- Affichez les nombres parfaits dont la somme des diviseurs égale n.

Corrigé

```c
#include <stdio.h>
int main() {
    int n;
    // Boucle pour parcourir chaque nombre de 1 à 1000
    for (n = 1; n <= 1000; n++) {
        // Initialiser la somme des diviseurs à 0
        int somme = 0;
        int i = 1;
        // Boucle pour trouver les diviseurs de n (jusqu'à n/2)
        while (i <= n / 2) {
            // Ajouter le diviseur à la somme
            if (n % i == 0) somme += i;
            // Quitter la boucle si la somme dépasse n
            if (somme > n) break;
            i++;
        }
        // Afficher si n est un nombre parfait
        if (somme == n) printf("%d ", n);
    }
    printf("\n");
    return 0;
}
```

Série 5 : Instructions de contrôle itératives : while et do while

Exercice 23 : Vérification si un nombre est octal

Enoncé

Ecrivez un programme en C qui permet de vérifier si un nombre est un nombre octal ou non.

Exemple d'exécution :

Entrez un nombre octal : 1567
1567 est un nombre octal.

Astuces

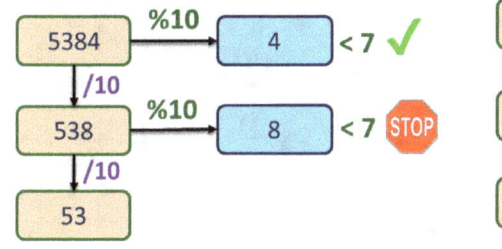

5384 n'est pas un nombre octal

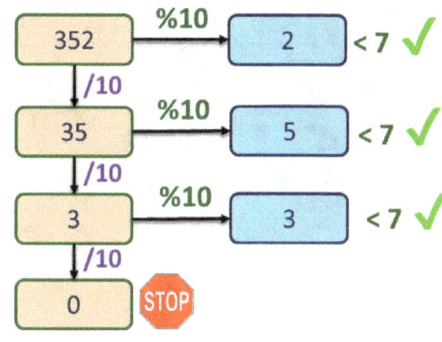

352 est un nombre octal

Corrigé

```
1   #include <stdio.h>
2   int main () {
3       int n, siValide = 1;
4       printf("Entrez un nombre octal : ");
5       scanf("%d", &n);
6       int nombre = n;
7       while (n != 0) {
8           if (n % 10 > 7) {
9               siValide = 0;
10              break;
11          }
12          n /= 10;
13      }
14      if (siValide)
15          printf("%d est un nombre octal.\n", nombre);
16      else
17          printf("%d n'est pas un nombre octal.\n", nombre);
18      return 0;
19  }
```

Série 5 — Instructions de contrôle itératives : while et do while

Exercice 24 — Vérification si un nombre est binaire

Enoncé

Ecrivez un programme en C qui permet de vérifier si un nombre est un nombre binaire ou non.

Exemple d'exécution :

Entrez un nombre binaire : 10100
10100 est un nombre binaire.

Astuces

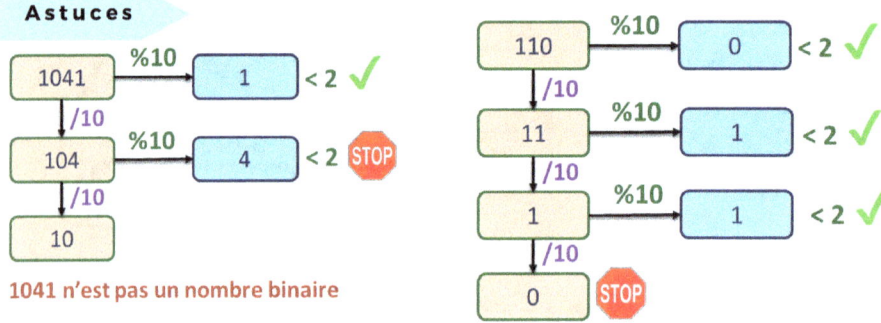

1041 n'est pas un nombre binaire

110 est un nombre binaire

Corrigé

```c
#include <stdio.h>
int main () {
    int n, siValide = 1, temp;
    printf("Entrez un nombre binaire : ");
    scanf("%d", &n);
    temp = n;
    while (temp != 0) {
        if (temp % 10 != 0 && temp % 10 != 1) {
            siValide = 0;
            break;
        }
        temp /= 10;
    }
    if (siValide)
        printf("%d est un nombre binaire.\n", n);
    else
        printf("%d n'est pas un nombre binaire.\n", n);
    return 0;
}
```

Série 5 — Instructions de contrôle itératives : while et do while

Exercice 25 — Conversion décimal en binaire

Enoncé

Ecrivez un programme en C qui permet de saisir un entier dans la base décimale et qui donne sa valeur dans la base binaire.

Exemple d'exécution :

Entrez un nombre en decimal : 121
La valeur en binaire : 1111001

Astuces

- Utilisez une boucle while pour parcourir chaque bit de l'entier, de 31 à 0.
- Pour passer aux bits suivants du nombre, utilisez des décalages à droite à l'aide de l'opérateur >> : **(n >> i) & 1 est la valeur du bit numéro i**
- Affichez les bits 1 par 1 uniquement après avoir trouvé le premier bit significatif (1).
- Affichez "0" si l'entier est 0.

Corrigé

```
#include <stdio.h>
int main() {
    int n;
    printf("Entrez un nombre en decimal : ");
    scanf("%d", &n);
    printf("La valeur en binaire : ");
    int debut = 0;
    int i = 31;
    while (i >= 0) {
        if ((n >> i) & 1) debut = 1;
        if (debut) printf("%d", (n >> i) & 1);
        i--;
    }
    if (!debut) printf("0");
    printf("\n");
    return 0;
}
```

Série 5 — Instructions de contrôle itératives : while et do while

Exercice 26 — Conversion binaire en décimal

Enoncé

Ecrivez un programme en C qui permet de saisir un entier dans la base binaire et qui donne sa valeur dans la base décimale.

Exemple d'exécution :

Entrez un nombre binaire : 11110001
La valeur decimale : 241

Astuces

Utilisez une boucle while pour :
- Extraire le dernier chiffre du nombre binaire (n % 10).
- Ajouter ce chiffre multiplié par la base.
- Diviser le nombre binaire par 10 pour enlever le dernier chiffre et passer au chiffre suivant.
- Multiplier la base par 2 pour la prochaine itération.

2^7 | 2^6 | 2^5 | 2^4 | 2^3 | 2^2 | 2^1 | 1
1 | 1 | 1 | 1 | 0 | 0 | 0 | 1

$$1 \times 1 + 0 \times 2^1 + 0 \times 2^2 + 0 \times 2^3 + 1 \times 2^4 + 1 \times 2^5 + 1 \times 2^6 + 1 \times 2^7$$

$$= 241$$

Corrigé

```c
#include <stdio.h>
int main () {
    int n, decimale = 0, base = 1;
    printf("Entrez un nombre binaire : ");
    scanf("%d", &n);
    while (n != 0) {
        int dernier_chiffre = n % 10;
        decimale += dernier_chiffre * base;
        n /= 10;
        base *= 2;
    }
    printf("La valeur decimale : %d\n", decimale);
    return 0;
}
```

| Série 5 | Instructions de contrôle itératives : while et do while |

| Exercice 27 | Conversion octal en décimal |

Enoncé

Ecrivez un programme en C qui permet de saisir un entier dans la base octale et qui donne sa valeur en décimale (Utilisez la boucle while)

Exemple d'exécution :

Entrez un nombre en octal : 157
La valeur decimale : 111

Astuces

Utilisez une boucle while comme l'exercice précédent (Série 5 - Exercice 26). Il suffit juste de remplacer la base binaire (2) par la base octale (8).

$$8^2 \quad 8^1 \quad 1$$
$$\boxed{1} \; \boxed{5} \; \boxed{7}$$

$$7 \times 1 + 5 \times 8^1 + 1 \times 8^2$$
$$= 111$$

Corrigé

```c
#include <stdio.h>
int main () {
    int octal, decimal = 0, base = 1;
    printf("Entrez un nombre en octal : ");
    scanf("%o", &octal);
    while (octal) {
        decimal += (octal % 10) * base;
        octal /= 10;
        base *= 8;
    }
    printf("La valeur decimale : %d\n", decimal);
    return 0;
}
```

Les tableaux

Série 6 — Les tableaux

Exercice 01 — Saisie et affichage d'un tableau

Enoncé

Ecrivez un programme en C qui demande à l'utilisateur de saisir un tableau de 10 réels et qui affiche ce tableau.

Exemple d'exécution :

Entrez un reel : 10
Entrez un reel : 15
Entrez un reel : 11
Entrez un reel : 9
Entrez un reel : 7
Entrez un reel : 19
Entrez un reel : 20
Entrez un reel : 14
Entrez un reel : 12
Entrez un reel : 0
Tableau : 10.00 15.00 11.00 9.00   7.00 19.00 20.00 14.00 12.00 0.00

Astuces

- **Déclaration du tableau** : Utilisez un tableau de 10 éléments **float**
- **Lecture des entrées** : Utilisez une boucle **for** pour lire les 10 valeurs saisies
- **Affichage des valeurs** : Utilisez une autre boucle **for** pour afficher les valeurs du tableau.

Corrigé

```c
#include <stdio.h>
int main() {
    float tab[10];
    int i;
    for (i = 0; i < 10; i++) {
        printf("Entrez un reel : ");
        scanf("%f", &tab[i]);
    }
    printf("Tableau : ");
    for (i = 0; i < 10; i++) {
        printf("%.2f\t", tab[i]);
    }
    return 0;
}
```

Série 6 — Les tableaux

Exercice 02 — Valeur maximale d'un tableau

Enoncé

Ecrivez un programme en C qui demande à l'utilisateur de saisir un tableau de 5 réels. Le programme calcule et affiche la valeur maximale.

Exemple d'exécution :

Entrez le reel numero 1 : 12.5
Entrez le reel numero 2 : 19.5
Entrez le reel numero 3 : 18.25
Entrez le reel numero 4 : -10.75
Entrez le reel numero 5 : 15
Valeur maximale : 19.50

Astuces

- **Saisie des valeurs** : Effectuez la saisie des valeurs avec scanf.
- **Déclaration de MAX** : Déclarez une variable MAX et assignez-lui la valeur du premier élément du tableau.
- **Trouver le maximum** :
  1. Utilisez une boucle for pour parcourir tous les éléments du tableau.
  2. Comparez chaque élément du tableau avec la valeur actuelle de MAX.
  3. Si un élément est supérieur à MAX, mettez à jour MAX avec cette nouvelle valeur.

Corrigé

```c
#include <stdio.h>
int main() {
    float tab[5];
    int i;
    for (i = 0; i < 5; i++) {
        printf("Entrez le reel numero %d : ",i+1);
        scanf("%f", &tab[i]);
    }
    float max = tab[0];
    for (i = 1; i < 5; i++) {
        if (tab[i] > max) {
            max = tab[i];
        }
    }
    printf("Valeur maximale : %.2f\n", max);
    return 0;
}
```

Série 6 — Les tableaux

Exercice 03 — Recherche d'un élément dans un tableau

Enoncé

Ecrivez un programme en C qui permet de vérifier si un nombre saisi par l'utilisateur se trouve dans un tableau.

Exemple d'exécution :

Entrez le reel numero 1 : 10
Entrez le reel numero 2 : 15
Entrez le reel numero 3 : 20
Entrez le reel numero 4 : 2.5
Entrez le reel numero 5 : 17
Entrez le nombre a chercher : 20
20.00 existe dans le tableau.

Astuces

- **Saisie des valeurs** : Effectuez la saisie des valeurs avec scanf
- **Saisie d'un nombre n** : Utilisez la fonction **scanf**.
- **Recherche du nombre saisi dans le tableau** :
  1. Utilisez une boucle **for** pour parcourir tous les éléments du tableau.
  2. **Comparez** chaque élément du tableau avec la valeur du nombre n.
  3. Si un élément est égale à n, notez que le nombre est trouvé et quitter la boucle.

Corrigé

```c
#include <stdio.h>
int main() {
    float n, tab[5];
    int i, found = 0;
    for (i = 0; i < 5; i++) {
        printf("Entrez le reel numero %d : ",i+1);
        scanf("%f", &tab[i]);
    }
    printf("Entrez le nombre a chercher : ");
    scanf("%f", &n);
    for (i = 0; i < 5; i++) {
        if (tab[i] == n) {
            found = 1;
            break;
        }
    }
    if (found) printf("%.2f existe dans le tableau.\n", n);
    else printf("%.2f n'existe pas dans le tableau.\n", n);
    return 0;
}
```

Série 6 — Les tableaux

Exercice 04 — Affichage des nombres positifs d'un tableau

Enoncé

Ecrivez un programme en C qui demande à l'utilisateur de saisir un tableau de 5 réels. Le programme affiche ensuite les nombres positifs du tableau.

Exemple d'exécution :

Entrez le reel numero 1 : 15
Entrez le reel numero 2 : -10
Entrez le reel numero 3 : 20
Entrez le reel numero 4 : -18
Entrez le reel numero 5 : 17.5
Nombres positifs : 15.00   20.00   17.50

Astuces

- **Saisie des valeurs** : Effectuez la saisie des valeurs avec scanf
- **Recherche des nombres positifs** :
  1. Utilisez une boucle **for** pour parcourir tous les éléments du tableau.
  2. **Vérifiez** si chaque élément est positif (c'est-à-dire supérieur à 0).
  3. Si un élément est positif, **affichez-le**.

Corrigé

```c
#include <stdio.h>
int main() {
    float tab[5];
    int i;
    for (i = 0; i < 5; i++) {
        printf("Entrez le reel numero %d : ",i+1);
        scanf("%f", &tab[i]);
    }
    printf("Nombres positifs : ");
    for (i = 0; i < 5; i++) {
        if (tab[i] > 0) {
            printf("%.2f\t", tab[i]);
        }
    }
    return 0;
}
```

| Série 6 | Les tableaux |

| Exercice 05 | Nombres paires dans un tableau |

Enoncé

Ecrivez un programme en C qui demande à l'utilisateur de saisir un tableau de 5 entiers. Le programme affiche ensuite les nombres pairs et le nombre de leurs apparitions dans le tableau.

Exemple d'exécution :

Entrez l'entier numero 1 : 12
Entrez l'entier numero 2 : 19
Entrez l'entier numero 3 : 20
Entrez l'entier numero 4 : 15
Entrez l'entier numero 5 : 18
Nombres pairs : 12   20   18
Nombre d'apparitions : 3

Astuces

- **Saisie des valeurs** : Effectuez la saisie des valeurs avec scanf
- **Déclaration du compteur** : Déclarez un entier initialisé à 0 pour servir de compteur
- **Recherche des nombres positifs** :
  1. Utilisez une boucle **for** pour parcourir tous les éléments du tableau.
  2. **Vérifiez** si chaque élément est pair (**i % 2 == 0**).
  3. Si un élément est pair, **affichez-le** et **incrémentez le compteur de 1**

Corrigé

```c
#include <stdio.h>
int main() {
    int i, compteur = 0, tab[5];
    for (i = 0; i < 5; i++) {
        printf("Entrez l'entier numero %d : ",i+1);
        scanf("%d", &tab[i]);
    }
    printf("Nombres pairs : ");
    for (i = 0; i < 5; i++) {
        if (tab[i] % 2 == 0) {
            printf("%d\t", tab[i]);
            compteur++;
        }
    }
    printf("\nNombre d'apparitions : %d\n", compteur);
    return 0;
}
```

| Série 6 | Les tableaux |

| Exercice 06 | Inverse d'un tableau |

Enoncé

Ecrivez un programme en C qui demande à l'utilisateur de saisir un tableau de 5 entiers. Le programme inverse le tableau et affiche le nouveau tableau inversé.

Exemple d'exécution :

Pour un tableau tab1 [5] = {1,2,3,4,5}

Le résultat après l'exécution :

Tableau inversé : 5 4 3 2 1

Astuces

- **Saisie du 1er tableau** : Utilisez une boucle for pour effectuer la saisie des valeurs.
- **Déclaration d'un nouveau tableau.**
- **Inversement des éléments du premier tableau :**
  1. Utilisez une boucle **for** pour parcourir tous les éléments du premier tableau
  2. Copiez chaque élément dans la position inverse dans le nouveau tableau (i   4 - i)

Corrigé

```c
#include <stdio.h>
int main() {
    int tab1[5] = {1,2,3,4,5};
    int i, tab2[5];
    for (i = 0; i < 5; i++) {
        tab2[4-i] = tab1[i];
    }
    printf("Tableau invers%c : ",130);
    for (i = 0; i < 5; i++) {
        printf("%d ", tab2[i]);
    }
    return 0;
}
```

Série 6 — Les tableaux

Exercice 07 — Modification des valeurs d'un tableau

Enoncé

Ecrivez un programme en C qui demande à l'utilisateur de saisir un tableau de 5 entiers. Le programme remplace tous les nombres négatifs par des 0 et affiche le nouveau tableau.

Exemple d'exécution :

Entrez l'entier numero 1 : 5
Entrez l'entier numero 2 : -7
Entrez l'entier numero 3 : 3
Entrez l'entier numero 4 : 5
Entrez l'entier numero 5 : -10
Tableau apres modification : 5 0 3 5 0

Astuces

- **Saisie des valeurs du tableau** : Utilisez une boucle for et scanf.
- **Recherche des éléments négatifs :**
  1. Utilisez une boucle **for** pour parcourir tous les éléments du tableau
  2. Si un élément du tableau est négatif, remplacez-le par 0.

Corrigé

```c
#include <stdio.h>
int main() {
    int tab[5];
    int i;
    for (i = 0; i < 5; i++) {
        printf("Entrez l'entier numero %d : ",i+1);
        scanf("%d", &tab[i]);
    }
    for (i = 0; i < 5; i++) {
        if (tab[i] < 0) {
            tab[i] = 0;
        }
    }
    printf("Tableau apres modification : ");
    for (i = 0; i < 5; i++) {
        printf("%d ", tab[i]);
    }
    return 0;
}
```

Série 6 — **Les tableaux**

Exercice 08 — **Somme et moyenne des éléments d'un tableau**

Enoncé

Ecrivez un programme en C qui demande à l'utilisateur de saisir un tableau de 5 entiers. Le programme calcule et affiche la somme des éléments du tableau et leur moyenne.

Exemple d'exécution :

Entrez un entier : 10
Entrez un entier : 11
Entrez un entier : 12
Entrez un entier : 13
Entrez un entier : 14
Somme : 60
Moyenne : 12.00

Astuces

- **Saisie des valeurs du tableau** : Utilisez une boucle for et scanf
- **Calcul de la somme des éléments du tableau :**
  1. Initialisez une variable **somme à 0** avant d'entrer dans la boucle for
  2. Utilisez une boucle **for** pour parcourir tous les éléments du tableau
  3. Après chaque itération, ajoutez l'élément du tableau à la variable somme
- Affichez la somme, puis la valeur de la moyenne (**Moyenne = Somme / 5**)

Corrigé

```c
#include <stdio.h>
int main() {
    int tab[5];
    int somme = 0, i;
    for (i = 0; i < 5; i++) {
        printf("Entrez un entier : ");
        scanf("%d", &tab[i]);
        somme += tab[i];
    }
    float moyenne = somme / 5.0;
    printf("Somme : %d\n", somme);
    printf("Moyenne : %.2f\n", moyenne);
    return 0;
}
```

Série 6 — Les tableaux

Exercice 09 — Copie d'un tableau

Enoncé

Écrivez un programme en C qui permet de copier les éléments d'un tableau source vers un tableau de destination.

Exemple d'exécution :

Tableau source : 1 2 3 4 5

Tableau destination : 1 2 3 4 5

Astuces

- **Saisie du premier tableau** : Utilisez une boucle for pour saisir les valeurs des éléments du tableau source.
- **Copie des éléments positifs dans un nouveau tableau :**
1. Déclarez un tableau destination de même dimension
2. Utilisez une boucle for pour parcourir tous les éléments du tableau source.
3. Copiez chaque élément du tableau source dans le tableau destination.

Corrigé

```c
#include <stdio.h>
int main() {
    int source[5] = {1, 2, 3, 4, 5};
    int destination[5];
    int i;
    // Afficher le tableau source
    printf("Tableau source : ");
    for (i = 0; i < 5; i++) printf("%d ", source[i]);
    printf("\n");
    // Copier le tableau
    for (i = 0; i < 5; i++)
        destination[i] = source[i];
    // Afficher le tableau destination
    printf("Tableau destination : ");
    for (i = 0; i < 5; i++)
        printf("%d ", destination[i]);
    printf("\n");
    return 0;
}
```

| Série 6 | Les tableaux |

| Exercice 10 | Copie des éléments positifs d'un tableau |

Enoncé

Ecrivez un programme qui permet de copier seulement les nombres positifs d'un tableau dans un nouveau tableau. Le programme affiche la dimension du nouveau tableau.

Exemple d'exécution :

Entrez l'entier numero 1 : 10
Entrez l'entier numero 2 : -5
Entrez l'entier numero 3 : 7
Entrez l'entier numero 4 : 19
Entrez l'entier numero 5 : -3
Nouveau tableau : 10 7 19
Dimension : 3

Astuces

- **Saisie du premier tableau** : Utilisez une boucle for pour saisir les valeurs.
- **Copie des éléments positifs dans un nouveau tableau :**
  1. Utilisez une boucle for pour parcourir tous les éléments du premier tableau.
  2. Vérifiez si chaque élément est supérieur à 0.
  3. Si un élément est positif, copiez-le dans le nouveau tableau.
  4. Utilisez un compteur j pour passer à l'indice suivant du nouveau tableau.

Corrigé

```c
#include <stdio.h>
int main() {
    int tab[5], nouvTab[5], j = 0, i;
    for (i = 0; i < 5; i++) {
        printf("Entrez l'entier numero %d : ",i+1);
        scanf("%d", &tab[i]);
        if (tab[i] >= 0) {
            nouvTab[j] = tab[i];
            j++;
        }
    }
    printf("Nouveau tableau : ");
    for (i = 0; i < j; i++) {
        printf("%d ", nouvTab[i]);
    }
    printf("\nDimension : %d\n", j);
    return 0;
}
```

Série 6 — Les tableaux

Exercice 11 — Tri à bulles croissant

Enoncé

Ecrivez un programme en C qui demande à l'utilisateur de saisir un tableau de 5 entiers. Le programme trie le tableau par ordre croissant en utilisant le tri à bulles.

Exemple d'exécution :

Entrez l'entier numero 1 : 15
Entrez l'entier numero 2 : 12
Entrez l'entier numero 3 : 19
Entrez l'entier numero 4 : 20
Entrez l'entier numero 5 : 11
Nouveau tableau : 11 12 15 19 20

Astuces

Le tri à bulles croissant compare des paires d'éléments adjacents et les échange si l'élément de gauche est plus grand que celui de droite, ce qui déplace progressivement les plus grands éléments vers la fin du tableau.

Corrigé

```c
#include <stdio.h>
int main() {
    int tab[5], i, j;
    for (i = 0; i < 5; i++) {
        printf("Entrez l'entier numero %d : ", i+1);
        scanf("%d", &tab[i]);
    }
    for (i = 0; i < 4; i++) {
        for (j = 0; j < 5-i-1; j++) {
            if (tab[j] > tab[j+1]) {
                int temp = tab[j];
                tab[j] = tab[j+1];
                tab[j+1] = temp;
            }
        }
    }
    printf("Nouveau tableau : ");
    for (i = 0; i < 5; i++) {
        printf("%d ", tab[i]);
    }
    return 0;
}
```

Série 6 — Les tableaux

Exercice 12 — Tri à bulles décroissant

Enoncé

Ecrivez un programme en C qui demande à l'utilisateur de saisir un tableau de 5 entiers. Le programme trie le tableau par ordre décroissant en utilisant le tri à bulles.

Exemple d'exécution :

Entrez l'entier numero 1 : 5
Entrez l'entier numero 2 : 1
Entrez l'entier numero 3 : 9
Entrez l'entier numero 4 : 10
Entrez l'entier numero 5 : 3
Le nouveau tableau : 10 9 5 3 1

Astuces

Le tri à bulles décroissant compare des paires d'éléments adjacents et les échange si l'élément de gauche est plus petit que celui de droite, ce qui déplace progressivement les plus petits éléments vers la fin du tableau.

Corrigé

```c
#include <stdio.h>
int main() {
    int tab[5], i, j;
    for (i = 0; i < 5; i++) {
        printf("Entrez l'entier numero %d : ",i+1);
        scanf("%d", &tab[i]);
    }
    for (i = 0; i < 4; i++) {
        for (j = 0; j < 5-i-1; j++) {
            if (tab[j] < tab[j+1]) {
                int temp = tab[j];
                tab[j] = tab[j+1];
                tab[j+1] = temp;
            }
        }
    }
    printf("Le nouveau tableau : ");
    for (i = 0; i < 5; i++) {
        printf("%d ", tab[i]);
    }
    return 0;
}
```

Série 6 — Les tableaux

Exercice 13 — Tri par sélection croissant

Enoncé

Ecrivez un programme en C qui lit un tableau de 5 entiers. Le programme trie le tableau par ordre croissant en utilisant le tri par sélection.

Exemple d'exécution :

Entrez l'entier numero 1 : 10
Entrez l'entier numero 2 : 20
Entrez l'entier numero 3 : 15
Entrez l'entier numero 4 : 17
Entrez l'entier numero 5 : 13
Le nouveau tableau : 10 13 15 17 20

Astuces

Le tri par sélection croissant fonctionne en trouvant l'élément **le plus petit** dans la partie non triée du tableau et en l'échangeant avec le premier élément de cette partie. Ce processus est **répété** en avançant progressivement le début de la partie non triée jusqu'à ce que le tableau soit entièrement trié.

Corrigé

```c
#include <stdio.h>
int main() {
    int tab[5], i, j;
    for (i = 0; i < 5; i++) {
        printf("Entrez l'entier numero %d : ",i+1);
        scanf("%d", &tab[i]);
    }
    for (i = 0; i < 4; i++) {
        int minIndex = i;
        for (j = i+1; j < 5; j++) {
            if (tab[j] < tab[minIndex]) {
                minIndex = j;
            }
        }
        int temp = tab[minIndex];
        tab[minIndex] = tab[i];
        tab[i] = temp;
    }
    printf("Le nouveau tableau : ");
    for (i = 0; i < 5; i++) printf("%d ", tab[i]);
    return 0;
}
```

Série 6 — **Les tableaux**

Exercice 14 — **Tri par sélection décroissant**

Enoncé

Ecrivez un programme en C qui lit un tableau de 5 entiers. Le programme trie le tableau par ordre décroissant en utilisant le tri par sélection.

Exemple d'exécution :

Entrez l'entier numero 1 : 15
Entrez l'entier numero 2 : 20
Entrez l'entier numero 3 : 17
Entrez l'entier numero 4 : 13
Entrez l'entier numero 5 : 19
Le nouveau tableau : 20 19 17 15 13

Astuces

Le tri par sélection décroissant fonctionne en trouvant l'élément **le plus grand** dans la partie non triée du tableau et en l'échangeant avec le premier élément de cette partie. Ce processus est **répété** en avançant progressivement le début de la partie non triée jusqu'à ce que le tableau soit entièrement trié.

Corrigé

```c
#include <stdio.h>
int main() {
    int tab[5], i, j;
    for (i = 0; i < 5; i++) {
        printf("Entrez l'entier numero %d : ",i+1);
        scanf("%d", &tab[i]);
    }
    for (i = 0; i < 4; i++) {
        int maxIndex = i;
        for (j = i+1; j < 5; j++) {
            if (tab[j] > tab[maxIndex]) {
                maxIndex = j;
            }
        }
        int temp = tab[maxIndex];
        tab[maxIndex] = tab[i];
        tab[i] = temp;
    }
    printf("Le nouveau tableau : ");
    for (i = 0; i < 5; i++) printf("%d ", tab[i]);
    return 0;
}
```

Série 6 — Les tableaux

Exercice 15 — Gestion des notes des stagiaires

Enoncé

Ecrivez un programme en C qui lit les notes de 5 stagiaires.
Le programme en C permet de :
- Trier le tableau par ordre de mérite (Tri à bulles).
- Calculer la moyenne de la classe.
- Afficher les notes et le nombre des stagiaires ayant une note supérieure à la moyenne de la classe.
- Afficher la note du majorant de la classe.

Exemple d'exécution :

Entrez la note du stagiaire 1 : 15
Entrez la note du stagiaire 2 : 19
Entrez la note du stagiaire 3 : 17
Entrez la note du stagiaire 4 : 12
Entrez la note du stagiaire 5 : 18
Moyenne de la classe : 16.20
Notes superieures a la moyenne : 19 18 17
Nombre de stagiaires : 3
Note du majorant : 19

Astuces

- **Saisie des notes des stagiaires** : Demandez à l'utilisateur de saisir les notes de 5 stagiaires et stockez-les dans un tableau.
- **Tri des notes par ordre de mérite (tri à bulles)** : Implémentez le tri à bulles pour trier le tableau des notes dans l'ordre décroissant (du plus méritant au moins méritant).
- **Calcul de la moyenne de la classe** : Calculez la somme des notes et divisez-la par le nombre de stagiaires pour obtenir la moyenne.
- **Affichage des notes et du nombre de stagiaires ayant une note supérieure à la moyenne** :
 1. Parcourez le tableau trié et affichez chaque note.
 2. Comptez et affichez le nombre de stagiaires dont la note est supérieure à la moyenne.
- **Affichage de la note du majorant de la classe** : Puisque le tableau est trié par ordre décroissant, la note du majorant est le premier élément du tableau.

Série 6 — Les tableaux

Exercice 15 — Gestion des notes des stagiaires

Corrigé

```c
#include <stdio.h>
int main() {
    int notes[5], i, j;
    int somme = 0;
    for (i = 0; i < 5; i++) {
        printf("Entrez la note du stagiaire %d : ", i+1);
        scanf("%d", &notes[i]);
        somme += notes[i];
    }
    float moyenne = somme / 5.0;
    for (i = 0; i < 4; i++) {
        for (j = 0; j < 5-i-1; j++) {
            if (notes[j] < notes[j+1]) {
                int temp = notes[j];
                notes[j] = notes[j+1];
                notes[j+1] = temp;
            }
        }
    }
    printf("Moyenne de la classe : %.2f\n", moyenne);
    printf("Notes superieures a la moyenne : ");

    int compteur = 0;
    for (i = 0; i < 5; i++) {
        if (notes[i] > moyenne) {
            printf("%d ", notes[i]);
            compteur++;
        }
    }
    printf("\nNombre de stagiaires : %d\n", compteur);
    printf("Note du majorant : %d\n", notes[0]);
    return 0;
}
```

Série 6 : Les tableaux

Exercice 16 : Conversion octal en décimal

Enoncé

Écrivez un programme en C qui permet de fusionner deux tableaux d'entiers triés en un seul tableau trié.

Exemple d'exécution :

Le nouveau tableau : 1 2 3 4 5 6 7 8 9 10

Astuces

- **Initialisation des éléments des deux tableaux** : Initilisez deux tableaux triés.
- **Fusionner les deux tableaux triés** :
  1. Créez un troisième tableau pour stocker les éléments fusionnés.
  2. Utilisez 2 indices pour suivre les positions actuelles dans les 2 tableaux d'origine.
  3. Comparez les éléments pointés par ces indices et ajoutez le plus petit élément au tableau fusionné.
  4. Avancez l'indice du tableau à partir duquel l'élément a été pris.
  5. Répétez jusqu'à ce que tous les éléments des deux tableaux d'origine soient ajoutés au tableau fusionné.
- **Ajoutez les éléments non comparés du tableau ayant le plus d'éléments.**
- **Affichage du tableau fusionné** : Affichez les éléments du tableau fusionné.

Corrigé

```c
#include <stdio.h>
int main() {
    int a[5] = {1, 3, 5, 7, 9};
    int b[5] = {2, 4, 6, 8, 10};
    int c[10];
    int n = 5, m = 5;
    int i = 0, j = 0, k = 0;
    while (i < n && j < m) {
        if (a[i] < b[j]) c[k++] = a[i++];
        else c[k++] = b[j++];
    }
    while (i < n) c[k++] = a[i++];
    while (j < m) c[k++] = b[j++];
    printf("Le nouveau tableau : ");
    for (i = 0; i < 10; i++) printf("%d ", c[i]);
    printf("\n");
    return 0;
}
```

Série 6 — Les tableaux

Exercice 17 — Rotation des éléments d'un tableau

Enoncé

Écrivez un programme en C qui permet d'effectuer une rotation d'un tableau d'entiers vers la gauche de 3 positions.

Exemple d'exécution :

Tableau avant la rotation : 1 2 3 4 5 6 7 8 9 10
Tableau apres la rotation : 4 5 6 7 8 9 10 1 2 3

Astuces

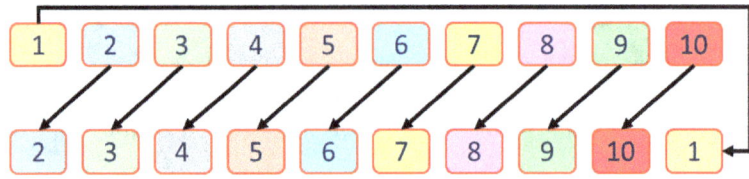

Rotation d'une seule position à gauche

Corrigé

```
1   #include <stdio.h>
2   int main() {
3       int tab[10] = {1, 2, 3, 4, 5, 6, 7, 8, 9, 10};
4       int positions = 3;
5       int n = 10;
6       int temp[positions];
7       int i;
8       //Affichage avant la rotation
9       printf("Tableau avant la rotation : ");
10      for (i = 0; i < n; i++) printf("%3d ", tab[i]);
11      printf("\n");
12      //Opération de rotation
13      for (i = 0; i < positions; i++)
14          temp[i] = tab[i];
15      for (i = 0; i < n - positions; i++)
16          tab[i] = tab[i + positions];
17      for (i = 0; i < positions; i++)
18          tab[n - positions + i] = temp[i];
19      //Affichage après la rotation de 3 positions
20      printf("Tableau apres la rotation : ");
21      for (i = 0; i < n; i++) printf("%3d ", tab[i]);
22      printf("\n");
23      return 0;
24  }
```

| Série 6 | Les tableaux |

| Exercice 18 | Suppression des éléments d'un tableau |

Enoncé

Écrivez un programme en C qui permet de supprimer tous les éléments négatifs d'un tableau.

Exemple d'exécution :

Entrez les elements du tableau :
Element 1 : 1
Element 2 : 2
Element 3 : -3
Element 4 : -4
Element 5 : 8
Nouveau tableau : 1 2 8

Astuces

- **Saisie du premier tableau** : Utilisez une boucle for et scanf.
- **Suppression des éléments négatifs** :
  1. Utilisez une boucle for pour parcourir tous les éléments du tableau source.
  2. Utilisez un indice j pour suivre la position des éléments non négatifs

Corrigé

```c
#include <stdio.h>
int main() {
    int tableau[5], i, j = 0;
    printf("Entrez les elements du tableau :\n");
    for (i = 0; i < 5; i++) {
        printf("Element %d : ", i + 1);
        scanf("%d", &tableau[i]);
    }
    // Suppression des éléments négatifs
    for (i = 0; i < 5; i++) {
        if (tableau[i] >= 0) {
            tableau[j] = tableau[i];
            j++;
        }
    }
    printf("Nouveau tableau : ");
    for (i = 0; i < j; i++) printf("%d ", tableau[i]);
    printf("\n");
    return 0;
}
```

Série 6 — Les tableaux

Exercice 19 — Manipulation d'un tableau à deux dimensions

Enoncé

Ecrivez un programme en C qui demande à l'utilisateur de saisir un tableau d'entiers de 2 lignes et 3 colonnes. Le programme affiche le tableau, compte le nombre d'apparition des nombres positifs puis affiche le plus grand élément du tableau.

Exemple d'exécution :

M[0][0] : 1

M[0][1] : 5

M[0][2] : 4

M[1][0] : -7

M[1][1] : 2

M[1][2] : 10

Tableau :

 1 5 4

-7 2 10

Nombre de nombres positifs : 5

Plus grand element : 10

Astuces

- **Saisie des éléments du tableau à deux dimensions :**

  1. Utilisez une boucle **for externe** pour le numéro de ligne i, allant de 0 à 1.
  2. À l'intérieur de cette boucle, utilisez une boucle **for interne** pour le numéro de colonne j, allant de 0 à 2.
  3. Demandez à l'utilisateur de saisir l'élément M[i][j]
  4. Après chaque ligne, ajoutez **\n**.

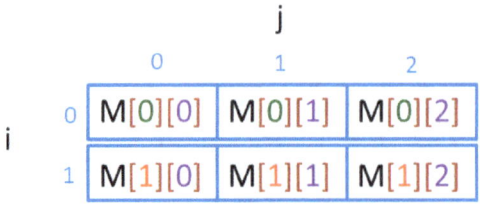

Série 6 — Les tableaux

Exercice 19 — Manipulation d'un tableau à deux dimensions

Astuces

- **Calcul du nombre d'apparitions des nombres positifs et recherche du maximum** :
  1. Initialisez un compteur à 0 et le maximum (**Max**) au premier élément du tableau.
  2. Utilisez une boucle **for externe** pour le numéro de ligne i, allant de 0 à 1.
  3. À l'intérieur de cette boucle, utilisez une boucle **for interne** pour le numéro de colonne j, allant de 0 à 2.
  4. Chaque élément du tableau est comparé au maximum (Max). Si l'élément est supérieur au maximum, il devient le nouveau maximum.
  5. Chaque élément est comparé à 0. S'il est supérieur à 0, le compteur s'incrémente de 1.

Corrigé

```c
#include <stdio.h>
int main() {
    int M[2][3], i, j;
    // Saisie des éléments du tableau 2x3
    for (i = 0; i < 2; i++) {
        for (j = 0; j < 3; j++) {
            printf("M[%d][%d] : ", i, j);
            scanf("%d", &M[i][j]);
        }
    }
    // Initialisation du maximum et du compteur à 0
    int max = M[0][0], compteur = 0;
    printf("Tableau :\n");
    for (i = 0; i < 2; i++) {
        for (j = 0; j < 3; j++) {
            // Affichage de l'élément du tableau
            printf("%3d ", M[i][j]);
            // Si l'élément > 0, incrémentation du compteur
            if (M[i][j] > 0) compteur++;
            // Si l'élément > max actuel, mise à jour du max
            if (M[i][j] > max) max = M[i][j];
        }
        printf("\n");
    }
    // Affichage des résultats
    printf("Nombre de nombres positifs : %d\n", compteur);
    printf("Plus grand element : %d\n", max);
    return 0;
}
```

Série 6 — Les tableaux

Exercice 20 — Trace d'une matrice carrée

Enoncé

Ecrivez un programme en C qui demande à l'utilisateur de saisir une matrice carrée d'entiers de 3 lignes et 3 colonnes. Le programme en C calcule et affiche la trace de la matrice.

Exemple d'exécution :

M[0][0] : 1
M[0][1] : 2
M[0][2] : 3
M[1][0] : 4
M[1][1] : 5
M[1][2] : 6
M[2][0] : 7
M[2][1] : 8
M[2][2] : 9
 1 2 3
 4 5 6
 7 8 9
Trace de la matrice : 15

Astuces

Définition d'une trace :

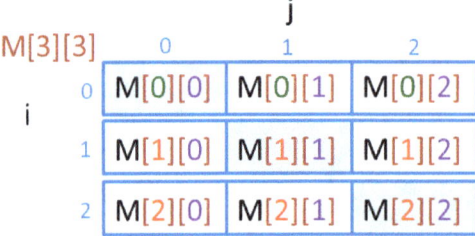

Trace = M[0][0] + M[1][1] + M[2][2]

Exemple :

Trace = 1 + 5 + 9 = 15

Série 6 — Les tableaux

Exercice 20 — Trace d'une matrice carrée

Astuces

Étape 1 : Déclaration des variables
- Une matrice 3x3.
- Une variable pour stocker la trace (initialisez-la à 0).
- Variables pour les boucles (habituellement i et j).

Étape 2 : Saisie de la matrice
- Utilisez une boucle **for externe** pour parcourir les lignes i de la matrice.
- Utilisez une autre boucle **for interne** pour parcourir les colonnes j de la matrice.
- Utilisez scanf pour lire les valeurs entrées par l'utilisateur.

Étape 3 : Calcul de la trace
- Utilisez une boucle for pour parcourir les indices de la diagonale principale (indices 0, 1, 2).
- Ajoutez les éléments de la diagonale principale à la variable trace.

Étape 4 : Affichage du résultat
- Utilisez printf pour afficher la valeur de la trace.

Corrigé

```c
#include <stdio.h>
int main() {
    int M[3][3];
    int i, j;
    // Saisie des éléments de la matrice
    for (i = 0; i < 3; i++) {
        for (j = 0; j < 3; j++) {
            printf("M[%d][%d] : ", i, j);
            scanf("%d", &M[i][j]);
        }
    }
    int trace = 0;
    // Calcul de la trace
    for (i = 0; i < 3; i++) trace += M[i][i];
    // Affichage de la matrice
    for (i = 0; i < 3; i++) {
        for (j = 0; j < 3; j++) printf("%3d ", M[i][j]);
        printf("\n"); // Nouvelle ligne
    }
    printf("Trace de la matrice : %d\n", trace);
    return 0;
}
```

Série 6 : Les tableaux

Exercice 21 : Matrice d'identité

Enoncé

Écrivez un programme en C pour créer et afficher une matrice d'identité de taille 3x3.

Exemple d'exécution :

Matrice d'identite 3x3 :
1 0 0
0 1 0
0 0 1

Astuces

Étape 1 : Déclaration des variables
- Déclarez une matrice 3x3 dont tous les éléments sont initialisés à 0.
- Déclarez des variables pour les boucles (habituellement i et j).

Étape 2 : Création de la matrice identité
- Utilisez une **boucle for** pour parcourir les indices de la diagonale principale (indices 0, 1, 2) et attribuez la valeur 1 à ces éléments.

Étape 3 : Affichage de la matrice identité
- Utilisez une boucle **for externe** pour parcourir les lignes i de la matrice.
- Utilisez une boucle **for interne** pour parcourir les colonnes j de la matrice.
- Utilisez **printf** pour afficher les éléments de la matrice identité.
- N'oubliez pas d'utiliser \n pour ajouter des retours à la ligne.

Corrigé

```c
#include <stdio.h>
int main() {
    int identite[3][3] = {0};
    int i, j;
    for (i = 0; i < 3; i++) {
        identite[i][i] = 1;
    }

    printf("Matrice d'identite 3x3 :\n");
    for (i = 0; i < 3; i++) {
        for (j = 0; j < 3; j++) {
            printf("%3d ", identite[i][j]);
        }
        printf("\n");
    }
    return 0;
}
```

Série 6 — Les tableaux

Exercice 22 — Somme de deux matrices carrées

Enoncé

Écrivez un programme en C pour calculer et afficher la somme de 2 matrices carrées.

Exemple d'exécution :

Somme des matrices :
19 20 26
20 15 15
20 17 16

Astuces

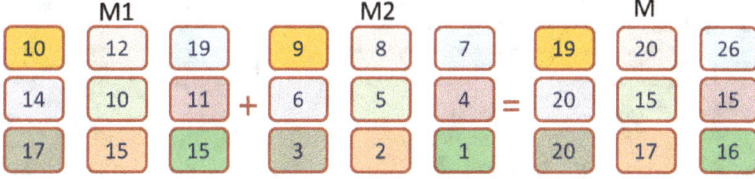

M[0][0] = M1[i][j] + M2[i][j]

Corrigé

```
1   #include <stdio.h>
2   int main() {
3       int matrice1[3][3] = {
4           {10, 12, 19},
5           {14, 10, 11},
6           {17, 15, 15} };
7       int matrice2[3][3] = {
8           {9, 8, 7},
9           {6, 5, 4},
10          {3, 2, 1} };
11      int somme[3][3];
12      int i, j;
13      for (i = 0; i < 3; i++) {
14          for (j = 0; j < 3; j++)
15              somme[i][j] = matrice1[i][j] + matrice2[i][j];
16      }
17      printf("Somme des matrices :\n");
18      for (i = 0; i < 3; i++) {
19          for (j = 0; j < 3; j++) printf("%3d ", somme[i][j]);
20          printf("\n");
21      }
22      return 0;
23  }
```

Série 6 — Les tableaux

Exercice 23 — Produit de deux matrices carrées

Enoncé

Écrivez un programme en C pour multiplier 2 matrices carrées et affichez le résultat.

Exemple d'exécution :

Produit des matrices :
  3 10
 11 18

Astuces

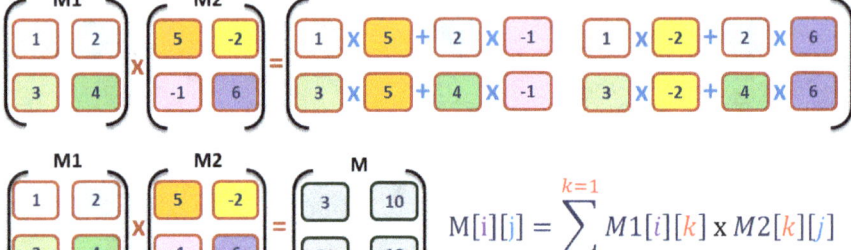

$$M[i][j] = \sum_{k=0}^{k=1} M1[i][k] \times M2[k][j]$$

Corrigé

```
1   #include <stdio.h>
2   int main() {
3       int M1[2][2] = {{1, 2},
4                       {3, 4} };
5       int M2[2][2] = { { 5, -2},
6                        {-1,  6} };
7       int i, j, k, M[2][2] = {0};
8       for (i = 0; i < 2; i++) {
9           for (j = 0; j < 2; j++)
10              for (k = 0; k < 2; k++)
11                  M[i][j] += M1[i][k] * M2[k][j];
12      }
13      printf("Produit des matrices :\n");
14      for (i = 0; i < 2; i++) {
15          for (j = 0; j < 2; j++)
16              printf("%4d ", M[i][j]);
17          printf("\n");
18      }
19      return 0;
20  }
```

Série 6 — Les tableaux

Exercice 24 — Matrice symétrique

Enoncé

Écrivez un programme en C pour vérifier si une matrice de 3x3 est symétrique et afficher le résultat.

Exemple d'exécution :

```
1 2 3
2 1 4
3 4 1
La matrice est symetrique
```

Astuces

Pour tout i et j :

$$M[i][j] = M[j][i]$$

Corrigé

```c
#include <stdio.h>
int main() {
    int M[3][3] = { {1, 2, 3},
                    {2, 1, 4},
                    {3, 4, 1} };
    int i, j, symetrique = 1;
    // Vérifier la symétrie de la matrice
    for (i = 0; i < 3 && symetrique; i++) {
        for (j = 0; j < 3; j++) {
            if (M[i][j] != M[j][i]) {
                symetrique = 0;
                break;
            }
        }
    }
    for (i = 0; i < 3 && symetrique; i++) {
        for (j = 0; j < 3; j++) printf("%3d ",M[i][j]);
        printf("\n");
    }
    if (symetrique) printf("La matrice est symetrique\n");
    else printf("La matrice n'est pas symetrique\n");
    return 0;
}
```

Série 6 — Les tableaux

Exercice 25 — Tri croissant des lignes d'une matrice carrée

Enoncé

Écrivez un programme en C pour trier les éléments de chaque ligne d'une matrice de 3x3 en ordre croissant.

Exemple d'exécution :

Nouvelle matrice :
1 2 3
4 5 6
7 8 9

Astuces

- Déclarez la matrice 3x3.
- Tri des lignes d'une matrice :
  1. Utilisez la boucle for pour parcourir les lignes avec un incide i de 0 à 2.
  2. Pour chaque ligne de la matrice, appliquez le tri à bulles pour trier les éléments de la ligne en ordre croissant.

Corrigé

```c
#include <stdio.h>
int main() {
    int M[3][3] = { {3, 2, 1},{6, 5, 4},{9, 8, 7} };
    int i, j, k;
    for (i = 0; i < 3; i++) {
        for (j = 0; j < 3 - 1; j++) {
            for (k = 0; k < 3 - j - 1; k++) {
                if (M[i][k] > M[i][k + 1]) {
                    int temp = M[i][k];
                    M[i][k] = M[i][k + 1];
                    M[i][k + 1] = temp;
                }
            }
        }
    }
    printf("Nouvelle matrice :\n");
    for (i = 0; i < 3; i++) {
        for (j = 0; j < 3; j++) printf("%3d ", M[i][j]);
        printf("\n");
    }
    return 0;
}
```

Les chaînes de caractères

Série 7 — Les chaînes de caractères

Exercice 01 — Longueur d'une chaîne de caractères

Enoncé

Écrivez un programme en C qui demande à l'utilisateur d'entrer une chaîne de caractères et qui affiche sa longueur.

Exemple d'exécution :

Entrez une chaine de caracteres : Bonjour Mr QARA
La longueur de la chaine est : 15

Astuces

- Déclarez un **compteur** de caractères et initialisez-le à **0**.
- Utilisez une boucle **while** pour parcourir la chaîne de caractères.
- Tant que vous n'avez pas trouvé le caractère nul **\0**, passez au caractère suivant et **incrémentez un compteu**r.

Remarque :
Vous pouvez utiliser la fonction **strlen** de la bibliothèque **<string.h>** pour calculer la longueur d'une chaîne de caractères

Corrigé

```c
#include <stdio.h>
int main() {
    char chaine[100];
    int longueur = 0;
    printf("Entrez une chaine de caracteres : ");
    gets(chaine);
    while (chaine[longueur] != '\0') {
        longueur++;
    }
    printf("La longueur de la chaine est : %d\n", longueur);
    return 0;
}
```

```c
#include <stdio.h>
#include <string.h>
int main() {
    char chaine[100];
    int l;
    printf("Entrez une chaine de caracteres : ");
    gets(chaine);
    l = strlen(chaine);
    printf("La longueur de la chaine est : %d\n", l);
    return 0;
}
```

Série 7 — Les chaînes de caractères

Exercice 02 — Concaténation de deux chaînes de caractères

Enoncé

Écrivez un programme en C qui demande à l'utilisateur d'entrer son nom et son prénom, les concatène, et affiche le nom complet.

Exemple d'exécution :

Entrez le prenom : Mohamed
Entrez le nom : QARA
Le nom complet est : QARA Mohamed

Astuces

- **Lecture des entrées utilisateur** : Utilisez gets ou fgets pour lire le prénom et le nom de l'utilisateur (Dans le cas de fgets, utilisez strcspn pour supprimer le retour à la ligne \n)
- **Initialisation du nom complet** : Déclarez une variable pour stocker le nom complet et initialisez-la avec une chaîne vide.
- **Concaténation des chaînes** : Utilisez strcat pour concaténer le prénom et le nom en ajoutant un espace entre les deux.

Corrigé

```c
#include <stdio.h>
#include <string.h>
int main() {
    char prenom[50];
    char nom[50];
    char nomComplet[100] = "";
    printf("Entrez votre prénom : ");
    fgets(prenom, sizeof(prenom), stdin);
    // Supprimez le caractère \n ajouté par fgets
    prenom[strcspn(prenom, "\n")] = 0;
    printf("Entrez votre nom : ");
    fgets(nom, sizeof(nom), stdin);
    // Supprimez le caractère \n ajouté par fgets
    nom[strcspn(nom, "\n")] = 0;
    // Concaténez le prénom et le nom avec un espace
    strcat(nomComplet, prenom);
    strcat(nomComplet, " ");
    strcat(nomComplet, nom);
    printf("Nom complet : %s\n", nomComplet);
    return 0;
}
```

Série 7 — Les chaînes de caractères

Exercice 03 — Comparaison de deux chaînes de caractères

Enoncé

Écrivez un programme en C qui demande à l'utilisateur d'entrer deux chaînes de caractères, les compare, et affiche le résultat de la comparaison.

Exemple d'exécution :

Entrez la premiere chaine : QARA

Entrez la deuxieme chaine : Mohamed

Les chaines ne sont pas identiques.

Astuces

- **Lecture des entrées utilisateur** : Utilisez **gets** ou **fgets** pour lire les deux chaînes

  (Dans le cas de fgets, utilisez **strcspn** pour supprimer le retour à la ligne **\n**)

- **Comparaison des chaînes** : Utilisez **strcmp** pour comparer les deux chaînes

  1. Si le résultat de la comparaison est égal à 0   Les deux chaînes sont identiques

  2. Si le résultat de la comparaison est différent de 0   Les deux chaînes ne sont pas identiques

Corrigé

```c
#include <stdio.h>
#include <string.h>
int main() {
    char chaine1[100], chaine2[100];
    printf("Entrez la premiere chaine : ");
    gets(chaine1);
    printf("Entrez la deuxieme chaine : ");
    gets(chaine2);
    if (strcmp(chaine1, chaine2) == 0) {
        printf("Les chaines sont identiques.\n");
    } else {
        printf("Les chaines ne sont pas identiques.\n");
    }
    return 0;
}
```

| Série 7 | Les chaînes de caractères |

| Exercice 04 | Copie d'une chaîne de caractères |

Enoncé

Écrivez un programme en C qui demande à l'utilisateur de saisir une chaîne de caractères, la copie dans une autre chaîne, puis affiche la nouvelle chaîne copiée.

Exemple d'exécution :

Entrez une chaine de caracteres : Mohamed QARA
La chaine copiee est : Mohamed QARA

Astuces

- **Méthode 1** : Utilisez **strcpy** pour copier la chaîne source dans la chaîne destination.
- **Méthode 2** : Utilisez une boucle **while** pour parcourir la chaîne source caractère par caractère. Chaque caractère doit être copié par une simple affectation.

Corrigé

```c
#include <stdio.h>
#include <string.h>
int main() {
    char chaine1[100], chaine2[100];
    printf("Entrez une chaine de caracteres : ");
    gets(chaine1);
    strcpy(chaine2, chaine1);
    printf("La chaine copiee est : %s\n", chaine2);
    return 0;
}
```

```c
#include <stdio.h>
#include <string.h>
int main() {
    char chaine1[100], chaine2[100];
    printf("Entrez une chaine de caracteres : ");
    fgets(chaine1, sizeof(chaine1), stdin);
    chaine1[strcspn(chaine1, "\n")] = 0;
    int i = 0;
    while (chaine1[i] != '\0') {
        chaine2[i] = chaine1[i];
        i++;
    }
    printf("La chaine copiee est : %s\n", chaine2);
    return 0;
}
```

Série 7 — **Les chaînes de caractères**

Exercice 05 — Recherche d'un caractère dans une chaîne de caractères

Enoncé

Écrivez un programme en C qui demande à l'utilisateur d'entrer une chaîne de caractères et un caractère, et vérifie si le caractère existe dans la chaîne.

Exemple d'exécution :

Entrez une chaine de caracteres : Mohamed QARA
Entrez un caractere a rechercher : h
'h' existe.

Astuces

- **Méthode 1** : Utilisez une boucle **while** pour parcourir la chaîne caractère par caractère. Vérifiez chaque caractère pour voir s'il est égal au caractère recherché. Si c'est le cas, notez l'information et quittez la boucle.
- **Méthode 2** : Utilisez **strchr** pour rechercher le caractère dans la chaîne de caractères. **strchr** prend en paramètres le nom de la chaîne et le caractère à rechercher, et renvoie un pointeur vers la position du caractère s'il est présent. Sinon, elle renvoie un pointeur nul (**NULL**).

Corrigé

```c
#include <stdio.h>
#include <string.h>
int main() {
    char chaine[100];
    char c;
    int i, existe = 0;
    printf("Entrez une chaine de caracteres : ");
    fgets(chaine, sizeof(chaine), stdin);
    chaine[strcspn(chaine, "\n")] = 0;
    printf("Entrez un caractere a rechercher : ");
    scanf(" %c", &c);
    for (i = 0; chaine[i] != '\0'; i++) {
        if (chaine[i] == c) {
            existe = 1;
            break;
        }
    }
    if (existe) printf("'%c' existe.\n", c);
    else printf("'%c' n'existe pas.\n", c);
    return 0;
}
```

Série 7 — Les chaînes de caractères

Exercice 05 — Recherche d'un caractère dans une chaîne de caractères

Corrigé

```c
#include <stdio.h>
#include <string.h>
int main() {
    char chaine[100];
    char c;
    printf("Entrez une chaine de caracteres : ");
    fgets(chaine, sizeof(chaine), stdin);
    chaine[strcspn(chaine, "\n")] = 0;
    printf("Entrez un caractere a rechercher : ");
    scanf(" %c", &c);
    // Vérifier si le caractère existe dans la chaîne
    if (strchr(chaine, c) != NULL)
        printf("'%c' existe.\n", c);
    else
        printf("'%c' n'existe pas.\n", c);

    return 0;
}
```

Série 7 — Les chaînes de caractères

Exercice 06 — Inversion une chaîne de caractères

Enoncé

Écrivez un programme en C qui demande à l'utilisateur d'entrer une chaîne de caractères, inverse cette chaîne et affiche la nouvelle chaîne inversée.

Exemple d'exécution :

Entrez une chaine de caracteres : QARA
La chaine inverse est : ARAQ

Astuces

- **Déclaration des chaînes** : Déclarez une chaîne source et une chaîne de destination.
- **Lecture des entrées utilisateur** : Utilisez **gets** ou **fgets** pour lire la chaîne source. Dans le cas de fgets, utilisez **strcspn** pour supprimer le retour à la ligne **\n**.
- **Inversion d'une chaîne** :
  1. Utilisez une boucle **for** ou **while** pour parcourir la chaîne caractère par caractère.
  2. Chaque caractère à la position **i** de la chaîne source doit être copié à la position **longueur - 1 - i** de la chaîne destination (longueur = longueur de la chaîne source)

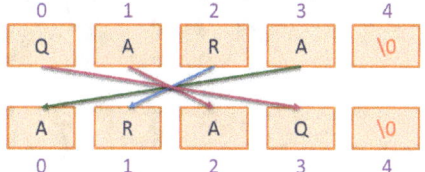

Corrigé

```c
#include <stdio.h>
#include <string.h>
int main() {
    char chaine[100], inverse[100];
    int longueur, i;
    printf("Entrez une chaine de caracteres : ");
    fgets(chaine, sizeof(chaine), stdin);
    chaine[strcspn(chaine, "\n")] = 0;
    longueur = strlen(chaine);
    for (i = 0; i < longueur; i++) {
        inverse[i] = chaine[longueur - 1 - i];
    }
    inverse[longueur] = '\0';
    printf("La chaine inverse est : %s\n", inverse);
    return 0;
}
```

Série 7 — Les chaînes de caractères

Exercice 07 — Vérification d'une chaîne de caractères palindrome

Enoncé

Écrivez un programme qui invite l'utilisateur à entrer une chaîne de caractères et qui détermine si cette chaîne est un palindrome ou non.

Exemple d'exécution :

Entrez une chaine de caracteres : ABCBA
La chaine est un palindrome.

Astuces

- Utilisez deux indices : **debut** qui commence à **0** et s'incrémente, et **fin**, qui commence à **la fin** et se décrémente.
- Continuez jusqu'à ce que **debut** atteigne le milieu de la chaîne (**fin/2**)

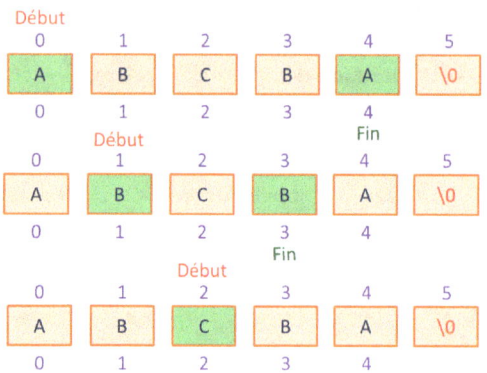

Corrigé

```c
1   #include <stdio.h>
2   #include <string.h>
3   int main() {
4       char chaine[100];
5       int debut, fin, palindrome = 1;
6       printf("Entrez une chaine de caracteres : ");
7       fgets(chaine, sizeof(chaine), stdin);
8       chaine[strcspn(chaine, "\n")] = 0;
9       fin = strlen(chaine) - 1;
10      for (debut = 0; debut < fin/2; debut++) {
11          if (chaine[debut] != chaine[fin]) {
12              palindrome = 0;
13              break;
14          }
15          fin--;
16      }
17      if (palindrome) printf("La chaine est un palindrome.\n");
18      else printf("La chaine n'est pas un palindrome.\n");
19      return 0;
20  }
```

Série 7 — Les chaînes de caractères

Exercice 08 — Comptage des occurrences d'un caractère

Énoncé

Écrivez un programme en C qui demande à l'utilisateur d'entrer une chaîne de caractères et un caractère à rechercher dans cette chaîne, compte le nombre d'occurrences de ce caractère, et affiche ce nombre.

Exemple d'exécution :

Entrez une chaine de caracteres : Mohamed QARA
Entrez un caractere a rechercher : A
'A' apparait 2 fois.

Astuces

- **Lire une chaîne de caractères** : Utilisez **fgets** pour lire une chaîne de caractères entrée par l'utilisateur, car cette fonction permet de lire des espaces et empêche le dépassement de tampon.
- **Parcourir la chaîne de caractères** : Utilisez une boucle **for** ou **while** pour parcourir chaque caractère de la chaîne.
- **Comparer les caractères** : Pour chaque caractère de la chaîne, comparez-le avec le caractère que vous recherchez.
- **Compter les occurrences** : Utilisez une variable entière pour **compter les occurrences** du caractère recherché et **incrémentez** cette variable chaque fois que vous trouvez une correspondance.

Corrigé

```c
#include <stdio.h>
#include <string.h>
int main() {
    char chaine[100], c;
    int i, compteur = 0;
    printf("Entrez une chaine de caracteres : ");
    fgets(chaine, sizeof(chaine), stdin);
    chaine[strcspn(chaine, "\n")] = 0;
    printf("Entrez un caractere a rechercher : ");
    scanf(" %c", &c);
    for (i = 0; chaine[i] != '\0'; i++) {
        if (chaine[i] == c) compteur++;
    }
    printf("'%c' apparait %d fois.\n", c, compteur);
    return 0;
}
```

Série 7 — Les chaînes de caractères

Exercice 09 — Comptage des chiffres dans une chaîne de caractères

Enoncé

Écrivez un programme en C qui demande à l'utilisateur d'entrer une chaîne de caractères, compte le nombre de chiffres dans cette chaîne, et affiche ce nombre.

Exemple d'exécution :

Entrez une chaine de caracteres : Formation 123!
Le nombre de chiffres est : 3

Astuces

- **Lire une chaîne de caractères** : Utilisez **fgets** pour lire une chaîne de caractères entrée par l'utilisateur, car cette fonction permet de lire des espaces et empêche le dépassement de tampon.
- **Parcourir la chaîne de caractères** : Utilisez une boucle **for** ou **while** pour parcourir chaque caractère de la chaîne.
- **Vérifier si un caractère est un chiffre** : Pour chaque caractère de la chaîne, vérifiez s'il est situé dans l'intervalle ['0','9'].
- **Compter les occurrences** : Utilisez une variable entière pour **compter le nombre de chiffres** et **incrémentez** cette variable chaque fois que vous trouvez une correspondance.

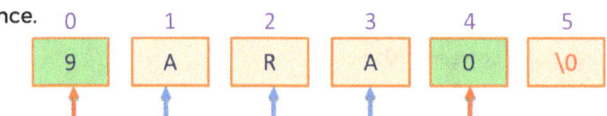

Corrigé

```c
#include <stdio.h>
#include <string.h>
int main() {
    char chaine[100];
    int i, nbChiffres = 0;
    printf("Entrez une chaine de caracteres : ");
    fgets(chaine, sizeof(chaine), stdin);
    chaine[strcspn(chaine, "\n")] = 0;
    for (i = 0; chaine[i] != '\0'; i++) {
        if (chaine[i] >= '0' && chaine[i] <= '9') {
            nbChiffres++;
        }
    }
    printf("Le nombre de chiffres est : %d\n", nbChiffres);
    return 0;
}
```

Série 7 — Les chaînes de caractères

Exercice 10 — Comptage des mots dans une chaîne de caractères

Enoncé

Écrivez un programme en C qui invite l'utilisateur à entrer une chaîne de caractères et qui affiche le nombre de mots présents dans cette chaîne.

Exemple d'exécution :

Entrez une chaine de caracteres : Commencez   a coder   en C
Le nombre de mots est : 5

Astuces

- Initialisez un compteur de mots à 0 et une variable booléenne à false.
- Parcourir les caractères de la chaîne en utilisant la boucle **for** ou **while** :
  1. Si un caractère **non-espace** est rencontré et que vous **n'êtes pas dans un mot**, **incrémentez le compteur** de mots et marquez que vous êtes dans un mot.
  2. Si un espace est rencontré et que vous êtes dans un mot, marquez que vous n'êtes plus dans un mot.

Corrigé

```c
#include <stdio.h>
#include <stdbool.h>
int main() {
    char chaine[100];
    int mots = 0, i;
    bool in_word = false;
    printf("Entrez une chaine de caracteres : ");
    fgets(chaine, sizeof(chaine), stdin);
    chaine[strcspn(chaine, "\n")] = 0;
    for (i = 0; chaine[i] != '\0'; i++) {
        if (chaine[i] != ' '
            && chaine[i] != '\t'
            && chaine[i] != '\n') {
            if (!in_word) {
                mots++;
                in_word = true;
            }
        } else in_word = false;
    }

    printf("Le nombre de mots est : %d\n", mots);
    return 0;
}
```

Série 7 — Les chaînes de caractères

Exercice 11 — Suppression d'un caractère d'une chaîne de caractères

Enoncé

Écrivez un programme en C qui invite l'utilisateur à entrer un caractère et une chaîne de caractères, et qui supprime toutes les occurrences du caractère dans la chaîne de caractères.

Exemple d'exécution :

Entrez une chaine de caracteres : SALAM
Entrez le caractere a supprimer : A
Nouvelle chaine : SLM

Astuces

- Utilisez la boucle **for** pour parcourir la chaîne de caractère en utilisant un **compteur i**.
- Utilisez un autre **compteur j** qui s'incrémente seulement lorsque vous ne trouvez pas le caractère.

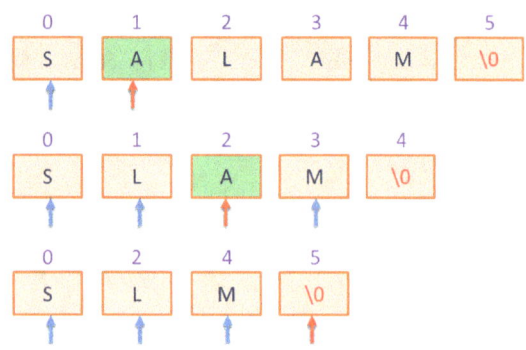

Corrigé

```
1   #include <stdio.h>
2   #include <string.h>
3   int main() {
4       char ch[100], caractere;
5       int i, j;
6       printf("Entrez une chaine de caracteres : ");
7       fgets (ch,sizeof(ch),stdin);
8       printf("Entrez le caractere a supprimer : ");
9       scanf("%c", &caractere);
10      for (i = j = 0; ch[i] != '\0'; i++) {
11          if (ch[i] != caractere) ch[j++] = ch[i];
12      }
13      ch[j] = '\0';
14      printf("Nouvelle chaine : %s\n", ch);
15      return 0;
16  }
```

| Série 7 | Les chaînes de caractères |

Exercice 12 — Conversion Minuscule - Majuscule

Enoncé

Écrivez un programme en C qui invite l'utilisateur à entrer une chaîne de caractères et qui convertit toutes les lettres majuscules en minuscules, et vice versa.

Exemple d'exécution :

Entrez une chaine de caracteres : MOHAMED qara
La chaine apres conversion : mohamed QARA

Astuces

- Utilisez la boucle **for** pour parcourir la chaîne de caractère.
- Vérifiez si un caractère est minuscule par **islower** et s'il est majuscule par **isupper**
- Convertissez un caractère en minuscule par **tolower** et en majuscule par **toupper**

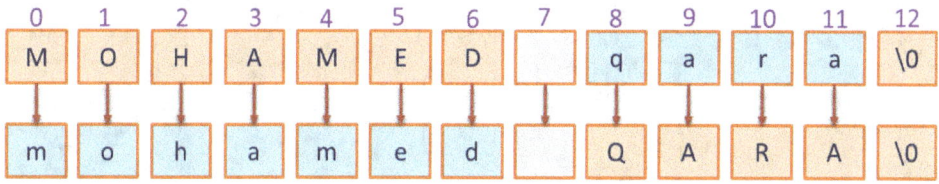

Corrigé

```c
#include <stdio.h>
#include <ctype.h>
int main() {
    char chaine[100];
    int i;
    printf("Entrez une chaine de caracteres : ");
    fgets(chaine,sizeof(chaine),stdin);
    for (i = 0; chaine[i] != '\0'; i++) {
        if (isupper(chaine[i])) {
            chaine[i] = tolower(chaine[i]);
        } else if (islower(chaine[i])) {
            chaine[i] = toupper(chaine[i]);
        }
    }
    printf("La chaine apres conversion : %s\n", chaine);
    return 0;
}
```

Série 7 — Les chaînes de caractères

Exercice 13 — Remplacement d'un caractère dans une chaîne de caractères

Enoncé

Écrivez un programme en C qui invite l'utilisateur à entrer une chaîne de caractères et qui remplace les espaces par "*" dans la chaîne de caractères.

Exemple d'exécution :

Entrez une chaine de caracteres : Mohamed QARA
La chaine apres remplacement : Mohamed*QARA

Astuces

- Utilisez une boucle **for** pour parcourir la chaîne de caractères.
- Pour chaque caractère, vérifiez s'il s'agit d'un espace et remplacez-le par une étoile

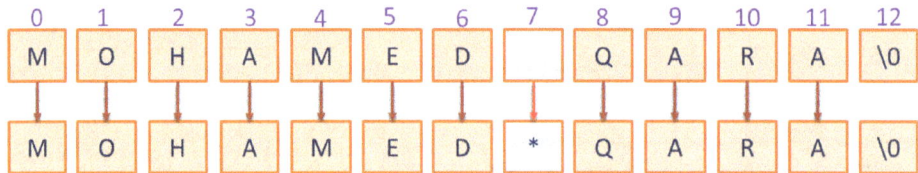

Corrigé

```
1   #include <stdio.h>
2   #include <string.h>
3   int main() {
4       char chaine[100];
5       int i;
6       // Saisie de la chaîne de caractères
7       printf("Entrez une chaine de caracteres : ");
8       fgets(chaine,sizeof(chaine),stdin);
9       chaine[strcspn(chaine, "\n")] = 0;
10      // Remplacement des espaces par des étoiles
11      for (i = 0; chaine[i] != '\0'; i++) {
12          if (chaine[i] == ' ') {
13              chaine[i] = '*';
14          }
15      }
16      printf("Nouvelle chaine : %s\n", chaine);
17      return 0;
18  }
```

| Série 7 | Les chaînes de caractères |

| Exercice 14 | Le caractère le plus fréquent dans une chaîne de caractères |

Enoncé

Écrivez un programme en C qui demande à l'utilisateur d'entrer une chaîne de caractères et qui affiche la lettre la plus fréquente (Les espaces sont exclus)

Exemple d'exécution :

Entrez une chaine de caracteres : MOHAMED QARA
Le caractere le plus frequent : 'A' avec 3 occurrences.

Astuces

- **Lecture de la chaîne de caractères** : Utilisez **fgets** pour obtenir la chaîne de caractères entrée par l'utilisateur.
- **Initialisation d'un tableau de fréquences** : Créez un **tableau de taille 256** pour tous les caractères ASCII. Initialisez chaque élément à **0**.
- **Parcours de la chaîne** : Utilisez une boucle **for** pour parcourir chaque caractère de la chaîne.
- **Filtrage des espaces** : Ignorez les espaces et autres caractères non alphabétiques lors du comptage.
- **Mis à jour des compteurs** : Pour chaque lettre rencontrée, **incrémentez le compteur** correspondant **dans le tableau de fréquences**.
- **Recherche de la lettre la plus fréquente** : Parcourez le tableau de comptage pour trouver **l'indice avec la valeur maximale**.
- **Affichage du résultat** : Affichez la lettre correspondant à l'index trouvé.

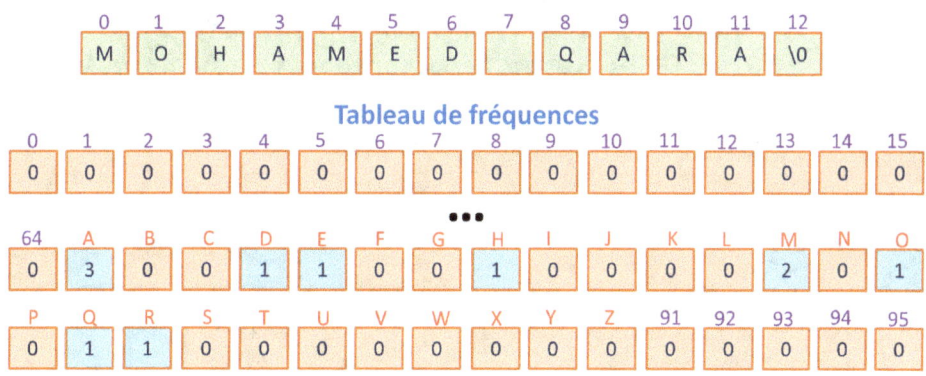

Série 7 — Les chaînes de caractères

Exercice 14 — Le caractère le plus fréquent dans une chaîne de caractères

Corrigé

```c
#include <stdio.h>
#include <string.h>
int main() {
    char c, chaine[100];
    int freq[256] = {0}, i, maxFreq = 0;
    // Saisie d'une chaîne de caractères
    printf("Entrez une chaine de caracteres : ");
    fgets(chaine, sizeof(chaine), stdin);
    // Comptage des occurrences de chaque caractère
    for (i = 0; chaine[i] != '\0'; i++) {
        if (chaine[i] != ' ') { // Ignore les espaces
            // Incrémentation du compteur
            //  pour le caractère actuel
            freq[(unsigned char)chaine[i]]++;
        }
    }
    // Recherche du caractère le plus fréquent
    for (i = 0; i < 256; i++) {
        if (freq[i] > maxFreq) {
            maxFreq = freq[i];
            c = (char)i;
        }
    }
    // Affichage du résultat
    printf("Le caractere le plus frequent : ");
    printf("'%c' avec %d occurrences.\n", c, maxFreq);
    return 0;
}
```

Série 7 — **Les chaînes de caractères**

Exercice 15 — **Le mot le plus long dans une chaîne de caractères**

Enoncé

Écrivez un programme en C qui demande à l'utilisateur d'entrer une chaîne de caractères, trouve et affiche le mot le plus long dans cette chaîne.

Exemple d'exécution :

Entrez une chaine de caracteres : Votre formateur en C est Mohamed QARA
Le mot le plus long est : formateur

Astuces

- Créez des variables pour suivre le mot actuel et le mot le plus long.
- **Parcours de la chaîne** : Identifiez les mots en parcourant la chaîne à l'aide de la boucle **while**, en utilisant les **espaces** et les **fins de ligne** comme délimiteurs.
- Comparez la longueur de chaque mot trouvé avec la longueur du mot le plus long, et mettez à jour si nécessaire avec une simple copie (**strcpy**).
- Vérifiez le dernier mot car il peut ne pas être suivi d'un espac.

Corrigé

```c
#include <stdio.h>
#include <string.h>
int main() {
    char chaine[100];
    char motLong[100], motActuel[100];
    int i = 0, j = 0;
    printf("Entrez une chaine de caracteres : ");
    fgets(chaine, sizeof(chaine), stdin);
    while (chaine[i] != '\0') {
        if (chaine[i] != ' ') motActuel[j++] = chaine[i];
        else {
            motActuel[j] = '\0';
            if (strlen(motActuel) > strlen(motLong)) {
                strcpy(motLong, motActuel);
            }
            j = 0;
        }
        i++;
    }
    motActuel[j] = '\0';
    if (strlen(motActuel) > strlen(motLong))
        strcpy(motLong, motActuel);
    printf("Le mot le plus long est : %s\n", motLong);
    return 0;
}
```

Série 7 — Les chaînes de caractères

Exercice 16 — Le mot le plus court dans une chaîne de caractères

Enoncé

Écrivez un programme en C qui demande à l'utilisateur d'entrer une chaîne de caractères, trouve et affiche le mot le plus court dans cette chaîne.

Exemple d'exécution :

Entrez une chaine de caracteres : Mohamed QARA est votre formateur
Le mot le plus court est : est

Astuces

- **Parcours de la chaîne** :
  1. Identifiez les mots en parcourant la chaîne avec une boucle **while**, en utilisant les **espaces** comme délimiteurs.
  2. Utilisez **strcspn** qui prend comme paramètres **la chaîne** et le **délimiteur** (ici c'est un espace) et renvoie **la longueur de la chaîne jusqu'au délimiteur**.
- **Comparer la longueur des mots** : Comparez chaque mot trouvé avec le mot le plus court et mettez à jour si nécessaire en utilisant la fonction **strncpy** pour copier le mot jusqu'à l'espace.

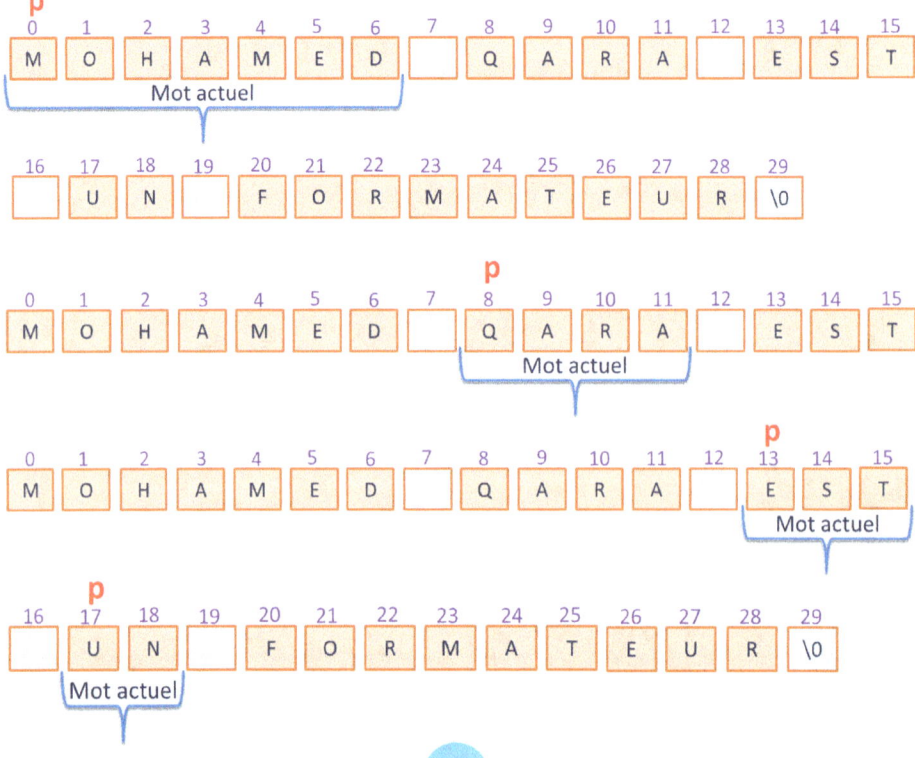

Série 7 — Les chaînes de caractères

Exercice 16 — Le mot le plus court dans une chaîne de caractères

Astuces

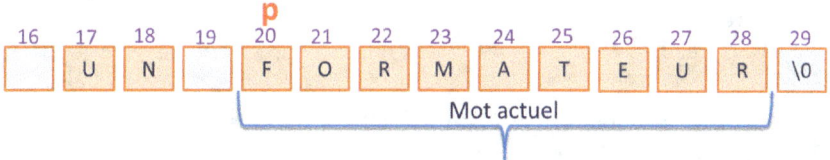

Corrigé

```c
#include <stdio.h>
#include <string.h>
int main() {
    char chaine[100], motCourt[100] = "", motActuel[100];
    // Indicateur pour le premier mot
    int premierMot = 1;
    printf("Entrez une chaine de caracteres : ");
    fgets(chaine, sizeof(chaine), stdin);
    // Parcourir la chaîne de caractères
    char *p = chaine;
    while (*p != '\0') {
        // La longueur du mot actuel jusqu'à l'espace ou la fin
        int longueurMot = strcspn(p, " ");
        // Copier le mot actuel dans motActuel
        strncpy(motActuel, p, longueurMot);
        motActuel[longueurMot] = '\0';
        // Comparer et mettre à jour motCourt si nécessaire
        if (premierMot || strlen(motActuel) < strlen(motCourt)) {
            strcpy(motCourt, motActuel);
            // Désactiver l'indicateur après le premier mot
            premierMot = 0;
        }
        // Avancer l'indice pour traiter le mot suivant
        p += longueurMot;
        while (*p == ' ') p++; // Sauter les espaces
    }
    printf("Le mot le plus court est : %s\n", motCourt);
    return 0;
}
```

Série 7 — Les chaînes de caractères

Exercice 17 — Compression d'une chaîne de caractères

Enoncé

Écrivez un programme en C qui demande à l'utilisateur d'entrer une chaîne de caractères, compresse cette chaîne en supprimant les espaces redondants, et affiche la chaîne compressée.

Exemple d'exécution :

Entrez une chaine de caracteres :   Mohamed   QARA : Formateur en C
La chaine compressee est : Mohamed QARA : Formateur en C

Astuces

- **Lecture de la chaîne de caractères** : Utilisez **fgets** pour lire la chaîne d'entrée
- **Gestion des espaces redondants :**
  1. Parcourez la chaîne caractère par caractère à l'aide de la boucle **for**.
  2. Copiez les caractères non-espaces dans une nouvelle chaîne, en supprimant les espaces consécutifs.
- **Suivi la position dans la chaîne compressée** : Utilisez un indice pour la chaîne compressée pour ajouter les caractères non-espaces.
- **Fin de la chaîne** : N'oubliez pas de terminer la chaîne compressée par un caractère nul ('**\0**').

Corrigé

```c
#include <stdio.h>
#include <string.h>
int main() {
    char ch[100], chaineCompressee[100];
    int i, j = 0;
    printf("Entrez une chaine de caracteres : ");
    fgets(ch, sizeof(ch), stdin);
    for (i = 0; ch[i] != '\0'; i++) {
        if (ch[i]!=' ' || (i>0 && ch[i]==' ' && ch[i-1]!=' ')) {
            chaineCompressee[j] = ch[i];
            j++;
        }
    }
    chaineCompressee[j] = '\0';
    printf("La chaine compressee est : %s\n", chaineCompressee);
    return 0;
}
```

Série 7	Les chaînes de caractères

Exercice 18	Le mot le plus fréquent dans une chaîne de caractères

Enoncé

Écrivez un programme en C qui demande à l'utilisateur d'entrer une chaîne de caractères, compte la fréquence d'apparition des mots dans cette chaîne, puis affiche les mots les plus fréquents.

Exemple d'exécution :

Entrez une chaine de caracteres : Mohamed QARA est un formateur qui est toujours disponible.

est -> 2 fois

Astuces

1. **Lecture de la chaîne de caractères** : Utilisez **fgets** pour lire la chaîne d'entrée.
2. **Séparation des mots** :
- Utilise **strtok** pour diviser la chaîne en mots en utilisant les **espaces**, **tabulations** et **nouvelles lignes** comme délimiteurs.
- Les mots extraits doivent être stockés dans un tableau mots à l'aide de **strcpy**.
3. **Comptage des occurrences** :
- Parcourez tous les mots pour comparer chaque mot avec tous les autres mots : utilisez la boucle **for** et la fonction de comparaison **strcmp**.
- **Incrémentation du compteur de fréquence** pour chaque mot trouvé.
4. **Recherche du mot le plus fréquent** :
- Parcourez le tableau des fréquences pour trouver le mot avec la fréquence maximale.
- Enregistrer le mot le plus fréquent.
5. **Affichage du résultat** : Affichez le mot avec la fréquence maximale et le nombre de fois qu'il apparaît.

Exemple d'utlisation de strtok :

Ce programme récupère les mots d'une chaîne de caractères séparés par des espaces, des retours à la ligne ou des tabulations. Dans l'exercice, au lieu d'afficher les mots, stockez-les dans un tableau.

```c
char chaine[100]="Bonjour Mr Mohamed";
char *p = strtok (chaine," \n\t");
while (p != NULL) {
    printf ("%s\n",p);
    p = strtok (NULL," \n\t");
}
```

Série 7 — Les chaines de caractères

Exercice 18 — Le mot le plus fréquent dans une chaîne de caractères

Corrigé

```c
#include <stdio.h>
#include <string.h>
#include <ctype.h>
#define MAX_MOTS 100
#define MAX_LONGUEUR_MOT 100
int main() {
    char chaine[1000];
    char mots[MAX_MOTS][MAX_LONGUEUR_MOT];
    int freq[MAX_MOTS] = {0};
    int i, j, nbMots = 0, maxFreq = 0;
    char *jeton;
    printf("Entrez une chaine de caracteres : ");
    fgets(chaine, sizeof(chaine), stdin);
    chaine[strcspn(chaine, "\n")] = '\0';
    // Séparer les mots en utilisant strtok
    jeton = strtok(chaine, " \t\n");
    while (jeton != NULL) {
        strcpy(mots[nbMots], jeton);
        nbMots++;
        jeton = strtok(NULL, " \t\n");
    }

    // Compter les occurrences de chaque mot
    for (i = 0; i < nbMots; i++) {
        for (j = 0; j < nbMots; j++) {
            if (strcmp(mots[i], mots[j]) == 0) {
                freq[i]++;
            }
        }
    }
    // Trouver le mot avec la fréquence maximale
    int indexMax = 0;
    for (i = 0; i < nbMots; i++) {
        if (freq[i] > maxFreq) {
            maxFreq = freq[i];
            indexMax = i;
        }
    }
    printf("%s -> %d fois\n", mots[indexMax],maxFreq);
    return 0;
}
```

Série 7 — Les chaînes de caractères

Exercice 19 — Validation d'un numéro de téléphone marocain

Enoncé

Ecrivez un programme en C qui valide si un numéro de téléphone saisi par l'utilisateur est conforme au format national marocain +212XXXXXXXXX.

Exemple d'exécution :

Entrez un numero de telephone +212XXXXXXXXX : +212688106088
Numero de telephone valide.

Astuces

- Vérifiez que la chaîne a exactement 13 caractères en utilisant la fonction **strlen**.
- Utilisez **strncmp** pour vérifier si les **4** premiers caractères sont "**+212**".
- Vérifiez que les **9 caractères suivants** sont des **chiffres**.

Corrigé

```c
#include <stdio.h>
#include <string.h>
#include <stdbool.h>
int main() {
    char num[20];
    int i;
    bool valide = true;
    printf("Entrez un numero de telephone +212XXXXXXXXX : ");
    fgets(num, sizeof(num), stdin);
    num[strcspn(num,"\n")] = '\0';
    // Vérification de la longueur du numéro et du préfixe "+212"
    if (strlen(num) != 13 || strncmp(num, "+212", 4) != 0) {
        valide = false;
    }
    else {
        // Vérification des caractères après le préfixe
        for (i = 4; i < strlen(num); i++) {
            if (num[i] < '0' || num[i] > '9') {
                valide = false;
                break;
            }
        }
    }
    if (valide) printf("Numero de telephone valide.\n");
    else printf("Numero de telephone non valide.\n");
    return 0;
}
```

Série 7 — Les chaînes de caractères

Exercice 20 — Validation d'un mot de passe

Enoncé

Écrivez un programme en C qui valide si un mot de passe saisi par l'utilisateur respecte les critères suivants : Au moins 8 caractères, contenant au moins une lettre majuscule, une lettre minuscule et un chiffre.

Exemple d'exécution :

Entrez un mot de passe : P@ssw0rd
Mot de passe valide.

Exemple d'exécution :

Entrez un mot de passe : 123
Le mot de passe est trop court.

Astuces

- Vérifiez la longueur du mot de passe en utilisant la fonction **strlen**.
- Utilisez une boucle **for** pour parcourir chaque caractère du mot de passe.
- Utilisez les fonctions **isupper**, **islower** et **isdigit** pour vérifier chaque caractère.

Corrigé

```c
#include <stdio.h>
#include <string.h>
#include <ctype.h>
#include <stdbool.h>
int main() {
    char motDePasse[50];
    int longueur, i;
    bool majuscule = false, minuscule = false, chiffre = false;
    printf("Entrez un mot de passe : ");
    fgets(motDePasse,sizeof(motDePasse),stdin);
    motDePasse[strcspn(motDePasse,"\n")] = '\0';
    longueur = strlen(motDePasse);
    if (longueur < 8) {
        printf("Le mot de passe est trop court.\n");
        return 1;}
    for (i = 0; i < longueur; i++) {
        if (isupper(motDePasse[i])) majuscule = true;
        if (islower(motDePasse[i])) minuscule = true;
        if (isdigit(motDePasse[i])) chiffre = true;
    }

    if (majuscule && minuscule && chiffre)
        printf("Mot de passe valide.\n");
    else printf("Mot de passe non valide.\n");
    return 0;
}
```

Série 7 — Les chaînes de caractères

Exercice 21 — Saisie et affichage d'un tableau de chaînes de caractères

Enoncé

Écrivez un programme en C qui stocke cinq prénoms dans un tableau de chaînes de caractères et les affiche un par un.

Exemple d'exécution :

Entrez cinq prenoms :
Prenom 1 : Mohamed
Prenom 2 : Ali
Prenom 3 : Fatima
Prenom 4 : Elhassane
Prenom 5 : Elhoussayne
Les prenoms saisis sont :
Mohamed
Ali
Fatima
Elhassane
Elhoussayne

Astuces

- Utilisez un tableau de chaînes de caractères "**prenoms**" à deux dimensions (5 lignes et 10 colonnes).
- Chaque ligne représente une chaîne de caractères et chaque colonne la longueur maximale de chaque chaîne.
- Parcourez les chaînes avec une boucle **for** en utilisant un indice **i**, où chaque chaîne est accessible via **prenoms[i]**, prenoms étant le nom du tableau.

Corrigé

```c
#include <stdio.h>
int main() {
    char prenoms[5][50];
    int i;
    printf("Entrez cinq prenoms : \n");
    for (i = 0; i < 5; i++) {
        printf("Prenom %d : ", i + 1);
        fgets(prenoms[i],sizeof(prenoms[i]),stdin);
        prenoms[i][strcspn(prenoms[i],"\n")] = '\0';
    }
    printf("Les prenoms saisis sont : \n");
    for (i = 0; i < 5; i++) printf("%s\n", prenoms[i]);
    return 0;
}
```

Série 7 — Les chaînes de caractères

Exercice 22 — Longueur des chaînes de caractères d'un tableau

Enoncé

Écrivez un programme en C qui calcule et affiche la longueur de chaque chaîne de caractères dans un tableau de cinq prénoms.

Exemple d'exécution :

Entrez cinq prenoms :
Prenom 1 : Mohamed
Prenom 2 : Mohamed Amine
Prenom 3 : Khadija
Prenom 4 : Ali
Prenom 5 : Fatima
Longueur des prenoms :
Mohamed : 7
Mohamed Amine : 13
Khadija : 7
Ali : 3
Fatima : 6

Astuces

Utilisez le même programme que l'exercice précédent. Il suffit juste d'ajouter l'affichage de la longueur de chaque chaîne de caractères prenoms[i]

Corrigé

```c
#include <stdio.h>
#include <string.h>
int main() {
    char prenoms[5][50];
    int i;
    printf("Entrez cinq prenoms : \n");
    for (i = 0; i < 5; i++) {
        printf("Prenom %d : ", i + 1);
        fgets(prenoms[i],sizeof(prenoms[i]),stdin);
        prenoms[i][strcspn(prenoms[i],"\n")] = '\0';
    }
    printf("Longueur des prenoms : \n");
    for (i = 0; i < 5; i++) {
        printf("%s : %d\n", prenoms[i], strlen(prenoms[i]));
    }
    return 0;
}
```

Série 7 — Les chaînes de caractères

Exercice 23 — Recherche d'une chaîne de caractères dans un tableau

Enoncé

Écrivez un programme en C qui recherche une chaîne de caractères spécifique dans un tableau de cinq prénoms et affiche sa position dans le tableau si elle est trouvée.

Exemple d'exécution :

Entrez cinq prenoms :
Prenom 1 : Mohamed
Prenom 2 : Khadija
Prenom 3 : Ali
Prenom 4 : Elhassane
Prenom 5 : Elhoussayne
Entrez un prenom a rechercher : Ali
Ali -> Position 3.

Astuces

Utilisez une boucle for pour parcourir les prénoms puis la fonction **strcmp** pour comparer chaque prénom **prenoms[i]** au **prénom recherché**.

Corrigé

```c
int main() {
    char prenoms[5][50], recherche[50];
    int i, existe = 0;
    printf("Entrez cinq prenoms : \n");
    for (i = 0; i < 5; i++) {
        printf("Prenom %d : ", i + 1);
        fgets(prenoms[i],sizeof(prenoms[i]),stdin);
        prenoms[i][strcspn(prenoms[i],"\n")] = '\0';
    }
    printf("Entrez un prenom a rechercher : ");
    fgets(recherche,sizeof(recherche),stdin);
    recherche[strcspn(recherche,"\n")] = '\0';
    for (i = 0; i < 5; i++) {
        if (strcmp(prenoms[i], recherche) == 0) {
            existe = 1;
            printf("%s -> Position %d.\n",recherche, i+1);
            break;
        }
    }
    if (!existe)
        printf("Le prenom n'existe pas dans la liste.\n");
    return 0;
}
```

| Série 7 | Les chaînes de caractères |

| Exercice 24 | Tri des chaînes de caractères |

Enoncé

Écrivez un programme en C qui trie les chaînes de caractères dans un tableau de cinq prénoms par ordre alphabétique et les affiche après le tri.

Exemple d'exécution :

Entrez cinq prenoms :

Prenom 1 : Mohamed

Prenom 2 : Khadija

Prenom 3 : Ali

Prenom 4 : Fatima

Prenom 5 : Elhassane

Prenoms tries par ordre alphabetique :

Ali

Elhassane

Fatima

Khadija

Mohamed

Astuces

- **Algorithme de tri** : Vous pouvez utiliser l'algorithme de **tri par insertion**, de **tri à bulles**, ou de **tri par sélection**.
- **Boucles pour le tri** : Utilisez des boucles **for** imbriquées pour **comparer** et **échanger** les éléments du tableau de chaînes.
- **Comparer les chaînes** : Utilisez la fonction **strcmp** de la bibliothèque standard <string.h> pour comparer deux chaînes de caractères.
- **Échanger des chaînes de caractères** : Lorsque vous déterminez que deux chaînes doivent être échangées, vous pouvez utiliser la fonction **strcpy** et une variable temporaire pour effectuer l'échange.

Tri par sélection :

Commencez à partir du début du tableau et cherchez le plus petit élément

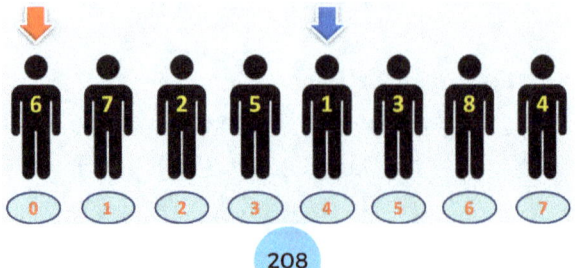

Série 7 — Les chaînes de caractères

Exercice 24 — Tri des chaînes de caractères

Astuces

Echangez le plus petit élément avec le premier élément (Le plus petit élément est placé au début). Puis répétez l'opération pour les autres éléments.

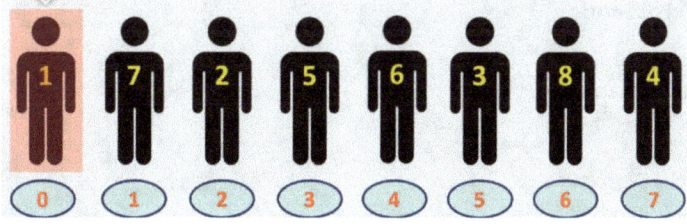

Corrigé

```c
#include <stdio.h>
#include <string.h>
int main() {
    char prenoms[5][50], temp[50];
    int i, j;
    printf("Entrez cinq prenoms : \n");
    for (i = 0; i < 5; i++) {
        printf("Prenom %d : ", i + 1);
        fgets(prenoms[i],sizeof(prenoms[i]),stdin);
        prenoms[i][strcspn(prenoms[i],"\n")] = '\0';
    }
    for (i = 0; i < 4; i++) {
        for (j = i + 1; j < 5; j++) {
            if (strcmp(prenoms[i], prenoms[j]) > 0) {
                strcpy(temp, prenoms[i]);
                strcpy(prenoms[i], prenoms[j]);
                strcpy(prenoms[j], temp);
            }
        }
    }
    printf("Prenoms tries par ordre alphabetique : \n");
    for (i = 0; i < 5; i++) printf("%s\n", prenoms[i]);
    return 0;
}
```

Série 7 — Les chaînes de caractères

Exercice 25 — Comptage des voyelles dans une chaîne de caractères

Enoncé

Écrivez un programme en C qui compte le nombre de voyelles dans chaque chaîne de caractères d'un tableau de 3 prénoms et affiche le résultat pour chaque chaîne.

Exemple d'exécution :

Entrez trois prenoms :
Prenom 1 : Mohamed
Prenom 2 : Khadija
Prenom 3 : Ali
Mohamed -> 3 voyelles
Khadija -> 3 voyelles
Ali -> 2 voyelles

Astuces

- Utilisez un tableau à deux dimensions pour stocker les prénoms.
- Initialisez un **compteur** de voyelles à **0**.
- Parcourez le tableau avec des boucles **for** imbriquées : pour chaque prénom, parcourez ses caractères avec une boucle **for** et utilisez **strchr** pour trouver les voyelles.

Corrigé

```c
#include <stdio.h>
#include <string.h>
int main() {
    char prenoms[3][50];
    int i, j, voyelles;
    printf("Entrez trois prenoms : \n");
    for (i = 0; i < 3; i++) {
        printf("Prenom %d : ", i + 1);
        fgets(prenoms[i],sizeof(prenoms[i]),stdin);
        prenoms[i][strcspn(prenoms[i],"\n")] = '\0';
    }
    for (i = 0; i < 3; i++) {
        voyelles = 0;
        for (j = 0; j < strlen(prenoms[i]); j++) {
            if (strchr("aeiouyAEIOUY", prenoms[i][j]) != NULL) {
                voyelles++;
            }
        }
        printf("%s -> %d voyelles\n", prenoms[i], voyelles);
    }
    return 0;
}
```

Série 7 — Les chaînes de caractères

Exercice 26 — Chaînes de caractères les plus courtes et les plus longues

Enoncé

Écrivez un programme en C qui trouve et affiche la chaîne de caractères la plus courte et la plus longue dans un tableau de cinq prénoms.

Exemple d'exécution :

Pour ce tableau : prenoms[5][50] = { "Mohamed", "Ali", "Khadija", "Maryam", "Fatima"}
Nom le plus court : Ali
Nom le plus long : Mohamed

Astuces

- Déclarez et initialisez un tableau de chaînes nommé "**prenoms**".
- Utilisez une boucle **for** pour parcourir le tableau :
  1. Comparer la longueur de chaque chaîne avec celle de la chaîne la plus courte en utilisant la fonction **strlen** et mettez à jour l'indice en conséquence.
  2. Comparer la longueur de chaque chaîne avec celle de la chaîne la plus longue en utilisant la fonction **strlen** et mettez à jour l'indice en conséquence.
- Affichez les chaînes les plus courtes et les plus longues en fonction des indices obtenus.

Corrigé

```c
#include <stdio.h>
#include <string.h>
int main() {
    char prenoms[5][50] = { "Mohamed",
                            "Ali",
                            "Khadija",
                            "Maryam",
                            "Fatima"};
    int i, max = 0, min = 0;
    for (i = 0; i < 5; i++) {
        if (strlen(prenoms[i]) > strlen(prenoms[max])) {
            max = i;
        }
        if (strlen(prenoms[i])<strlen(prenoms[min]) || i==0){
            min = i;
        }
    }
    printf("Nom le plus court : %s\n", prenoms[min]);
    printf("Nom le plus long : %s\n", prenoms[max]);
    return 0;
}
```

Série 7 — Les chaînes de caractères

Exercice 27 — Chiffrement César basique

Enoncé

Écrivez un programme en C qui chiffre une chaîne de caractères en utilisant le chiffrement César avec un décalage donné. Le programme doit lire une chaîne de caractères et un décalage, puis afficher la chaîne chiffrée.

Exemple d'exécution :

Entrez une chaine de caractères : QARA
Décalage pour le chiffrement César : 10
Chaine chiffrée : AKBK

Astuces

Les codes entiers de chaque lettre majuscule :

Codes ASCII

65	66	67	68	69	70	71	72	73	74	75	76	77
A	B	C	D	E	F	G	H	I	J	K	L	M

78	79	80	81	82	83	84	85	86	87	88	89	90
N	O	P	Q	R	S	T	U	V	W	X	Y	Z

Les codes entiers de chaque lettre majuscule :

Codes pour le chiffrement César

0	1	2	3	4	5	6	7	8	9	10	11	12
A	B	C	D	E	F	G	H	I	J	K	L	M

13	14	15	16	17	18	19	20	21	22	23	24	25
N	O	P	Q	R	S	T	U	V	W	X	Y	Z

Pour obtenir les codes utilisés dans le chiffrement de César, vous pouvez soustraire 65 (ou 'A') des codes ASCII des lettres.

Etapes de chiffrement :

- Utilisez le chiffrement César pour cette chaîne de caractères

81	65	82	65	
Q	A	R	A	\0

- Convertissez le code ASCII de chaque caractère en codes pour le chiffrement César

16	0	17	0	
Q	A	R	A	\0

| Série 7 | Les chaînes de caractères |

| Exercice 27 | Chiffrement César basique |

Astuces

- Ajoutez 10, la valeur du décalage dans ce cas.
- Utilisez l'opération modulo 26 pour rester dans la plage des codes utilisés pour le chiffrement de César (de 0 à 25).
- Convertissez ensuite les codes de César en codes ASCII en ajoutant 65 (ou 'A').

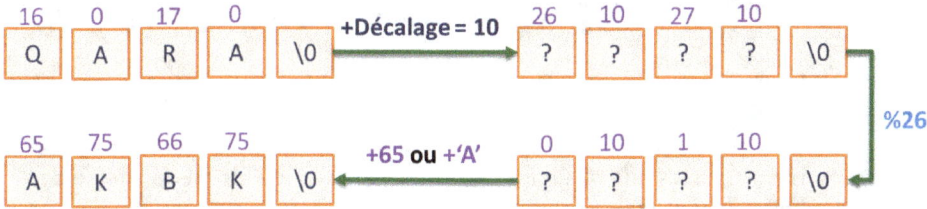

Le message chiffré est : AKBK

Corrigé

```
1   #include <stdio.h>
2   #include <string.h>
3   int main() {
4       char ch1[100], ch2[100];
5       int i, d;
6       printf("Entrez une chaine de caract%cres : ",138);
7       fgets(ch1,sizeof(ch1),stdin);
8       ch1[strcspn(ch1,"\n")] = '\0';
9       printf("D%ccalage pour le chiffrement C%csar : ",130,130);
10      scanf("%d", &d);
11      for (i = 0; ch1[i] != '\0'; i++) {
12          if (ch1[i] >= 'a' && ch1[i] <= 'z') {
13              ch2[i] = 'a' + (ch1[i] - 'a' + d) % 26;
14          } else if (ch1[i] >= 'A' && ch1[i] <= 'Z') {
15              ch2[i] = 'A' + (ch1[i] - 'A' + d) % 26;
16          } else {
17              ch2[i] = ch1[i];
18          }
19      }
20      ch2[i] = '\0';
21      printf("Chaine chiffr%ce : %s\n", 130, ch2);
22      return 0;
23  }
```

Série 7	Les chaînes de caractères

Exercice 28	Déhiffrement César basique

Enoncé

Écrivez un programme en C qui déchiffre une chaîne de caractères chiffrée avec le chiffrement César en utilisant un décalage donné. Le programme doit lire une chaîne chiffrée et un décalage, puis afficher la chaîne déchiffrée.

Exemple d'exécution :

Chaine de caracteres chiffrée : AKBK
Décalage pour le chiffrement César : 10
Chaine dechiffrée : QARA

Astuces

Suivez les mêmes étapes que l'exercice précédent. Il suffit juste d'utiliser la règle de déchiffrement au lieu de celle de chiffrement :
Caractère en clair = 'A' + (Caractère chiffré - 'A' - Décalage + 26) % 26

Corrigé

```c
#include <stdio.h>
#include <string.h>
int main() {
    char ch1[100], ch2[100];
    int i, d;
    printf("Chaine de caracteres chiffr%ce : ",130);
    fgets(ch1,sizeof(ch1),stdin);
    ch1[strcspn(ch1,"\n")] = '\0';
    printf("D%ccalage pour le chiffrement C%csar : ",130,130);
    scanf("%d", &d);
    for (i = 0; ch1[i] != '\0'; i++) {
        if (ch1[i] >= 'a' && ch1[i] <= 'z') {
            ch2[i] = 'a' + (ch1[i] - 'a' - d + 26) % 26;
        } else if (ch1[i] >= 'A' && ch1[i] <= 'Z') {
            ch2[i] = 'A' + (ch1[i] - 'A' - d + 26) % 26;
        } else {
            ch2[i] = ch1[i];
        }
    }
    ch2[i] = '\0';
    printf("Chaine d%cchiffr%ce : %s\n", 130, 130, ch2);
    return 0;
}
```

Série 7 — Les chaînes de caractères

Exercice 29 — Chiffrement Vigenère basique

Enoncé

Écrivez un programme en C qui chiffre une chaîne de caractères en utilisant le chiffrement Vigenère avec une clé donnée. Le programme doit lire une chaîne de caractères et une clé, puis afficher la chaîne chiffrée.

Exemple d'exécution :

Entrez une chaine de caracteres : MOHAMED QARA
Entrez une cle pour le chiffrement Vigenere : ABC
Chaine chiffree : MPJANGD RCRB

Astuces

Explication du chiffrement vignère :

Considérons le message en clair suivant :

Pour chaque lettre majuscule, soustrayez le caractère 'A', et pour chaque lettre minuscule, soustrayez le caractère 'a'.

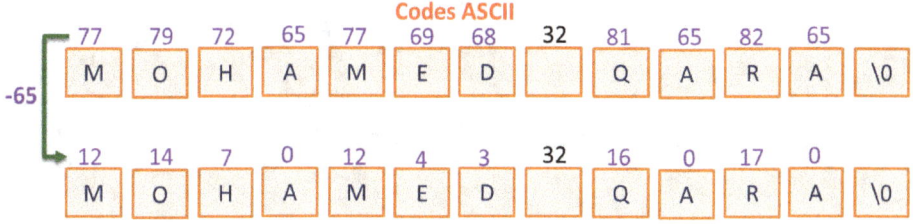

Pour la clé de chiffrement, convertissez-la en majuscule (**toupper**) ou en minuscule (**tolower**) puis soustrayez 'A' ou 'a'.
Dans l'exemple ci-dessous, la clé est converti en majuscule.

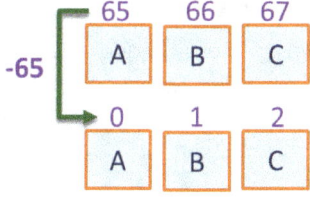

Série 7 — Les chaînes de caractères

Exercice 29 — Chiffrement Vigenère basique

Astuces

Ajoutez les valeurs de la clé de chiffrement comme illustré ci-dessous :

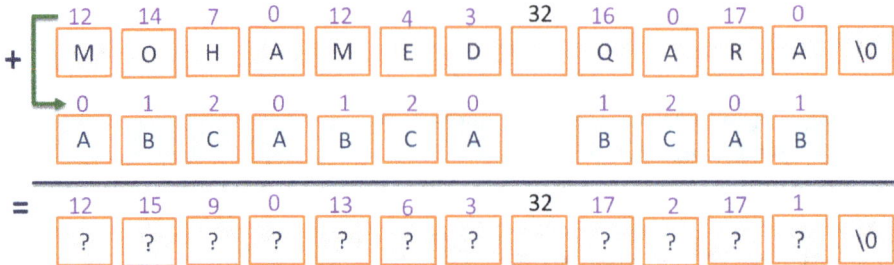

Effectuez une opération modulo 26 (%26) sur le résultat

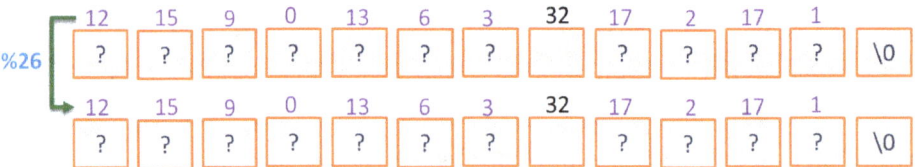

Ajoutez 'A' dans le cas des majuscules et 'a' dans le cas des minuscules

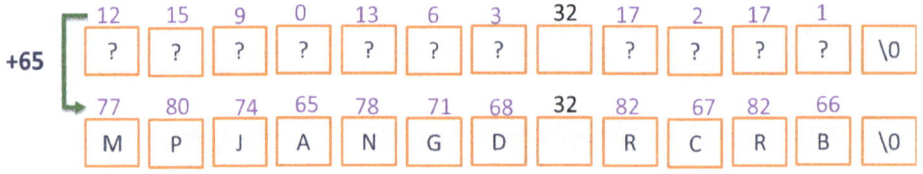

En bref, la règle de chiffrement Vigenère est la suivante :

Pour les majuscules : Caractère chiffré = 'A' + (Caractère en clair - 'A' + d) % 26

Pour les minuscules : Caractère chiffré = 'a' + (Caractère en clair - 'a' + d) % 26

Pour les autres caractères : Caractère chiffré = Caractère en clair

d = clé de chiffrement qui change pour chaque caractère

Série 7 — Les chaînes de caractères

Exercice 29 — Chiffrement Vigenère basique

Corrigé

```c
#include <stdio.h>
#include <string.h>
#include <ctype.h>
int main() {
    char ch1[100], cle[100], ch2[100];
    int i, j = 0, d;
    printf("Chaine de caract%cres : ",138);
    fgets(ch1,sizeof(ch1),stdin);
    ch1[strcspn(ch1,"\n")] = '\0';
    printf("Cl%c pour le chiffrement Vigen%cre : ",130,138);
    scanf("%s", cle);
    for (i = 0; ch1[i] != '\0'; i++) {
        if (isalpha(ch1[i])) {
            d = (tolower(cle[j]) - 'a');
            if (isupper(ch1[i])) {
                ch2[i] = 'A' + (ch1[i] - 'A' + d) % 26;
            }
            else ch2[i] = 'a' + (ch1[i] - 'a' + d) % 26;
            j = (j + 1) % strlen(cle);
        }
        else ch2[i] = ch1[i];
    }
    ch2[i] = '\0';
    printf("Chaine chiffr%ce : %s\n",130,ch2);
    return 0;
}
```

Série 7 — Les chaînes de caractères

Exercice 30 — Déchiffrement Vigenère basique

Enoncé

Écrivez un programme en C qui déchiffre une chaîne de caractères chiffrée avec le chiffrement Vigenère en utilisant une clé donnée.

Exemple d'exécution :

Chaine chiffrée avec Vigenre: MPJANGD RCRB
Clé Vigenère: ABC
Chaine déchiffrée : MOHAMED QARA

Astuces

Suivez les mêmes étapes que dans l'exercice précédent, mais modifiez simplement la règle de déchiffrement.
Pour les majuscules : Caractère en clair = 'A' + (Caractère chiffré - 'A' - d + 26) % 26
Pour les minuscules : Caractère en clair = 'a' + (Caractère chiffré - 'a' - d + 26) % 26
Pour les autres caractères : Caractère chiffré = Caractère en clair

Corrigé

```c
#include <stdio.h>
#include <string.h>
#include <ctype.h>
int main() {
    char ch1[100], cle[100], ch2[100];
    int i, j = 0, d;
    printf("Chaine chiffr%ce avec Vigen%re: ",130,138);
    fgets(ch1,sizeof(ch1),stdin);
    ch1[strcspn(ch1,"\n")] = '\0';
    printf("Cl%c Vigen%cre: ",130,138);
    scanf("%s", cle);
    for (i = 0; ch1[i] != '\0'; i++) {
        if (isalpha(ch1[i])) {
            d = (tolower(cle[j]) - 'a');
            if (isupper(ch1[i]))
                ch2[i]='A'+(ch1[i]-'A'-d+26)%26;
            else ch2[i]='a'+(ch1[i]-'a'-d+26)%26;
            j = (j + 1) % strlen(cle);
        }
        else ch2[i] = ch1[i];
    }
    ch2[i] = '\0';
    printf("Chaine d%cchiffr%ce : %s\n",130,130,ch2);
    return 0;
}
```

Série 7 — Les chaînes de caractères

Exercice 31 — Vérification d'anagrammes

Enoncé

Écrivez un programme en C qui vérifie si deux chaînes de caractères sont des anagrammes l'une de l'autre.

Exemple d'exécution :

Première chaine : QARA
Deuxième chaine : QRAA
Les chaines sont des anagrammes.

Astuces

Deux chaînes sont des anagrammes si elles possèdent les mêmes caractères avec la même fréquence. Veuillez consulter la première partie de la (Série 7 - Exercice 14)

Corrigé

```c
#include <stdio.h>
#include <string.h>
int main() {
    char chaine1[100], chaine2[100];
    int compte1[256] = {0}, compte2[256] = {0};
    int i, siAnag = 1;
    printf("Premi%cre chaine : ",138);
    fgets(chaine1,sizeof(chaine1),stdin);
    printf("Deuxi%cme chaine : ",138);
    fgets(chaine2,sizeof(chaine2),stdin);
    if (strlen(chaine1) != strlen(chaine2)) siAnag = 0;
    else {
        for (i = 0; chaine1[i] != '\0'; i++) {
            compte1[(unsigned char)chaine1[i]]++;
            compte2[(unsigned char)chaine2[i]]++;
        }
        for (i = 0; i < 256; i++) {
            if (compte1[i] != compte2[i]) {
                siAnag = 0;
                break;
            }
        }
    }
    if (siAnag) printf("Les chaines sont des anagrammes.\n");
    else printf("Les chaines ne sont pas des anagrammes.\n");
    return 0;
}
```

Série 7 — Les chaînes de caractères

Exercice 32 — Évaluation d'expressions arithmétiques

Enoncé

Écrivez un programme en C qui évalue des expressions arithmétiques simples données sous forme de chaînes de caractères. Le programme doit lire une chaîne de caractères contenant une expression arithmétique et afficher le résultat de l'évaluation.

Exemple d'exécution :

Entrez une expression arithmetique (par exemple 3+5) : 51 + 42
51 + 42 = 93

Astuces

Lecture de l'entrée :

Utilisez fgets pour lire l'expression arithmétique entrée par l'utilisateur.

Initialisation des variables :

Initialisez les variables suivantes nombre1 = 0, nombre2 = 0, et operateur = ' ' pour stocker les parties de l'expression.

Extraction du premier nombre :

Parcourez l'expression en utilisant une boucle while. Tant que les caractères sont des chiffres (isdigit), construisez nombre1.

Extraction de l'opérateur :

Utilisez une boucle while pour ignorer les espaces dans l'expression. La boucle s'arrête lorsqu'elle trouve un caractère non-espace. Ce caractère doit être stocké dans la variable nommée (operateur).

Extraction du deuxième nombre :

Effectuez les mêmes opérations que pour extraire nombre1.

Évaluation de l'expression :

Effectuez les calculs selon les données récupérées.

Affichage du résultat :

Affichez le résultat de l'évaluation de l'expression.

Série 7 — Les chaînes de caractères

Exercice 32 — Évaluation d'expressions arithmétiques

Astuces

Exemple de fonctionnement :

Corrigé

```c
#include <stdio.h>
#include <stdlib.h>
#include <ctype.h>
int main() {
    char expression[100];
    int nombre1 = 0, nombre2 = 0;
    char operateur = "" ;
    int resultat, i = 0;
    // Lire l'expression arithmétique
    printf("Expression arithmetique (par exemple 3+5) : ");
    fgets(expression,sizeof(expression),stdin);
    expression[strcspn(expression,"\n")] = '\0';
    // Extraire le premier nombre
    while (isdigit(expression[i])) {
        nombre1 = nombre1 * 10 + (expression[i] - '0');
        i++;
    }
    // Extraire l'opérateur
    do {
        operateur = expression[i];
        i++;
    } while (operateur == ' ');
    // Extraire le deuxième nombre
    while (isdigit(expression[i]) || expression[i]==' ') {
        if (expression[i]==' ') nombre2 = 0;
        else nombre2 = nombre2 * 10 + (expression[i] - '0');
        i++;
    }
```

Série 7 — Les chaînes de caractères

Exercice 32 — Évaluation d'expressions arithmétiques

Corrigé

```c
    // Évaluer l'expression en fonction de l'opérateur
    if (operateur == '+') resultat = nombre1 + nombre2;
    else if (operateur == '-') resultat = nombre1 - nombre2;
    else if (operateur == '*') resultat = nombre1 * nombre2;
    else if (operateur == '/') {
        if (nombre2 == 0) {
            printf("Erreur : division par zero.\n");
            return 1;
        }
        resultat = nombre1 / nombre2;
    } else if (operateur == '%') {
        if (nombre2 == 0) {
            printf("Erreur : division par zero.\n");
            return 1;
        }
        resultat = nombre1 % nombre2;
    } else {
        printf("Erreur : operateur invalide.\n");
        return 1;
    }
    // Afficher le résultat
    printf("%s = %d\n", expression, resultat);
    return 0;
}
```

Les fonctions

Série 8 — Les fonctions

Exercice 01 — Fonction « Produit » : Le produit de deux nombres donnés

Énoncé

- Écrivez une fonction en C "**Produit**" qui calcule le produit de deux nombres réels.
- Écrivez un programme en C qui demande à l'utilisateur de saisir deux nombres et affiche leur produit en utilisant la fonction "**Produit**".

Exemple d'exécution :

Entrez le premier nombre: 5
Entrez le deuxieme nombre: 3
Le produit est: 15.00

Astuces

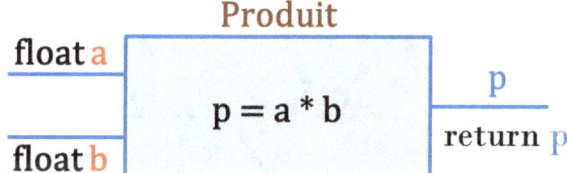

Corrigé

```c
#include <stdio.h>
// La fonction Produit
float Produit(float a, float b) {
    return a * b;
}
// La fonction du programme principal
int main() {
    float nombre1, nombre2, resultat;
    printf("Entrez le premier nombre: ");
    scanf("%f", &nombre1);
    printf("Entrez le deuxieme nombre: ");
    scanf("%f", &nombre2);
    //Appel de la fonction Produit
    resultat = Produit(nombre1, nombre2);
    printf("Le produit est: %.2f\n", resultat);
    return 0;
}
```

Série 8 — Les fonctions

Exercice 02 — Fonction « SurfaceCercle » : La surface d'un cercle

Enoncé

- Écrivez une fonction en C "**SurfaceCercle**" qui calcule la surface d'un cercle.
- Écrivez un programme en C qui demande à l'utilisateur de saisir le rayon d'un cercle et affiche sa surface en utilisant la fonction "**SurfaceCercle**".

Exemple d'exécution :

Entrez le rayon du cercle: 5

La surface du cercle = 78.539818

Astuces

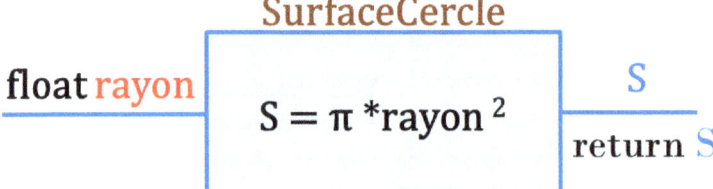

Corrigé

```c
#include <stdio.h>
#include <math.h>
//La fonction SurfaceCercle
float SurfaceCercle(float rayon) {
    return M_PI * rayon * rayon;
}
//La fonction du programme principal
int main() {
    float rayon, surface;
    printf("Entrez le rayon du cercle: ");
    scanf("%f", &rayon);
    //Appel de la fonction SurfaceCercle
    surface = SurfaceCercle(rayon);
    printf("La surface du cercle = %f\n", surface);
    return 0;
}
```

Série 8 — Les fonctions

Exercice 03 — Fonction « Echange » : Échange les valeurs de deux variables

Enoncé

- Écrivez une fonction en C "**Echange**" qui échange les valeurs de 2 nombres réels.
- Écrivez un programme en C qui demande à l'utilisateur de saisir deux nombres et affiche les valeurs échangées en utilisant la fonction "**Echange**".

Exemple d'exécution :

Entrez le premier nombre: 5
Entrez le deuxieme nombre: 3
Avant l'echange : n1 = 5.00 et n2 = 3.00
Apres l'echange : n1 = 3.00 et n2 = 5.00

Astuces

La fonction "**Echange**" permet de modifier le contenu de la mémoire. Dans ce cas, il faut utiliser le passage des paramètres par adresse (pointeurs).

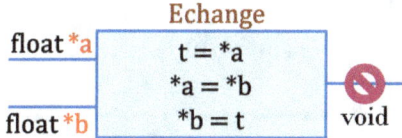

Corrigé

```c
#include <stdio.h>
// La fonction Echange
void Echange(float *a, float *b) {
    float temp = *a;
    *a = *b;
    *b = temp;
}
// La fonction du programme principal
int main() {
    float n1, n2;
    printf("Entrez le premier nombre: ");
    scanf("%f", &n1);
    printf("Entrez le deuxieme nombre: ");
    scanf("%f", &n2);
    printf("Avant l'echange : \n");
    printf("n1 = %.2f et n2 = %.2f\n", n1, n2);
    //Appel de la fonction "Echange"
    Echange(&n1, &n2);
    printf("Apres l'echange : \n");
    printf("n1 = %.2f et n2 = %.2f\n", n1, n2);
    return 0;
}
```

Série 8 — Les fonctions

Exercice 04 — Fonction « SiPair » : Vérifie si un nombre est pair

Enoncé

- Écrivez une fonction en C "**SiPair**" qui vérifie si un nombre est pair ou impair.
- Écrivez un programme en C qui demande à l'utilisateur de saisir un entier et affiche s'il est pair ou impair en utilisant la fonction "**SiPair**".

Exemple d'exécution :

Entrez un nombre entier: 25
Le nombre est impair

Exemple d'exécution :

Entrez un nombre entier: 20
Le nombre est pair

Astuces

Dans la partie "**Traitement**", vérifiez si le nombre est pair ou impair (nombre % 2 == 0)

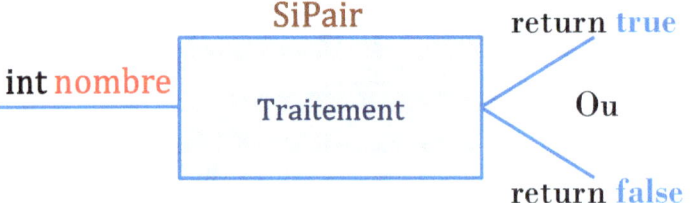

Corrigé

```c
#include <stdio.h>
#include <stdbool.h>
//La fonction SiPair : Vérifie si un entier est pair
bool SiPair(int nombre) {
    if (nombre % 2 == 0) return true;
    else return false;
}
//La fonction du programme principal
int main() {
    int nombre;
    bool resultat;
    printf("Entrez un nombre entier: ");
    scanf("%d", &nombre);
    //Appel de la fonction SiPair
    resultat = SiPair(nombre);
    if (resultat) printf("Le nombre est pair\n");
    else printf("Le nombre est impair\n");
    return 0;
}
```

Série 8 — Les fonctions

Exercice 05 — Fonction « Signe » : Détermine le signe d'un nombre

Enoncé

- Écrivez une fonction en C "**Signe**" qui vérifie si un nombre est positif, négatif ou nul. La fonction renvoie 1 si le nombre est positif, -1 s'il est négatif et 0 s'il est nul.
- Écrivez un programme en C qui demande à l'utilisateur de saisir un nombre et affiche s'il est positif, négatif ou nul en utilisant la fonction "**Signe**".

Exemple d'exécution :

Entrez un nombre: -20
Le nombre est negatif

Astuces

Dans la partie "**Traitement**", vérifiez si le nombre est positif (nombre > 0), négatif (nombre < 0) ou nul (nombre == 0).

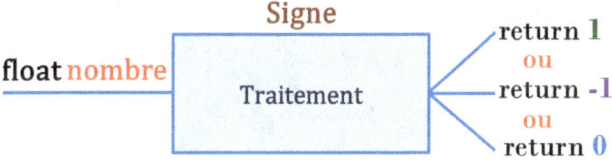

Corrigé

```
1   #include <stdio.h>
2   //La fonction "Signe"
3   int Signe(float nombre) {
4       if (nombre > 0) return 1;
5       else if (nombre < 0) return -1;
6       else return 0;
7   }
8   //La fonction du programme principal
9   int main() {
10      float nombre;
11      int a;
12      printf("Entrez un nombre: ");
13      scanf("%f", &nombre);
14      //Appel de la fonction "Signe"
15      a = Signe(nombre);
16      if (a == 1) printf("Le nombre est positif\n");
17      else if (a == -1) printf("Le nombre est negatif\n");
18      else printf("Le nombre est nul\n");
19      return 0;
20  }
```

Série 8 — Les fonctions

Exercice 06 — Fonction «Multiple» : Vérifie si un nombre est multiple

Enoncé

- Écrivez une fonction en C "**Multiple**" qui vérifie si un entier est un multiple de n.
- Écrivez un programme en C qui demande à l'utilisateur de saisir deux entiers a et n et affiche si a est un multiple de n en utilisant la fonction "**Multiple**".

Exemple d'exécution :

Entrez le premier entier: 65
Entrez le deuxieme entier: 10
65 n'est pas un multiple de 10

Astuces

Dans la partie "**Traitement**", vérifiez si a est un multiple de n (a % n == 0) ou non

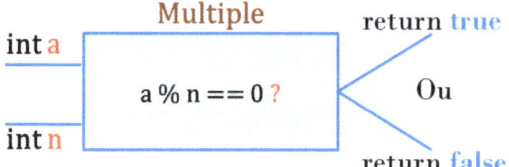

Corrigé

```c
#include <stdio.h>
#include <stdbool.h>
//La fonction "Multiple"
bool Multiple(int a, int n) {
    if (a % n == 0) return true;
    else return false;
}
//La fonction du programme principal
int main() {
    int a, n;
    bool resultat;
    printf("Entrez le premier entier: ");
    scanf("%d", &a);
    printf("Entrez le deuxieme entier: ");
    scanf("%d", &n);
    //Appel de la fonction "Multiple"
    resultat = Multiple(a, n);
    if (resultat) printf("%d est un multiple de %d\n", a, n);
    else printf("%d n'est pas un multiple de %d\n", a, n);
    return 0;
}
```

Série 8 — Les fonctions

Exercice 07 — Fonction « Diviseur » : Vérifie si un nombre est un diviseur

Enoncé

- Écrivez une fonction en C "**Diviseur**" qui vérifie si un entier est un diviseur de n. La fonction renvoie la valeur 1 si oui, sinon elle renvoie 0.
- Écrivez un programme en C qui demande à l'utilisateur de saisir deux entiers a et n et affiche si a est un diviseur de n en utilisant la fonction "**Diviseur**".

Exemple d'exécution :

Entrez le premier entier: 7
Entrez le deuxieme entier: 56
7 est un diviseur de 56

Astuces

Dans la partie "**Traitement**", vérifiez si a est un diviseur de n (n % a == 0) ou non

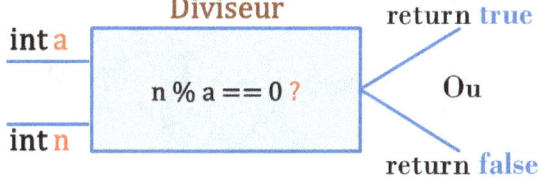

Corrigé

```c
#include <stdio.h>
#include <stdbool.h>"
//La fonction "Diviseur"
bool Diviseur(int a, int n) {
    if (n % a == 0) return true;
    else return false;
}
//La fonction du programme principal
int main() {
    int a, n;
    bool resultat;
    printf("Entrez le premier entier: ");
    scanf("%d", &a);
    printf("Entrez le deuxieme entier: ");
    scanf("%d", &n);
    //Appel de la fonction "Diviseur"
    resultat = Diviseur(a, n);
    if (resultat) printf("%d est un diviseur de %d\n", a, n);
    else printf("%d n'est pas un diviseur de %d\n", a, n);
    return 0;
}
```

| Série 8 | Les fonctions |

| Exercice 08 | Fonction « Max » : Le plus grand de deux nombres |

Enoncé

- Écrivez une fonction en C "**Max**" qui renvoie le maximum de deux nombres.
- Écrivez un programme en C qui demande à l'utilisateur de saisir trois nombres réels et affiche le maximum en utilisant la fonction "**Max**".

Exemple d'exécution :

Entrez le premier nombre: 10
Entrez le deuxième nombre: 15
Entrez le troisième nombre: 12
Max (10.00, 15.00, 12.00) = 15.00

Astuces

Dans le programme principal, appelez la fonction pour obtenir le plus grand de deux nombres, puis utilisez la fonction pour comparer ce résultat avec le troisième nombre afin de déterminer le maximum des trois.

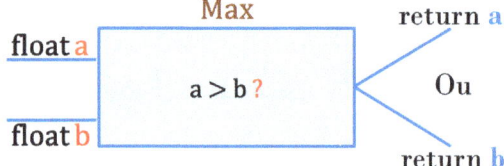

Corrigé

```c
1   #include <stdio.h>
2   //La fonction Max : Plus grand nombre
3   float Max(float a, float b) {
4       if (a > b) return a;
5       else return b;
6   }
7   //La fonction du programme principal
8   int main() {
9       float n1, n2, n3, max;
10      printf("Entrez le premier nombre: ");
11      scanf("%f", &n1);
12      printf("Entrez le deuxi%cme nombre: ",138);
13      scanf("%f", &n2);
14      printf("Entrez le troisi%cme nombre: ",138);
15      scanf("%f", &n3);
16      max = Max(Max(n1, n2), n3);
17      printf("Max (%.2f, %.2f, %.2f) = %.2f\n",n1,n2,n3,max);
18      return 0;
19  }
```

| Série 8 | Les fonctions |

| Exercice 09 | Fonction « Inverse » : L'inverse d'un nombre |

Enoncé

- Écrivez une fonction en C "**Inverse**" qui calcule l'inverse d'un nombre réel.
- Écrivez un programme en C qui demande à l'utilisateur de saisir un nombre et affiche son inverse en utilisant la fonction "**Inverse**".

Exemple d'exécution :

Entrez un nombre: 5
1 / 5.00 = 0.20

Exemple d'exécution :

Entrez un nombre: 0
Pas d'inverse pour 0.

Astuces

Dans le corps de la fonction, vérifiez si le nombre est nul (nombre == 0) ou non. Dans le cas d'un nombre nul, vous ne pouvez calculer l'inverse.

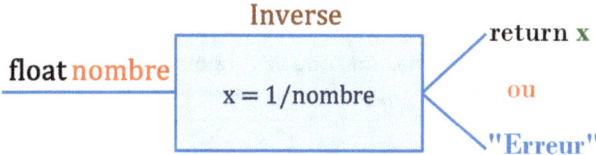

Corrigé

```c
#include <stdio.h>
//La fonction "Inverse"
float Inverse(float nombre) {
    if (nombre != 0) return 1.0 / nombre;
    else {
        printf("Pas d'inverse pour 0.\n");
        return 0;
    }
}
//La fonction du programme principal
int main() {
    float n, inverse;
    printf("Entrez un nombre: ");
    scanf("%f", &n);
    //Appel de la fonction "Inverse"
    inverse = Inverse(n);
    if (n!=0)
        printf("1 / %.2f = %.2f\n", n, inverse);
    return 0;
}
```

Série 8 — Les fonctions

Exercice 10 — Fonction « RepeterMessage » : Affichage d'un message n fois

Enoncé

- Écrivez une fonction en C "**RepeterMessage**" qui affiche le message « Bonjour Mr QARA » n fois.
- Écrivez un programme en C qui affiche le message « Bonjour Mr QARA » 5 fois en utilisant la fonction "**RepeterMessage**".

Exemple d'exécution :

Bonjour Mr QARA
Bonjour Mr QARA
Bonjour Mr QARA
Bonjour Mr QARA
Bonjour Mr QARA

Astuces

Dans le corps de la fonction, utilisez une boucle for pour afficher plusieurs fois le message "Bonjour Mr QARA" en fonction du paramètre n.

Corrigé

```c
#include <stdio.h>
//La fonction "RepeterMessage"
void RepeterMessage(int n) {
    int compteur;
    for (compteur = 0; compteur < n; compteur++) {
        printf("Bonjour Mr QARA\n");
    }
}
//La fonction du programme principal
int main() {
    //Appel de la fonction "RepeterMessage"
    RepeterMessage(5);
    return 0;
}
```

Série 8 — Les fonctions

Exercice 11 — Fonction « Somme » : La somme des entiers de 1 à n

Enoncé

- Écrivez une fonction en C "**Somme**" qui calcule la somme S(n)=1+2+3+...+n.
- Écrivez un programme en C qui calcule la somme S(n) selon le nombre n saisi par l'utilisateur en utilisant la fonction "**Somme**".

Exemple d'exécution :

Entrez un nombre entier positif: 100
La somme = 5050

Astuces

Dans le corps de la fonction, utilisez une boucle for pour calculer la somme de 1 à n (Consultez Série 4 - Exercice 5)

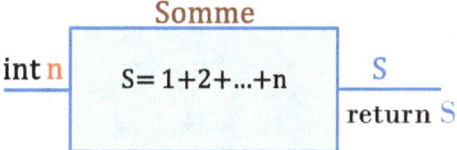

Corrigé

```c
#include <stdio.h>
// La fonction "Somme" : S = 1+2+...+n
int Somme(int n) {
    int somme = 0;
    int i;
    for (i = 1; i <= n; i++) {
        somme += i;
    }
    return somme;
}
// La fonction du programme principal
int main() {
    int n, resultat;
    printf("Entrez un nombre entier positif: ");
    scanf("%d", &n);
    //Appel de la fonction "Somme"
    resultat = Somme(n);
    printf("La somme = %d\n", n, resultat);
    return 0;
}
```

Série 8 — Les fonctions

Exercice 12 — Fonction « Fact » : Factorielle d'un entier positif

Enoncé

- Écrivez une fonction en C "**Fact**" qui calcule n! (n! = 1 x 2 x 3 x ... x n)
- Écrivez un programme en C qui demande à l'utilisateur de saisir un entier positif n et affiche n! en utilisant la fonction "**Fact**".

Exemple d'exécution :

Entrez un nombre entier positif: 10
10! = 3628800

Astuces

Dans le corps de la fonction, utilisez une boucle for pour calculer n! (Consultez Série 4 - Exercice 10)

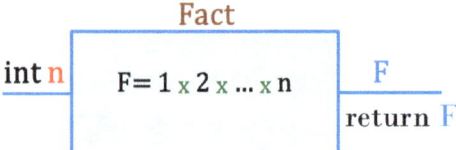

Corrigé

```c
#include <stdio.h>
//La fonction "Fact" : n!
long Fact(int n) {
    int i;
    int F = 1;
    for (i = 1; i <= n; i++) {
        F = F * i;
    }
    return F;
}
//La fonction du programme principal
int main() {
    int n;
    long resultat;
    printf("Entrez un nombre entier positif: ");
    scanf("%d", &n);
    resultat = Fact(n);
    printf("%d! = %ld\n", n, resultat);
    return 0;
}
```

Série 8 — Les fonctions

Exercice 13 — Fonction « SiPremier »

Enoncé

- Écrivez une fonction en C "**SiPremier**" qui vérifie si un nombre est premier.
- Écrivez un programme en C qui teste la fonction.

Exemple d'exécution :

Entrez un nombre entier positif: 53
53 est premier

Astuces

Dans le corps de la fonction, utilisez une boucle for pour parcourir tous les entiers inférieurs à n/2 et vérifier s'il existe un diviseur de n (Consultez Série 4 - Exercice 14 ou Série 5 - Exercice 13).

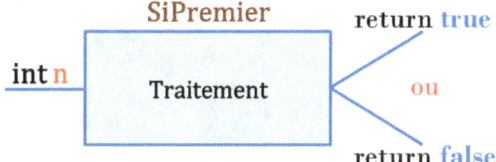

Corrigé

```c
#include <stdio.h>
#include <stdbool.h>
bool SiPremier(int n) {
    int i;
    if (n <= 1) return false;
    for (i = 2; i <= n / 2; i++) {
        if (n % i == 0) return false;
    }
    return true;
}
int main() {
    int n;
    bool resultat;
    printf("Entrez un nombre entier positif: ");
    scanf("%d", &n);
    resultat = SiPremier(n);
    if (resultat) printf("%d est premier\n", n);
    else printf("%d n'est pas premier\n", n);
    return 0;
}
```

Série 8 — Les fonctions

Exercice 14 — Fonction « Puissance » : La puissance d'un nombre a^n

Énoncé

- Écrivez une fonction en C "**Puissance**" qui calcule la puissance x^y
- Écrivez un programme en C qui teste la fonction "**Puissance**".

Exemple d'exécution :

Entrez la base: 2.5
Entrez l'exposant (positif): 5
(2.50)^5 = 97.66

Astuces

Dans le corps de la fonction, utilisez une boucle for pour calculer la puissance (Consultez Série 4 - Exercice 16).

$$\text{float base} \longrightarrow \boxed{\begin{array}{c}\text{Puissance}\\ P = \text{base}^{\text{exposant}}\end{array}} \longrightarrow \text{return } P$$

int exposant

Corrigé

```c
#include <stdio.h>
// La fonction Puissance
float Puissance(float base, int exposant) {
    float P = 1;
    int i;
    for (i = 0; i < exposant; i++) P = P * base;
    return P;
}
// La fonction du programme principal
int main() {
    int n;
    float a, resultat;
    printf("Entrez la base: ");
    scanf("%f", &a);
    printf("Entrez l'exposant (positif): ");
    scanf("%d", &n);
    resultat = Puissance(a, n);
    printf("(%.2f)^%d = %.2f\n", a, n, resultat);
    return 0;
}
```

| Série 8 | Les fonctions |

Exercice 15 — Fonction « Etoiles » : Affichage d'une forme

Enoncé

- Écrivez une fonction en C nommée "**Etoiles**" qui affiche un schéma d'étoiles avec un nombre de lignes donné en paramètre.
- Écrivez un programme en C teste la fonction "**Etoiles**".

Exemple d'exécution :

```
Entrez le nombre de lignes: 4
*
**
***
****
```

Astuces

Dans le corps de la fonction, utilisez une boucle for pour afficher le triangle (Consultez Série 4 - Exercice 23).

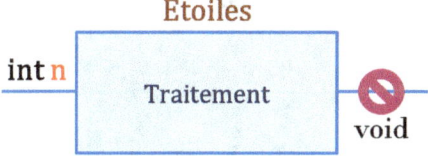

Corrigé

```c
#include <stdio.h>
//La fonction "Etoiles"
void Etoiles(int lignes) {
    int i, j;
    for (i = 1; i <= lignes; i++) {
        for (j = 1; j <= i; j++) printf("*");
        printf("\n");
    }
}
//La fonction du programme principal
int main() {
    int lignes;
    printf("Entrez le nombre de lignes: ");
    scanf("%d", &lignes);
    Etoiles(lignes);
    return 0;
}
```

Série 8 — Les fonctions

Exercice 16 — Fonction « LirePositif » : Lecture d'un entier positif

Enoncé

- Écrivez une fonction en C "**LirePositif**" qui permet de saisir un nombre positif.
- Écrivez un programme en C qui demande à l'utilisateur de saisir un nombre positif jusqu'à ce que la réponse soit correcte en utilisant la fonction "**LirePositif**", puis affiche le nombre saisi

Exemple d'exécution :

Entrez un nombre positif: -10
Entrez un nombre positif: -20
Entrez un nombre positif: 15
Le nombre saisi est : 15

Astuces

Dans le corps de la fonction, utilisez une boucle while pour contrôler la saisie d'un nombre positif (Consultez Série 5 - Exercice 03).

Corrigé

```c
#include <stdio.h>
//La fonction "LirePositif" : Lit un entier positif
int LirePositif() {
    int nombre;
    do {
        printf("Entrez un nombre positif: ");
        scanf("%d", &nombre);
    } while (nombre < 0);
    return nombre;
}
//La fonction du programme principal
int main() {
    //Appel de la fonction "LirePositif"
    int nombre = LirePositif();
    printf("Le nombre saisi est : %d\n", nombre);
    return 0;
}
```

Série 8 — Les fonctions

Exercice 17 — Fonction « PGCD » : Le plus grand commun diviseur

Enoncé

- Écrivez une fonction en C nommée "**PGCD**" qui calcule le PGCD de deux entiers.
- Écrivez un programme en C qui permet de tester la fonction "**PGCD**".

Exemple d'exécution :

Entrez le premier nombre positif: 20
Entrez le deuxieme nombre positif: 30
Le PGCD (20 , 30) = 10

Astuces

Dans le corps de la fonction, utilisez une boucle while pour trouver le PGCD (Consultez Série 5 - Exercice 11).

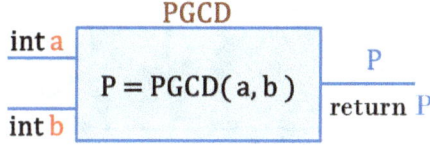

Corrigé

```c
#include <stdio.h>
//La fonction PGCD : Le plus grand commun diviseur
int PGCD(int a, int b) {
    int temp;
    while (b != 0) {
        temp = b;
        b = a % b;
        a = temp;
    }
    return a;
}
//La fonction du programme principal
int main() {
    int a, b, P;
    printf("Entrez le premier nombre positif: ");
    scanf("%d", &a);
    printf("Entrez le deuxieme nombre positif: ");
    scanf("%d", &b);
    P = PGCD(a, b);
    printf("Le PGCD ( %d , %d ) = %d\n", a, b, P);
    return 0;
}
```

Série 8 — Les fonctions

Exercice 18 — Fonction « SiOctal » : Si un nombre est représenté en octal

Enoncé

- Écrivez une fonction en C nommée "**SiOctal**" qui vérifie si un nombre est en octal. La fonction renvoie la valeur **true** si le nombre est en octal, sinon elle renvoie **false**.
- Écrivez un programme en C qui teste la fonction "**SiOctal**".

Exemple d'exécution :

Entrez un nombre entier positif: 158
Le nombre n'est pas en octal

Exemple d'exécution :

Entrez un nombre entier positif: 125
Le nombre est en octal

Astuces

Dans le corps de la fonction, utilisez une boucle while pour vérifier si le nombre est un nombre octal (Consultez Série 5 - Exercice 23).

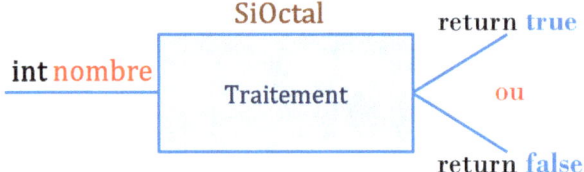

Corrigé

```c
#include <stdio.h>
#include <stdbool.h>
bool SiOctal(int nombre) {
    int reste;
    while (nombre != 0) {
        reste = nombre % 10;
        if (reste >= 8) return false;
        nombre /= 10;
    }
    return true;
}
int main() {
    int nombre;
    bool resultat;
    printf("Entrez un nombre entier positif: ");
    scanf("%d", &nombre);
    resultat = SiOctal(nombre);
    if (resultat) printf("Le nombre est en octal\n");
    else printf("Le nombre n'est pas en octal\n");
    return 0;
}
```

Série 8 — Les fonctions

Exercice 19 — Fonction « SiBinaire » : Si un nombre est représenté en binaire

Enoncé

- Écrivez une fonction nommée "**SiBinaire**" qui vérifie si un nombre est en binaire.
- Écrivez un programme en C qui permet de tester la fonction "**SiBinaire**".

Exemple d'exécution :

Entrez un nombre entier positif: 10100
Le nombre est en binaire

Exemple d'exécution :

Entrez un nombre entier positif: 1012
Le nombre n'est pas en binaire

Astuces

Dans le corps de la fonction, utilisez une boucle while pour vérifier si le nombre est un nombre binaire (Consultez Série 5 - Exercice 24).

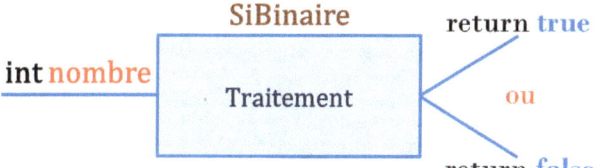

Corrigé

```
1   #include <stdio.h>
2   #include <stdbool.h>
3   bool SiBinaire(int nombre) {
4       int reste;
5       while (nombre != 0) {
6           reste = nombre % 10;
7           if (reste != 0 && reste != 1) return false;
8           nombre /= 10;
9       }
10      return true;
11  }
12  int main() {
13      int nombre;
14      bool resultat;
15      printf("Entrez un nombre entier positif: ");
16      scanf("%d", &nombre);
17      resultat = SiBinaire(nombre);
18      if (resultat) printf("Le nombre est en binaire\n");
19      else printf("Le nombre n'est pas en binaire\n");
20      return 0;
21  }
```

Série 8 — Les fonctions

Exercice 20 — Fonction « PGCD » récursive : Le plus grand commun diviseur

Enoncé

- Écrivez une fonction récursive en C "**PGCD**" qui calcule le PGCD de deux entiers.
- Écrivez un programme en C qui permet de tester la fonction "**PGCD**".

Exemple d'exécution :

Entrez le premier nombre positif: 10
Entrez le deuxieme nombre positif: 15
PGCD (10 , 15) = 5

Astuces

Dans le corps de la fonction, utilisez la récurisivité pour trouver le PGCD :
- Si b ≠ 0 : PGCD (a,b) = PGCD (b, a%b)
- Si b = 0 : PGCD (a,b) = a

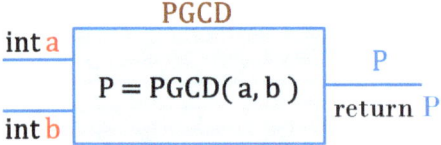

Corrigé

```c
#include <stdio.h>
//La fonction "PGCD" (Récursive)
int PGCD(int a, int b) {
    if (b != 0) return PGCD(b, a % b);
    else return a;
}
//La fonction du programme principal
int main() {
    int a, b, resultat;
    printf("Entrez le premier nombre positif: ");
    scanf("%d", &a);
    printf("Entrez le deuxieme nombre positif: ");
    scanf("%d", &b);
    //Appel de la fonction "PGCD"
    resultat = PGCD(a, b);
    printf("PGCD ( %d , %d ) = %d\n", a, b, resultat);
    return 0;
}
```

Série 8 — Les fonctions

Exercice 21 — Fonctions « saisirTableau » et « afficherTableau »

Enoncé

- Écrivez deux fonctions en C :
  1. "**lireTableau**" pour saisir les éléments d'un tableau d'entiers de n éléments.
  2. "**afficherTableau**" pour afficher les éléments d'un tableau d'entiers de n éléments.
- Écrivez un programme en C qui teste les deux fonctions.

Exemple d'exécution :

Entrez l'element 1 : 10

Entrez l'element 2 : 5

Entrez l'element 3 : 8

Entrez l'element 4 : 7

Entrez l'element 5 : 11

Elements du tableau : 10 5 8 7 11

Astuces

Dans le corps de la fonction **lireTableau**, utilisez une boucle for pour saisir les éléments du tableau (Consultez Série 6 - Exercice 01).

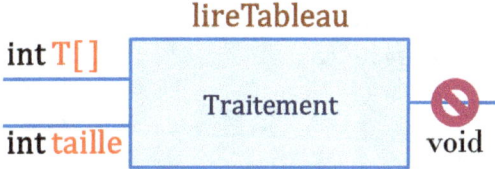

Dans le corps de la fonction **afficherTableau**, utilisez une boucle for pour afficher les éléments du tableau (Consultez Série 6 - Exercice 01).

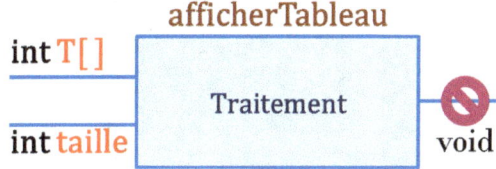

Série 8 — Les fonctions

Exercice 21 — Fonctions « saisirTableau » et « afficherTableau »

Corrigé

```c
#include <stdio.h>
//La fonction de lecture d'un tableau
void lireTableau(int T[], int taille) {
    int i;
    for (i = 0; i < taille; i++) {
        printf("Entrez l'element %d : ", i + 1);
        scanf("%d", &T[i]);
    }
}
//La fonction d'affichage d'un tableau
void afficherTableau(int T[], int taille) {
    printf("Elements du tableau : ");
    int i;
    for (i = 0; i < taille; i++) {
        printf("%2d ", T[i]);
    }
    printf("\n");
}
//La fonction de programme principal
int main() {
    int tab[5];
    lireTableau(tab, 5);
    afficherTableau(tab, 5);
    return 0;
}
```

Série 8 — Les fonctions

Exercice 22 — Fonction « sommeTableau » : La somme des éléments

Enoncé

- Écrivez une fonction en C nommée "**sommeTableau**" qui prend en paramètres un tableau d'entiers et sa taille, et qui renvoie la somme de ses éléments.
- Écrivez un programme en C qui teste la fonction.

Exemple d'exécution :

Pour un tableau : tableau[ ] = {1, 2, 3, 4, 5}
La somme = 15

Astuces

Dans le corps de la fonction **sommeTableau**, utilisez une boucle for pour calculer la somme des éléments du tableau (Consultez Série 6 - Exercice 08).

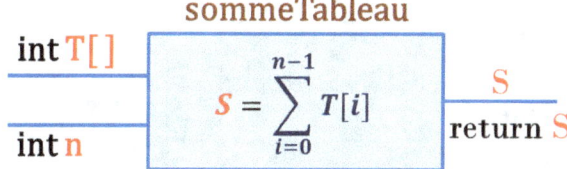

Corrigé

```
1   #include <stdio.h>
2   //La fonction sommeTableau
3   int sommeTableau(int tableau[], int n) {
4       int somme = 0, i;
5       for(i = 0; i <= n-1; i++) {
6           somme += tableau[i];
7       }
8       return somme;
9   }
10  //La fonction de programme principal
11  int main() {
12      int t[] = {1, 2, 3, 4, 5};
13      int taille = sizeof(t) / sizeof(t[0]);
14      printf("La somme = %d\n", sommeTableau(t, taille));
15      return 0;
16  }
```

Série 8 — Les fonctions

Exercice 23 — Fonction « maxTableau » : Le plus grand élément d'un tableau

Enoncé

- Écrivez une fonction en C "**maxTableau**" qui prend en paramètres un tableau d'entiers et sa taille, et qui renvoie le plus grand élément du tableau.
- Écrivez un programme en C qui teste la fonction.

Exemple d'exécution :

Pour un tableau : tableau[ ] = {1, 5, 3, 9, 2}
Max = 9

Astuces

Dans le corps de la fonction **maxTableau**, utilisez une boucle for pour trouver le plus grand élément du tableau (Consultez Série 6 - Exercice 02).

Corrigé

```c
#include <stdio.h>
//La fonction maxTableau
int maxTableau(int tableau[], int taille) {
    int max = tableau[0];
    int i;
    for(i = 1; i < taille; i++) {
        if(tableau[i] > max) {
            max = tableau[i];
        }
    }
    return max;
}
//La fonction du programme principal
int main() {
    int t[] = {1, 5, 3, 9, 2};
    int taille = sizeof(t) / sizeof(t[0]);
    printf("Max = %d\n", maxTableau(t, taille));
    return 0;
}
```

Série 8 — Les fonctions

Exercice 24 — Fonction « RechercheElement » : Recherche d'un élément

Enoncé

- Écrivez une fonction en C "**rechercheTableau**" qui prend en paramètres un tableau d'entiers, sa taille, et un entier à rechercher. La fonction renvoie l'indice de l'élément s'il est trouvé, sinon -1.
- Écrivez un programme en C qui teste la fonction.

Exemple d'exécution :

Pour un tableau {1, 2, 3, 4, 5}
3 se trouve a l'indice 2

Astuces

Dans le corps de la fonction **rechercheTableau**, utilisez une boucle for pour vérifier si l'élément recherché existe dans le tableau ou non (Consultez Série 6 - Exercice 03).

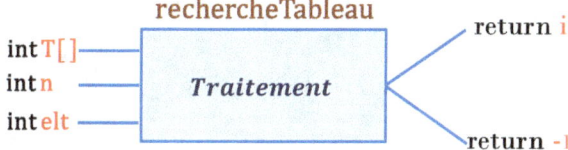

Corrigé

```
1   #include <stdio.h>
2   //La fonction rechercheElement
3   int rechercheElement(int T[], int n, int elt) {
4       int i;
5       for(i = 0; i < n; i++) {
6           if(T[i] == elt) return i;
7       }
8       return -1;
9   }
10  //La fonction du programme principal
11  int main() {
12      int t[] = {1, 2, 3, 4, 5};
13      int taille = sizeof(t) / sizeof(t[0]);
14      int e = 3;
15      int indice = rechercheElement(t, taille, e);
16      if(indice != -1) {
17          printf("%d se trouve a l'indice %d\n", e, indice);
18      } else {
19          printf("%d n'est pas dans le tableau\n", e);
20      }
21      return 0;
22  }
```

Série 8 — Les fonctions

Exercice 25 — Fonction « inverserTableau » : Inversion de l'ordre des éléments

Enoncé

- Écrivez une fonction en C "**inverserTableau**" qui prend en paramètres un tableau d'entiers et sa taille, et qui inverse les éléments du tableau.
- Écrivez un programme en C qui teste la fonction.

Exemple d'exécution :

Pour un tableau {1, 2, 3, 4, 5}
Le nouveau tableau est : 5 4 3 2 1

Astuces

Dans le corps de la fonction **inverserTableau**, utilisez une boucle for et une variable temporaire pour inverser les éléments du tableau (Consultez Série 6 - Exercice 06).

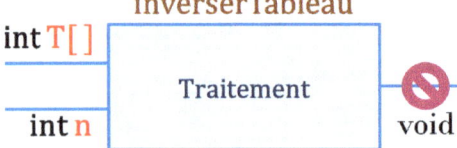

Corrigé

```c
#include <stdio.h>
//La fonction inverserTableau
void inverserTableau(int T[], int n) {
    int temp, i;
    for(i = 0; i < n / 2; i++) {
        temp = T[i];
        T[i] = T[n - 1 - i];
        T[n - 1 - i] = temp;
    }
}
int main() {
    int t[] = {1, 2, 3, 4, 5}, i;
    int taille = sizeof(t) / sizeof(t[0]);
    inverserTableau(t, taille);
    printf("Le nouveau tableau est : ");
    for(i = 0; i < taille; i++) printf("%d ", t[i]);
    printf("\n");
    return 0;
}
```

Série 8 — Les fonctions

Exercice 26 — Fonction « moyenneTableau » : Moyenne des éléments

Enoncé

- Écrivez une fonction en C "**moyenneTableau**" qui prend en paramètres un tableau d'entiers et sa taille, et qui renvoie la moyenne de ses éléments.
- Écrivez un programme en C qui teste la fonction.

Exemple d'exécution :

Pour un tableau {1, 2, 3, 4, 5}
Moyenne = 3.00

Astuces

Dans le corps de la fonction **moyenneTableau**, utilisez une boucle for pour calculez la somme puis renvoyer la moyenne (Consultez Série 6 - Exercice 08).

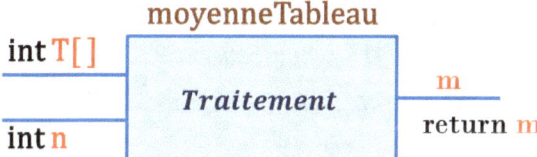

Corrigé

```c
#include <stdio.h>
//La fonction moyenneTableau
float moyenneTableau(int T[], int n) {
    int somme = 0, i;
    for(i = 0; i < n; i++) {
        somme += T[i];
    }
    return (float)somme / n;
}
//La fonction du programme principal
int main() {
    int t[] = {1, 2, 3, 4, 5};
    int taille = sizeof(t) / sizeof(t[0]);
    printf("Moyenne = %.2f\n", moyenneTableau(t, taille));
    return 0;
}
```

Série 8 — Les fonctions

Exercice 27 — Fonction « triCroissant » : Tri d'un tableau par ordre croissant

Enoncé

- Écrivez une fonction en C "**triCroissant**" qui prend en paramètres un tableau d'entiers et sa taille, et qui trie ses éléments par ordre croissant (le tri à bulles).
- Écrivez un programme en C qui teste la fonction.

Exemple d'exécution :

Pour un tableau {5, 2, 9, 1, 5, 6}
Le nouveau tableau est : 1 2 5 5 6 9

Astuces

Dans le corps de la fonction **triCroissant**, utilisez l'un des exemples de tri déjà traités (Consultez Série 6 - Exercice 10 et Série 6 - Exercice 12).

Corrigé

```c
//La fonction triCroissant
void triCroissant(int T[], int n) {
    int temp, i, j;
    for(i = 0; i < n - 1; i++) {
        for(j = 0; j < n - 1 - i; j++) {
            if(T[j] > T[j + 1]) {
                temp = T[j];
                T[j] = T[j + 1];
                T[j + 1] = temp;
            }
        }
    }
}
int main() {
    int t[] = {5, 2, 9, 1, 5, 6}, i;
    int taille = sizeof(t) / sizeof(t[0]);
    triCroissant(t, taille);
    printf("Le nouveau tableau est : ");
    for(i = 0; i < taille; i++) printf("%d ", t[i]);
    return 0;
}
```

Série 8 — Les fonctions

Exercice 28 — Fonction « supprimerElement » : Suppression d'un élément

Enoncé

- Écrivez une fonction en C "**supprimerElement**" qui prend en paramètre un tableau d'entiers, sa taille, et un indice, et qui supprime l'élément à cet indice en décalant les éléments suivants.
- Écrivez un programme en C qui teste la fonction.

Exemple d'exécution :

Pour un tableau {1, 2, 3, 4, 5}
Le nouveau tableau : 1 2 4 5

Astuces

Dans le corps de la fonction **supprimerElement**, utilisez une boucle **for** pour supprimer un élément et un pointeur pour mettre à jour la dimension du tableau. La suppression est effectuée en décalant tous les éléments vers la gauche à partir de l'indice donné et en mettant à jour la dimension du tableau.

```
         supprimerElement
int T[]  ┌─────────────┐
int n    │  Traitement │ ──▶ void
int indice└─────────────┘
```

Corrigé

```c
#include <stdio.h>
//La fonction "supprimerElement"
void supprimerElement(int T[], int *n, int indice) {
    int i;
    for(i = indice; i < *n - 1; i++) {
        T[i] = T[i + 1];
    }
    (*n)--;
}
//La fonction du programme principal
int main() {
    int t[] = {1, 2, 3, 4, 5}, indice = 2, i;
    int taille = sizeof(t) / sizeof(t[0]);
    supprimerElement(t, &taille, indice);
    printf("Le nouveau tableau : ");
    for(i = 0; i < taille; i++) printf("%d ", t[i]);
    return 0;
}
```

Série 8 — Les fonctions

Exercice 29 — Fonction « longueurChaine » : La longueur d'une chaîne

Enoncé

- Écrivez une fonction "**longueurChaine**" qui prend en paramètre une chaîne de caractères et retourne sa longueur.
- Écrivez un programme en C qui teste la fonction.

Exemple d'exécution :

Pour une chaine "Bonjour"
Longueur de la chaine: 7

Astuces

Dans le corps de la fonction **longueurChaine**, utilisez une boucle **while** pour parcourir la chaîne de caractères jusqu'à la fin, en incrémentant un compteur à chaque itération pour calculer la longueur de la chaîne.

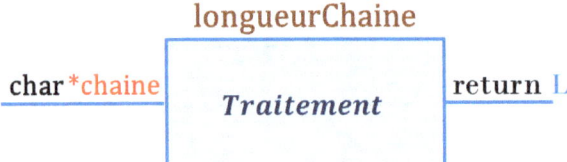

Corrigé

```c
#include <stdio.h>
//La fonction longueurChaine
int longueurChaine(char *chaine) {
    int L = 0;
    while (chaine[L] != '\0') L++;
    return L;
}
//La fonction du programme principal
int main() {
    char ch[] = "Bonjour";
    int longueur = longueurChaine(ch);
    printf("Longueur = %d\n", longueur);
    return 0;
}
```

Série 8 — Les fonctions

Exercice 30 — Fonction « copierChaine » : Copie d'une chaîne de caractères

Enoncé

- Écrire une fonction "**copierChaine**" qui prend en paramètres deux chaînes de caractères, et copie la première chaîne dans la deuxième.
- Écrivez un programme en C qui teste la fonction.

Exemple d'exécution :

Pour une chaine source "Bonjour"
Nouvelle chaine : Bonjour

Astuces

Dans le corps de la fonction **copierChaine**, utilisez une boucle **while** pour parcourir la chaîne source jusqu'à la fin, en copiant chaque caractère dans la chaîne destination et en ajoutant le caractère nul **\0** à la fin de la chaîne destination.

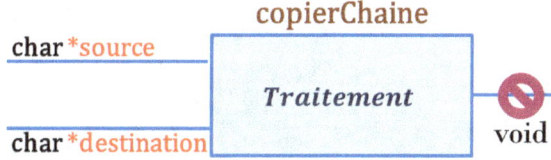

Corrigé

```c
#include <stdio.h>
//La fonction copierChaine
void copierChaine(char *source, char *destination) {
    int i = 0;
    while (source[i] != '\0') {
        destination[i] = source[i];
        i++;
    }
    destination[i] = '\0';
}
//La fonction du programme principal
int main() {
    char ch1[] = "Bonjour";
    char ch2[20];
    copierChaine(ch1, ch2);
    printf("Nouvelle chaine : %s\n", ch2);
    return 0;
}
```

Série 8 — Les fonctions

Exercice 31 — Fonction « comparerChaines » : Comparaison de deux chaînes

Enoncé

- Écrivez une fonction "**comparerChaines**" qui prend en paramètre 2 chaînes de caractères et renvoie 0 si elles sont identiques, une valeur négative si la première est inférieure à la seconde, et une valeur positive si la première est supérieure à la seconde.
- Écrivez un programme en C qui teste la fonction.

Exemple d'exécution :

Pour les deux chaînes : char chaine1[] = "Bonjour" et char chaine2[] = "Bonsoir"
Bonjour < Bonsoir

Astuces

Dans le corps de la fonction **comparerChaines**, utilisez une boucle **while** pour parcourir les deux chaînes jusqu'à la fin. À chaque itération, vérifiez si les caractères sont différents et renvoyez la différence (valeur > 0 ou < 0). Si les chaînes sont identiques, renvoyez 0.

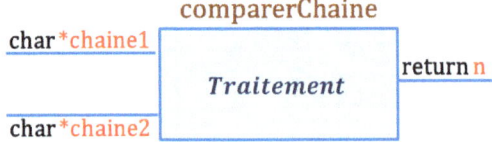

Corrigé

```c
#include <stdio.h>
//La fonction comparerChaines
int comparerChaines(char *ch1, char *ch2) {
    int i = 0;
    while (ch1[i] != '\0' && ch2[i] != '\0') {
        if (ch1[i] != ch2[i]) return ch1[i] - ch2[i];
        i++;
    }
    return 0;
}
int main() {
    char ch1[] = "Bonsoir", ch2[] = "Bonsoir";
    int res = comparerChaines(ch1, ch2);
    if (res == 0) printf("%s = %s\n",ch1, ch2);
    else if (res < 0) printf("%s < %s\n",ch1, ch2);
    else printf("%s < %s\n",ch2, ch1);
    return 0;
}
```

Série 8 — Les fonctions

Exercice 32 — Fonction « convertirMajuscules »

Enoncé

- Écrivez une fonction "**convertirMajuscules**" qui prend en paramètre une chaîne de caractères et convertit tous ses caractères en majuscules.
- Écrivez un programme en C qui teste la fonction.

Exemple d'exécution :

Pour la chaîne "Bonjour"
Chaine en majuscules: BONJOUR

Astuces

Dans le corps de la fonction **convertirMajuscules**, utilisez une boucle **while** pour parcourir la chaîne jusqu'à la fin. À chaque itération, vérifiez si les caractères sont minuscules (entre 'a' et 'z') et convertissez-les en majuscules en soustrayant ('a' - 'A').

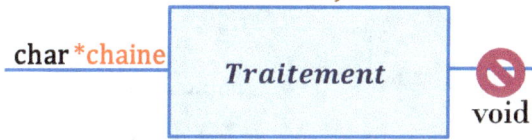

Corrigé

```c
#include <stdio.h>
//La fonction convertirMajuscules
void convertirMajuscules(char *chaine) {
    int i = 0;
    while (chaine[i] != '\0') {
        if (chaine[i] >= 'a' && chaine[i] <= 'z') {
            chaine[i] = chaine[i] - ('a' - 'A');
        }
        i++;
    }
}
//La fonction du programme principal
int main() {
    char chaine[] = "Bonjour";
    convertirMajuscules(chaine);
    printf("Chaine en majuscules: %s\n", chaine);
    return 0;
}
```

Série 8 — Les fonctions

Exercice 33 — Fonction « compterMots » : Comptage de nombre de mots

Enoncé

- Écrivez une fonction en C "**compterMots**" qui compte le nombre de mots dans cette chaîne. Un mot est défini comme une séquence de caractères séparée par des espaces.
- Écrivez un programme en C qui teste la fonction.

Exemple d'exécution :

Pour la chaîne "Bonjour tout le monde"
Nombre de mots: 4

Astuces

Dans le corps de la fonction **compterMots**, utilisez une boucle **while** pour parcourir la chaîne jusqu'à la fin et compter le nombre de mots (Consultez Série 7 - Exercice 10).

Corrigé

```c
#include <stdio.h>
#include <stdbool.h>
//La fonction compterMots
int compterMots(char *chaine) {
    int i = 0, mots = 0;
    bool dansMot = false;
    while (chaine[i] != '\0') {
        if (chaine[i] != ' ' && !dansMot) {
            dansMot = true;
            mots++;
        } else if (chaine[i] == ' ') dansMot = false;
        i++;
    }
    return mots;
}
int main() {
    char chaine[] = "Bonjour tout le monde";
    printf("Nombre de mots: %d\n", compterMots(chaine));
    return 0;
}
```

Les structures

Série 9 — Les structures

Exercice 01 — La structure «Point» : Un point dans un espace bidimensionnel

Enoncé

- Créez une structure en C pour représenter un point dans un plan, avec des champs pour les coordonnées x et y.
- Écrivez une fonction en C qui calcule la distance entre deux points dans un plan.
- Écrivez un programme qui initialise 2 points et qui affiche la distance entre eux.

Exemple d'exécution :

Pour deux points : P1 = {1.5 ,3.5} et P2 = {2.5, 0}
Distance (P1,P2) = 3.64

Astuces

Définition de la structure Point dans un espace 2D :

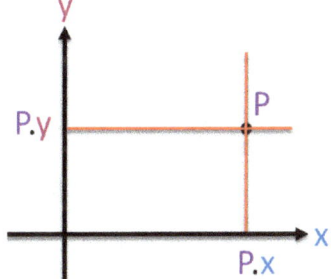

```
struct Point {
    float x;
    float y;
};
```

Distance entre deux points dans un espace 2D :

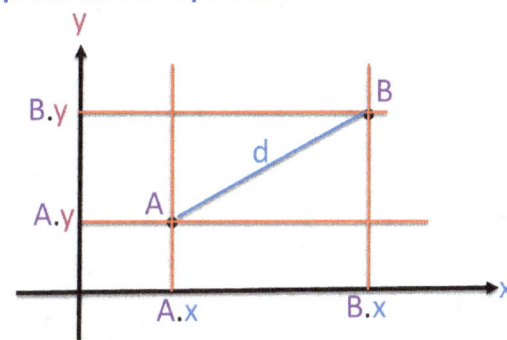

$$d = \sqrt{(B.x - A.x)^2 + (B.y - A.y)^2}$$

Série 9 : Les structures

Exercice 01 : La structure «Point» : Un point dans un espace bidimensionnel

Astuces

La fonction qui calcule la distance entre deux points dans un espace 2D :

La fonction prend comme paramètres deux points A et B (Point A et Point B) et renvoie la distance entre les deux points (float d). La distance est calculée en utilisant la formule ci-dessus.

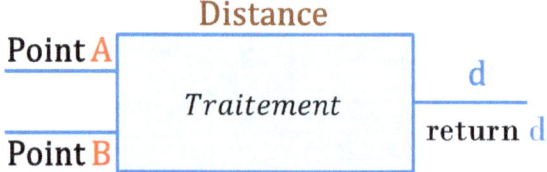

Remarque:
- Pour la racine carrée, utilisez la fonction sqrt de la bibliothèque math.h
- Pour la puissance, utilisez la fonction pow de la bibliothèque math.h

Corrigé

```c
#include <stdio.h>
#include <math.h>
// La strucuture "Point" dans un plan
struct Point {
    float x;
    float y;
};
typedef struct Point Point;
//La fonction qui calcule la distance entre 2 points
float Distance (Point A, Point B) {
    float d;
    d = sqrt(pow((B.x - A.x),2) + pow((B.y - A.y),2));
    return d;
}
//La fonction du programme principal
int main() {
    Point P1 = {1.5 ,3.5}, P2 = {2.5, 0};
    printf("Distance (P1,P2) = %.2f",Distance(P1,P2));
    return 0;
}
```

Série 9 — Les structures

Exercice 02 : La structure « Date » : Une date (Jour/Mois/année)

Enoncé

- Créez une structure en C pour représenter une date avec des champs pour le jour, le mois et l'année.
- Écrivez une fonction qui permet de saisir une date au format "JJ/MM/AAAA".
- Écrivez une fonction qui permet d'afficher une date au format "JJ/MM/AAAA".
- Écrivez un programme en C qui utilise la structure et les fonctions précédentes.

Exemple d'exécution :

Entrez une date au format (JJ/MM/AAAA) : 14/07/2024
14/07/2024

Astuces

Définition de la structure Date :

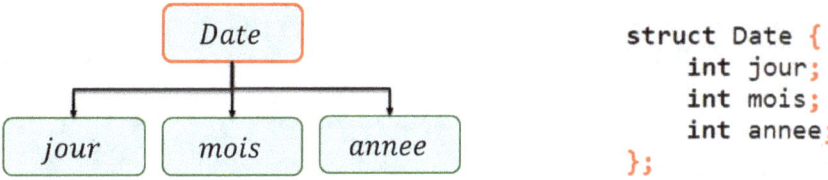

```
struct Date {
    int jour;
    int mois;
    int annee;
};
```

Définition de la fonction lireDate :

La fonction prend une date en paramètre et lit l'entrée de l'utilisateur en utilisant scanf, la date étant passée par adresse via un pointeur.

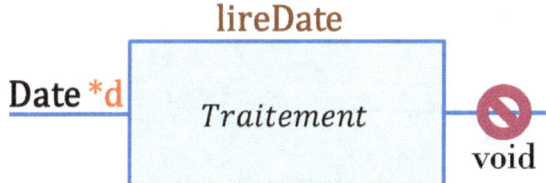

Pour l'accès à l'adresse du champ jour de la date, vous pouvez utiliser &d -> jour

Définition de la fonction afficherDate :

La fonction prend une date en paramètre et l'affiche sous le format JJ/MM/AA en utilisant printf

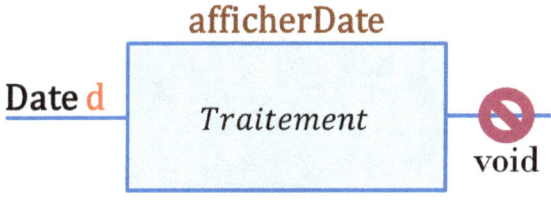

Série 9 — Les structures

Exercice 02 — La structure « Date » : Une date (Jour/Mois/année)

Corrigé

```c
#include <stdio.h>
//La strucuture Date
struct Date {
    int jour;
    int mois;
    int annee;
};
typedef struct Date date;
//La fonction LireDate
void lireDate(date *d) {
    printf ("Entrez une date au format (JJ/MM/AAAA) : ");
    scanf("%02d/%02d/%04d", &d->jour, &d->mois, &d->annee);
}
//La fonction afficherDate
void afficherDate(date d) {
    printf("%02d/%02d/%04d\n", d.jour, d.mois, d.annee);
}
//La fonction du programme principal
int main() {
    date d;
    lireDate (&d);
    afficherDate(d);
    return 0;
}
```

Série 9 — Les structures

Exercice 03 — La structure « Personne » : Une personne (Nom, Age, Taille)

Enoncé

- Créez une structure en C pour représenter une personne avec des champs pour le nom, l'âge et la taille.
- Écrivez une fonction qui lit les informations d'une personne.
- Écrivez une fonction qui affiche les informations d'une personne.
- Écrivez un programme en C qui utilise la structure et les fonctions précédentes.

Exemple d'exécution :

Saisie des informations :
Nom : Mohamed
Age : 35
Taille : 1.79
Affichage des informations :
Nom: Mohamed
Age: 35
Taille: 1.79

Astuces

Définition de la structure Personne :

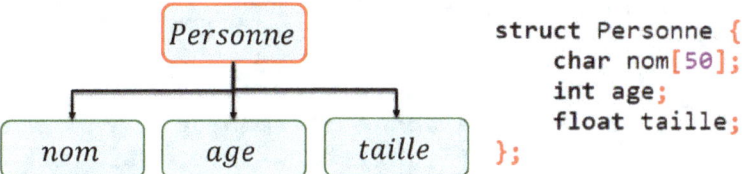

```
struct Personne {
    char nom[50];
    int age;
    float taille;
};
```

Définition de la fonction lirePersonne :

Accès aux adresses des champs :
- nom : p->nom
- age : &p->age
- taille : &p->taille

Définition de la fonction afficherPersonne :

Accès aux champs :
- nom : p.nom
- age : p.age
- taille : p.taille

Série 9 — Les structures

Exercice 03 — La structure « Personne » : Une personne (Nom, Age, Taille)

Corrigé

```c
#include <stdio.h>
//La structure Personne
struct Personne {
    char nom[50];
    int age;
    float taille;
};
typedef struct Personne Personne;
//La fonction LirePersonne
void lirePersonne(Personne *p) {
    printf("Saisie des informations : \n");
    printf("Nom : ");
    fgets(p->nom,sizeof(p->nom),stdin);
    p->nom[strcspn(p->nom, "\n")] = '\0';
    printf("Age : ");
    scanf ("%d",&p->age);
    printf("Taille : ");
    scanf ("%f",&p->taille);
}
    //La fonction afficherPersonne
    void afficherPersonne(Personne p) {
        printf ("Affichage des informations : \n");
        printf("Nom: %s\n", p.nom);
        printf("Age: %d\n", p.age);
        printf("Taille: %.2f\n", p.taille);
    }
    //La fonction du programme principal
    int main() {
        Personne p;
        lirePersonne (&p);
        afficherPersonne(p);
        return 0;
    }
```

Série 9 — Les structures

Exercice 04 : La structure « Etudiant » : Un étudiant (Nom, Tableau de notes)

Enoncé

- Créez une structure en C pour représenter un étudiant avec des champs pour le nom et un tableau de notes.
- Écrivez une fonction qui lit les informations d'un étudiant.
- Écrivez une fonction qui affiche les informations d'un étudiant.
- Écrivez un programme en C qui utilise la structure et les fonctions précédentes.

Exemple d'exécution :

Saisie des informartions :
Nom : Mohamed
-Note 1 : 12
-Note 2 : 13
-Note 3 : 14
-Note 4 : 15
-Note 5 : 16
Affichage des informartions :
Nom : Mohamed
-Note 1: 12.00
-Note 2: 13.00
-Note 3: 14.00
-Note 4: 15.00
-Note 5: 16.00

Astuces

Définition de la structure Etudiant :

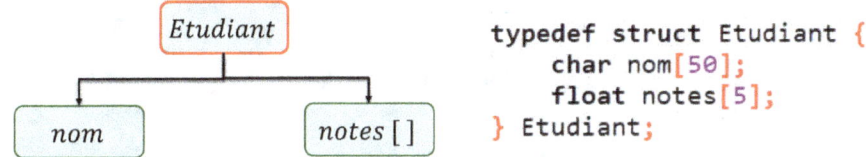

```
typedef struct Etudiant {
    char nom[50];
    float notes[5];
} Etudiant;
```

Les fonctions lireEtudiant et afficherEtudiant :
Utilisez une boucle **for** pour parcourir le tableau des notes.

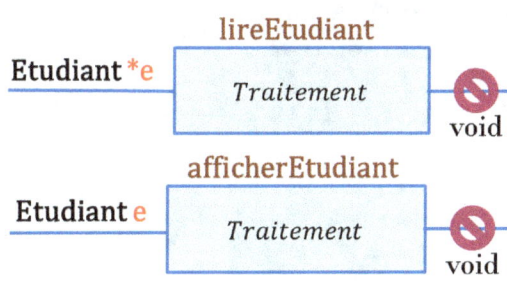

Série 9 — **Les structures**

Exercice 04 — La structure « Etudiant » : Un étudiant (Nom, Tableau de notes)

Corrigé

```c
#include <stdio.h>
//La strucuture Etudiant
typedef struct Etudiant {
    char nom[50];
    float notes[5];
} Etudiant;
//La fonction lireEtudiant
void lireEtudiant (Etudiant *e) {
    printf("Saisie des informartions : \n");
    printf("Nom : ");
    fgets(e->nom,sizeof(e->nom),stdin);
    e->nom[strcspn(e->nom, "\n")] = '\0';
    int i;
    for (i=0;i<5;i++) {
        printf("-Note %d : ",i+1);
        scanf("%f", &e->notes[i]);
    }
}

//La fonction afficherEtudiant
void afficherEtudiant (Etudiant e) {
    printf("Affichage des informartions : \n");
    printf ("Nom : %s\n",e.nom);
    int i;
    for (i=0;i<5;i++)
        printf("-Note %d: %.2f\n", i + 1, e.notes[i]);
}
//La fonction du programme principal
int main() {
    Etudiant e;
    lireEtudiant(&e);
    afficherEtudiant(e);
    return 0;
}
```

Série 9 — Les structures

Exercice 05 : Les structures imbriquées : « Adresse » et « Personne »

Enoncé

- Créez une structure en C pour représenter une adresse avec des champs pour la rue, la ville et le code postal.
- Créez une autre structure pour représenter une personne qui inclut une adresse.
- Écrivez un programme qui initialise une variable de cette structure et affiche les informations de la personne, y compris son adresse.

Exemple d'exécution :

Pour une personne {"Mohamed", {"123 Rue Principale", "Rabat", 10000}}
Nom: Mohamed
Adresse: 123 Rue Principale, Rabat, 1000

Astuces

Définition de la structure Adresse :

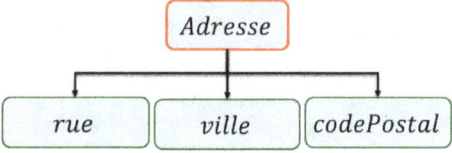

```
typedef struct Adresse {
    char rue[100];
    char ville[50];
    int codePostal;
} Adresse;
```

Définition de la structure Personne :

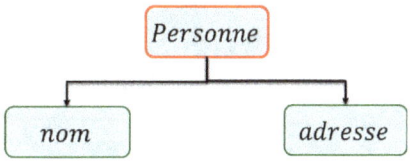

```
typedef struct Personne {
    char nom[50];
    Adresse adresse;
} Personne;
```

Accès aux champs des structures :

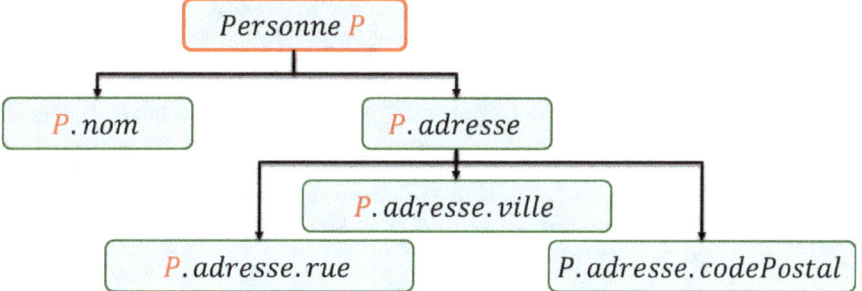

Série 9 — Les structures

Exercice 05 — Les structures imbriquées : « Adresse » et « Personne »

Corrigé

```c
#include <stdio.h>
//La strucutre Adresse
typedef struct Adresse {
    char rue[100];
    char ville[50];
    int codePostal;
} Adresse;
//La strucutre Personne
typedef struct Personne {
    char nom[50];
    Adresse adresse;
} Personne;
//La fonction du programme principal
int main() {
    Personne p = {"Mohamed",
                  {"123 Les Roses", "Rabat", 100}
                 };
    printf("Nom: %s\n", p.nom);
    printf("Adresse: %s, ", p.adresse.rue);
    printf("%s, ", p.adresse.ville);
    printf("%d\n", p.adresse.codePostal);
    return 0;
}
```

Série 9 — Les structures

Exercice 06 — Tableau de structures « Livre » : Collection de livres

Enoncé

- Créez une structure pour représenter un livre avec des champs pour le titre, l'auteur et le prix.
- Écrivez un programme qui initialise un tableau de cette structure et affiche les informations de chaque livre.

Exemple d'exécution :

Titre: Livre A
Auteur: Auteur A
Prix: 19.99

Titre: Livre B
Auteur: Auteur B
Prix: 25.50

Titre: Livre C
Auteur: Auteur C
Prix: 15.75

Astuces

Définition de la structure Livre :

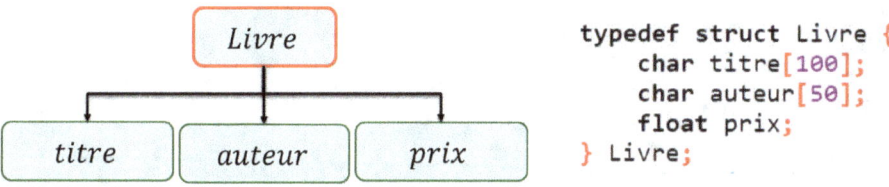

```
typedef struct Livre {
    char titre[100];
    char auteur[50];
    float prix;
} Livre;
```

Tableau de structures :

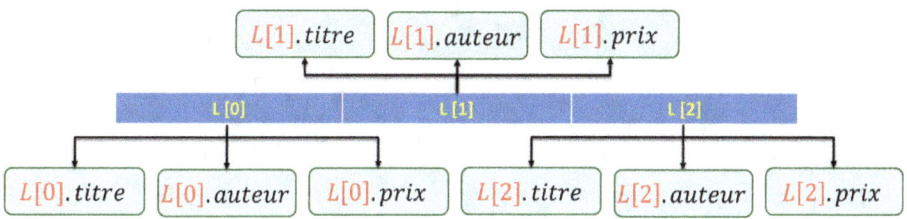

Série 9 — Les structures

Exercice 06 — Tableau de structures « Livre » : Collection de livres

Corrigé

```c
#include <stdio.h>
//La strucuture Livre
typedef struct Livre {
    char titre[100];
    char auteur[50];
    float prix;
} Livre;
//La fonction du programme principal
int main() {
    //Déclaration et initialisation d'un tableau de livres
    Livre L[3] = {
        {"Livre A", "Auteur A", 19.99},
        {"Livre B", "Auteur B", 25.50},
        {"Livre C", "Auteur C", 15.75}
    };
    int i;
    for (i = 0; i < 3; i++) {
        printf("Titre: %s\n", L[i].titre);
        printf("Auteur: %s\n", L[i].auteur);
        printf("Prix: %.2f\n", L[i].prix);
        printf("\n");
    }
    return 0;
}
```

Série 9 — Les structures

Exercice 07 : La structure « Voiture » : Une voiture (Marque, Modèle, Année)

Enoncé

- Créez une structure pour représenter une voiture avec des champs pour la marque, le modèle et l'année.
- Écrivez une fonction qui permet de saisir les informations d'une voiture.
- Écrivez une fonction qui permet d'afficher les informations d'une voiture.
- Écrivez un programme en C qui utilise la strucutre et les fonctions précédentes.

Exemple d'exécution :

Saisie des informations
Marque: Hyundai
Modele: Creta
Annee: 2020
Affichage des informations
Marque: Hyundai
Modele: Creta
Annee: 2020

Astuces

Définition de structure Voiture :

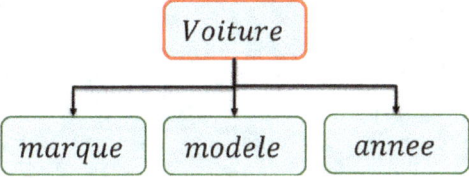

```
typedef struct Voiture {
    char marque[50];
    char modele[50];
    int annee;
} Voiture;
```

Définition de la fonction lireVoiture :

Accès aux adresses des champs :
- marque : p->marque
- modele : p->modele
- annee: &p->annee

lireVoiture

Voiture *v → Traitement → void

Définition de la fonction afficherVoiture :

Accès aux champs :
- marque : p.marque
- modele : p.modele
- annee : p.annee

afficherVoiture

Voiture v → Traitement → void

Série 9 — Les structures

Exercice 07 — La structure « Voiture » : Une voiture (Marque, Modèle, Année)

Corrigé

```c
#include <stdio.h>
//La structure Voiture
typedef struct Voiture {
    char marque[50];
    char modele[50];
    int annee;
} Voiture;
//La fonction "lireVoiture"
void lireVoiture(Voiture *v) {
    printf("Saisie des informations \n");
    printf("Marque: ");
    fgets(v->marque,sizeof(v->marque),stdin);
    printf("Modele: ");
    fgets(v->modele,sizeof(v->modele),stdin);
    printf("Annee: ");
    scanf("%d", &v->annee);
}
//La fonction "afficherVoiture"
void afficherVoiture(Voiture v) {
    printf("Affichage des informations \n");
    printf("Marque: %s", v.marque);
    printf("Modele: %s", v.modele);
    printf("Annee: %d\n", v.annee);
}
//La fonction du programme principal
int main() {
    Voiture v;
    lireVoiture(&v);
    afficherVoiture(v);
    return 0;
}
```

Série 9 — Les structures

Exercice 08 : La structure « Etudiant » avec un champ de type pointeur

Enoncé

- Créez une structure pour représenter un étudiant avec des champs pour le nom et un pointeur vers un tableau dynamique de notes.
- Écrivez un programme qui alloue dynamiquement de la mémoire pour les notes, les initialise, et affiche les informations de l'étudiant(e) et ses notes.

Exemple d'exécution :

Nom: Mohamed
-Note 1: 14.00
-Note 2: 15.50
-Note 3: 13.75

Astuces

Définition de structure Etudiant :

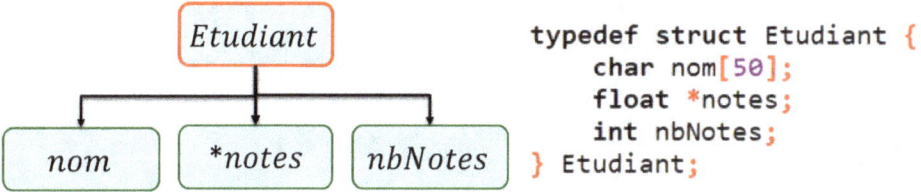

```c
typedef struct Etudiant {
    char nom[50];
    float *notes;
    int nbNotes;
} Etudiant;
```

Accès aux champs de la structure :

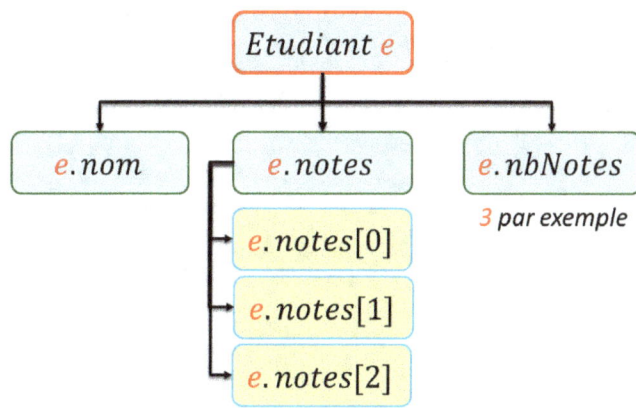

3 par exemple

Remarque :
Notez que pour affecter une chaîne de caractères à e.nom, il faut utiliser la fonction **strcpy**.
Pour travailler avec le tableau des notes e.notes, il est nécessaire de réserver de l'espace mémoire en utilisant la fonction **malloc**.

Série 9 — Les structures

Exercice 08 — La structure « Etudiant » avec un champ de type pointeur

Corrigé

```c
#include <stdio.h>
#include <stdlib.h>
//La structure "Etudiant"
typedef struct Etudiant {
    char nom[50];
    float *notes;
    int nbNotes;
} Etudiant;
//La fonction du programme principal
int main() {
    int i;
    Etudiant e;
    strcpy(e.nom, "Mohamed");
    e.nbNotes = 3;
    e.notes = (float *)malloc(e.nbNotes * sizeof(float));
    e.notes[0] = 14.0;
    e.notes[1] = 15.5;
    e.notes[2] = 13.75;
    printf("Nom: %s\n", e.nom);
    for (i = 0; i < e.nbNotes; i++) {
        printf("-Note %d: %.2f\n", i + 1, e.notes[i]);
    }
    free(e.notes);
    return 0;
}
```

Série 9 — Les structures

Exercice 09 : La structure « Produit » : Un produit (Nom, Description, Prix)

Enoncé

- Créez une structure pour représenter un produit avec des champs pour le nom, la description et le prix.
- Écrivez une fonction qui permet de saisir les informations d'un produit
- Écrivez une fonction qui permet d'afficher les informations d'un produit
- Écrivez un programme en C qui utilise la structure et les fonctions précédentes.

Exemple d'exécution :

Saisie ds informations d'un produit
Nom: Acer
Description: Un ordinateur portable
Prix: 5000
Affichage des informations d'un produit
Nom: Acer
Description: Un ordinateur portable
Prix: 5000.00

Astuces

Définition de structure Produit :

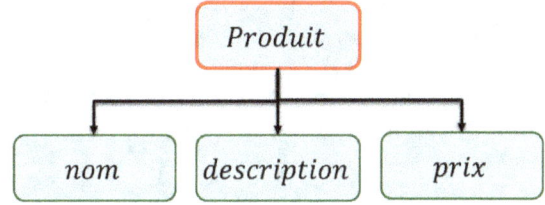

Les fonctions lireProduit et afficherProduit :

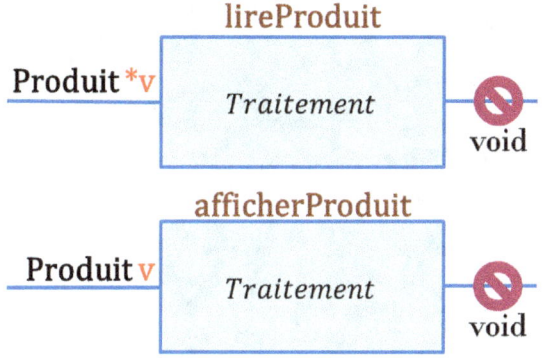

Série 9 — Les structures

Exercice 09 — La structure « Produit » : Un produit (Nom, Description, Prix)

Corrigé

```c
#include <stdio.h>
//La structure "Produit"
typedef struct Produit {
    char nom[50];
    char description[100];
    float prix;
} Produit;
//La fonction "LireProduit"
void lireProduit(Produit *p) {
    printf("Saisie ds informations d'un produit\n");
    printf("Nom: ");
    fgets(p->nom,sizeof(p->nom),stdin);
    printf("Description: ");
    fgets(p->description,sizeof(p->description),stdin);
    printf("Prix: ");
    scanf("%f",&p->prix);
}
//La fonction "afficherProduit"
void afficherProduit(Produit p) {
    printf("Affichage des informations d'un produit\n");
    printf("Nom: %s", p.nom);
    printf("Description: %s", p.description);
    printf("Prix: %.2f\n", p.prix);
}
//La fonction du programme principal
int main() {
    Produit p;
    lireProduit(&p);
    afficherProduit(p);
    return 0;
}
```

Série 9 — Les structures

Exercice 10 — La structure « Complexe » : Un nombre complexe

Enoncé

- Créez une structure « Complexe » qui définit un nombre complexe.
- Créez une fonction « afficherComplexe » qui affiche un nombre complexe.
- Créez une fonction « lireComplexe » qui permet de lire un nombre complexe.
- Créez une fonction « sommeComplexe » qui calcule la somme de 2 complexes.
- Créez une fonction « produitComplexe » qui calcule le produit de deux complexes.
- Créez une fonction « conjugueComplexe » qui calcule le conjugué d'un complexe.
- Créez une fonction « moduleComplexe » qui calcule le module d'un complexe.
- Créez une fonction « inverseComplexe » qui calcule l'inverse d'un complexe.
- Créez une fonction « divComplexe » qui calcule le résultat de la division de 2 complexes.
- Écrivez un programme en C qui demande à l'utilisateur de saisir deux nombres complexes z1 et z2 et affiche z1 + z2, z1 * z2 et z1 / z2 en utilisant les fonctions précédemment définies.

Exemple d'exécution :

Saisie du premier nombre complexe:
Entrez la partie reelle: 1
Entrez la partie imaginaire: 2
Saisie du deuxieme nombre complexe:
Entrez la partie reelle: 2
Entrez la partie imaginaire: -3
z1 + z2 = 3.00 + -1.00i
z1 * z2 = 8.00 + 1.00i
z1 / z2 = -0.31 + 0.54i

Astuces

Définition de structure Complexe :

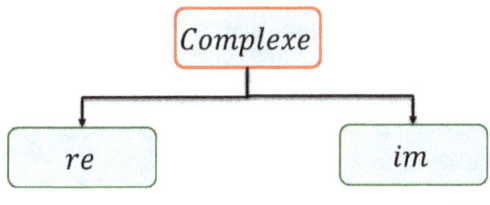

```
typedef struct {
    float re;
    float im;
} Complexe;
```

Série 9 — **Les structures**

Exercice 10 — La structure « Complexe » : Un nombre complexe

Astuces

La fonction afficherComplexe :

Accès aux champs d'un complexe z :
- Partie réelle : z.re
- Partie imaginaire : z.im

La fonction lireComplexe :

Accès aux adresses des champs :
- Partie réelle : &z->re
- Partie imaginaire : &z->im

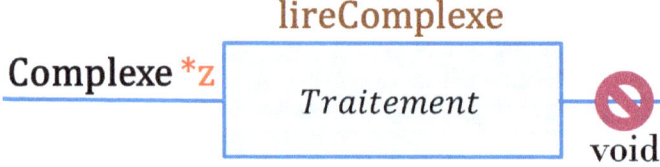

La fonction sommeComplexe :

La somme de deux nombres complexes z1 et z2 est un nombre complexe z dont la partie réelle est la somme des parties réelles de z1 et z2, et la partie imaginaire est la somme des parties imaginaires de z1 et z2.

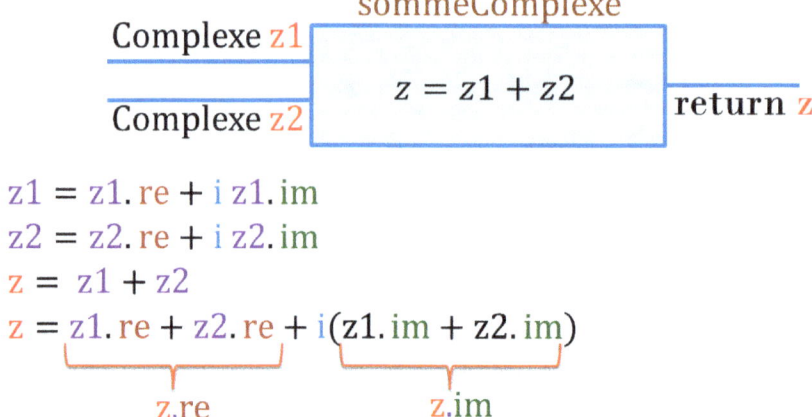

$$z1 = z1.re + i\, z1.im$$
$$z2 = z2.re + i\, z2.im$$
$$z = z1 + z2$$
$$z = \underbrace{z1.re + z2.re}_{z.re} + i\underbrace{(z1.im + z2.im)}_{z.im}$$

Série 9 — Les structures

Exercice 10 — La structure « Complexe » : Un nombre complexe

Astuces

La fonction produitComplexe :

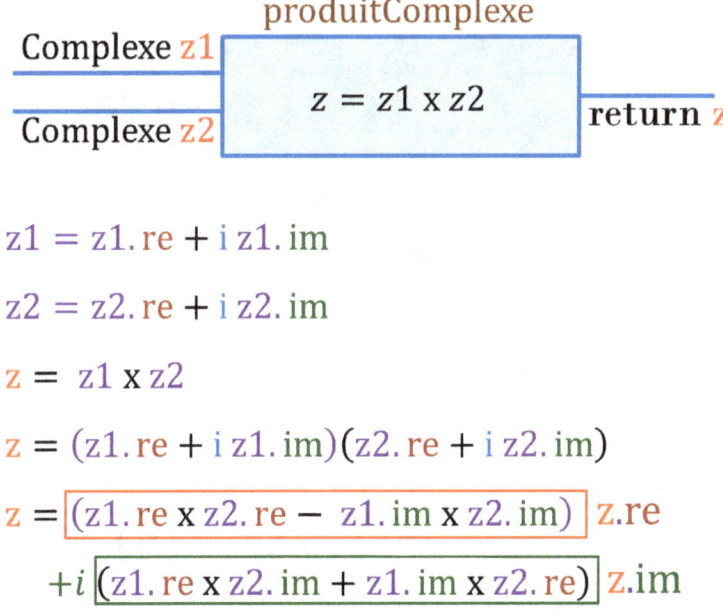

$z1 = z1.re + i\, z1.im$

$z2 = z2.re + i\, z2.im$

$z = z1 \times z2$

$z = (z1.re + i\, z1.im)(z2.re + i\, z2.im)$

$z = \boxed{(z1.re \times z2.re - z1.im \times z2.im)}\ \text{z.re}$
$\quad + i\ \boxed{(z1.re \times z2.im + z1.im \times z2.re)}\ \text{z.im}$

La fonction conjugueComplexe :

```
                    conjugueComplexe
Complexe z1  ┌──────────────────────┐
─────────────┤        Z2 = z̄        ├───────── return z2
             └──────────────────────┘
```

$Z = Z.re + i\, Z.im$

$\bar{Z} = \underbrace{Z.re}_{Z.re} - \underbrace{i\, Z.im}_{Z.im}$

Série 9	Les structures
Exercice 10	La structure « Complexe » : Un nombre complexe

Astuces

La fonction moduleComplexe :

```
              moduleComplexe
              ┌──────────────┐
 Complexe z ──│   m = | z |  │── return m
              └──────────────┘
```

$$Z = Z.\text{re} + i\, Z.\text{im}$$
$$|Z| = \sqrt{(Z.\text{re})^2 + (Z.\text{im})^2}$$

La fonction inverseComplexe :

```
               inverseComplexe
               ┌──────────────┐
 Complexe Z1 ──│   Z2 = 1/Z1  │── return Z2
               └──────────────┘
```

$$Z1 = Z1.\text{re} + i\, Z1.\text{im}$$
$$Z2 = \frac{1}{Z1} = \underbrace{\frac{Z1.\text{re}}{|Z1|}}_{Z2.\text{re}} - \underbrace{\frac{Z1.\text{im}}{|Z1|}}_{Z2.\text{im}}$$

La fonction divComplexe :

Pour effectuer la division, utilisez les deux fonctions : inverseComplexe et produitComplexe.

```
                 divComplexe
                ┌──────────────┐
 Complexe Z1 ──│              │
               │   Z = Z1/Z2  │── return Z
 Complexe Z2 ──│              │
                └──────────────┘
```

Série 9 — Les structures

Exercice 10 — La structure « Complexe » : Un nombre complexe

Corrigé

```c
#include <stdio.h>
#include <math.h>
// Définition de la structure complexe
typedef struct {
    float re;
    float im;
} Complexe;
// Fonction pour afficher un nombre complexe
void afficherComplexe(Complexe z) {
    printf("%.2f + %.2fi\n", z.re, z.im);
}
// Fonction pour lire un nombre complexe
Complexe lireComplexe() {
    Complexe z;
    printf("Entrez la partie reelle: ");
    scanf("%f", &z.re);
    printf("Entrez la partie imaginaire: ");
    scanf("%f", &z.im);
    return z;
}
// Fonction pour calculer la somme de deux complexes
Complexe sommeComplexe(Complexe z1, Complexe z2) {
    Complexe result;
    result.re = z1.re + z2.re;
    result.im = z1.im + z2.im;
    return result;
}
// Fonction pour calculer le produit de deux complexes
Complexe produitComplexe(Complexe z1, Complexe z2) {
    Complexe result;
    result.re = z1.re * z2.re - z1.im * z2.im;
    result.im = z1.re * z2.im + z1.im * z2.re;
    return result;
}
```

Série 9 — Les structures

Exercice 10 — La structure « Complexe » : Un nombre complexe

Corrigé

```c
// Fonction pour calculer le conjugué d'un complexe
Complexe conjugueComplexe(Complexe z) {
    Complexe result;
    result.re = z.re;
    result.im = -z.im;
    return result;
}
// Fonction pour calculer le module d'un complexe
float moduleComplexe(Complexe z) {
    return sqrt(z.re * z.re + z.im * z.im);
}
// Fonction pour calculer l'inverse d'un complexe
Complexe inverseComplexe(Complexe z) {
    Complexe result;
    float mod_sq = z.re * z.re + z.im * z.im;
    result.re = z.re / mod_sq;
    result.im = -z.im / mod_sq;
    return result;
}
// Fonction pour calculer la division de deux complexes
Complexe divComplexe(Complexe z1, Complexe z2) {
    return produitComplexe(z1, inverseComplexe(z2));
}
int main() {
    Complexe z1, z2, somme, produit, division;
    printf("Saisie du premier nombre complexe:\n");
    z1 = lireComplexe();
    printf("Saisie du deuxieme nombre complexe:\n");
    z2 = lireComplexe();
    somme = sommeComplexe(z1, z2);
    produit = produitComplexe(z1, z2);
    division = divComplexe(z1, z2);
    printf("z1 + z2 = ");
    afficherComplexe(somme);
    printf("z1 * z2 = ");
    afficherComplexe(produit);
    printf("z1 / z2 = ");
    afficherComplexe(division);
    return 0;
}
```

Série 9 — Les structures

Exercice 11 — La structure « Complexe » : Un nombre complexe

Enoncé

- Créez une structure « rationnel » qui définit un nombre rationnel
- Créez une fonction «PGCD» qui calcule le plus grand commun diviseur de 2 entiers.
- Créez une fonction « SimplifierRationnel » qui simplifie l'écriture d'un rationnel.
- Créez une fonction « lireRationnel » qui lit un nombre rationnel.
- Créez une fonction « afficherRationnel » qui affiche un nombre rationnel.
- Créez une fonction « sommeRationnel » qui calcule la somme de deux rationnels.
- Créez une fonction « produitRationnel » qui calcule le produit de deux rationnels
- Écrivez un programme en C qui demande à l'utilisateur de saisir deux rationnels et qui affiche leur produit et leur somme d'une manière simplifiée.

Exemple d'exécution :

Entrez un nombre rationnel (a/b): 10/20
Entrez un nombre rationnel (a/b): 30/40
Somme des rationnels: 5/4
Produit des rationnels: 3/8

Astuces

La structure Rationnel :

```
typedef struct {
    int numerateur;
    int denominateur;
} Rationnel;
```

Rationnel → numerateur, denominateur

La fonction PGCD :

Dans le corps de la fonction, utilisez une boucle while pour trouver le PGCD (Consultez Série 5 - Exercice 11 et Série 8 - Exercice 17)

La fonction simplifierRationnel :

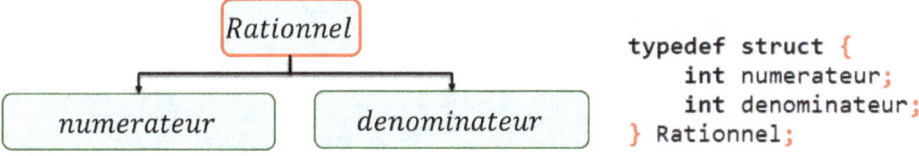

$$p = \frac{a}{b} = \frac{a\,/PGCD(a,b)}{b\,/PGCD(a,b)}$$

| Série 9 | Les structures |

Exercice 11 — La structure « Rationnel » : Un nombre rationnel

Astuces

La fonction sommeRationnel :

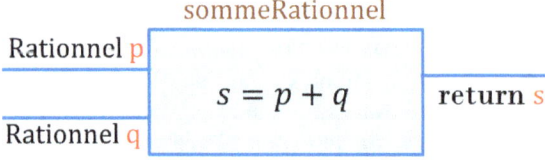

Pour les calculs, suivez les étapes ci-dessous puis utilisez la fonction simplifierRationnel pour simplifier le résultat de la somme.

$$p = \frac{a1}{b1}$$
$$q = \frac{a2}{b2}$$
$$s = p + q = \frac{a1 \times b2 + a2 \times b1}{b1 \times b2}$$

⬅ s.numerateur
⬅ s.denominateur

La fonction produitRationnel :

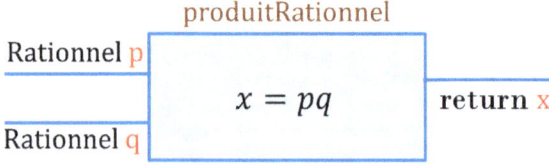

Pour les calculs, suivez les étapes ci-dessous puis utilisez la fonction simplifierRationnel pour simplifier le résultat du produit.

$$p = \frac{a1}{b1}$$
$$q = \frac{a2}{b2}$$
$$x = pq = \frac{a1 \times a2}{b1 \times b2}$$

⬅ s.numerateur
⬅ s.denominateur

Série 9 — Les structures

Exercice 11 — La structure « Rationnel » : Un nombre rationnel

Astuces

Les fonctions lireRationnel et afficherRationnel :

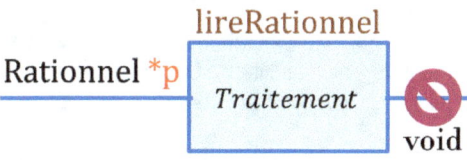

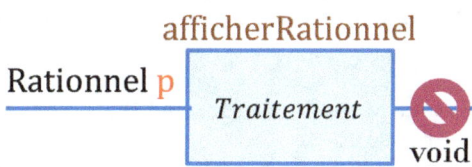

Corrigé

```c
#include <stdio.h>
// Définition de la structure rationnel
typedef struct {
    int numerateur;
    int denominateur;
} Rationnel;
// Fonction pour calculer le PGCD
int PGCD(int a, int b) {
    while (b != 0) {
        int temp = b;
        b = a % b;
        a = temp;
    }
    return a;
}
// Fonction pour simplifier un rationnel
Rationnel SimplifierRationnel(Rationnel r) {
    int pgcd = PGCD(r.numerateur, r.denominateur);
    r.numerateur /= pgcd;
    r.denominateur /= pgcd;
    if (r.denominateur < 0) {
        r.numerateur = -r.numerateur;
        r.denominateur = -r.denominateur;
    }
    return r;
}
```

Série 9 — Les structures

Exercice 11 — La structure « Rationnel » : Un nombre rationnel

Corrigé

```c
27  // Fonction pour lire un rationnel
28  Rationnel lireRationnel() {
29      Rationnel r;
30      printf("Entrez un nombre rationnel (a/b): ");
31      scanf("%d/%d", &r.numerateur,&r.denominateur);
32      return SimplifierRationnel(r);
33  }
34  // Fonction pour afficher un rationnel
35  void afficherRationnel(Rationnel r) {
36      printf("%d/%d\n", r.numerateur, r.denominateur);
37  }
38  // Fonction pour calculer la somme de deux rationnels
39  Rationnel sommeRationnel(Rationnel r1, Rationnel r2) {
40      Rationnel result;
41      result.numerateur = r1.numerateur * r2.denominateur
42                       + r2.numerateur * r1.denominateur;
43      result.denominateur = r1.denominateur * r2.denominateur;
44      return SimplifierRationnel(result);
45  }
46  // Fonction pour calculer le produit de deux rationnels
47  Rationnel produitRationnel(Rationnel r1, Rationnel r2) {
48      Rationnel result;
49      result.numerateur = r1.numerateur * r2.numerateur;
50      result.denominateur = r1.denominateur * r2.denominateur;
51      return SimplifierRationnel(result);
52  }
53  // Fonction du programme principal
54  int main() {
55      Rationnel r1, r2, somme, produit;
56      r1 = lireRationnel();
57      r2 = lireRationnel();
58      somme = sommeRationnel(r1, r2);
59      produit = produitRationnel(r1, r2);
60      printf("Somme des rationnels: ");
61      afficherRationnel(somme);
62      printf("Produit des rationnels: ");
63      afficherRationnel(produit);
64      return 0;
65  }
```

Série 9 — Les structures

Exercice 12 — La structure « Stagiaire » avec des fonctions avancées

Enoncé

- Créez une structure « **Stagiaire** » qui définit un stagiaire (**nom**, **prénom** et **note**).
- Créez une fonction « **afficherStagiaire** » qui affiche les informations d'un stagiaire.
- Créez une fonction « **lireStagiaire** » qui saisit les informations d'un stagiaire.
- Créez une fonction « **majorant** » qui retourne le stagiaire ayant la meilleure note.
- Créez une fonction « **moyenneClasse** » qui calcule la moyenne des notes d'un tableau de stagiaires.
- Créez une fonction « **triMerite** » qui trie par ordre de mérite un tableau de stagiaires.
- Créez une fonction « **triAlpha** » qui trie par ordre alphabétique un tableau de stagiaires.
- Écrivez un programme qui demande à l'utilisateur de saisir un tableau de stagiaires et qui affiche la moyenne de la classe, le stagiaire ayant la meilleure note et la liste des stagiaires ayant une note supérieure ou égale à cette moyenne par ordre de mérite.

Exemple d'exécution :

Entrez le nombre de stagiaires: 3
Entrez le nom: QARA
Entrez le prenom: Mohamed
Entrez la note: 16
Entrez le nom: RIAD
Entrez le prenom: Ahmed
Entrez la note: 19
Entrez le nom: ELHANI
Entrez le prenom: Fatima
Entrez la note: 18

Moyenne de la classe: 17.67
Stagiaire ayant la meilleure note:
Nom: RIAD
Prenom: Ahmed
Note: 19.00
Stagiaires >= Moyenne par ordre de merite:
Nom: RIAD
Prenom: Ahmed
Note: 19.00
Nom: ELHANI
Prenom: Fatima
Note: 18.00

Série 9 — Les structures

Exercice 12 — La structure « Stagiaire » avec des fonctions avancées

Astuces

La structure Stagiaire :

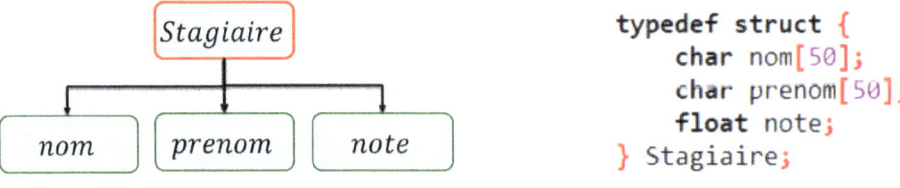

```
typedef struct {
    char nom[50];
    char prenom[50];
    float note;
} Stagiaire;
```

La fonction lireStagiaire :

Accès aux adresses des champs :
- nom : s->nom
- prenom : s->prenom
- note : &s->note

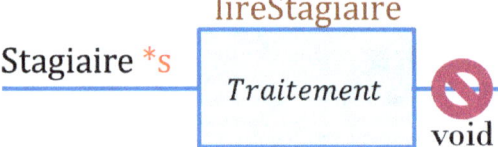

La fonction afficherStagiaire :

Accès aux champs :
- nom : s.nom
- prenom : s.prenom
- note : s.note

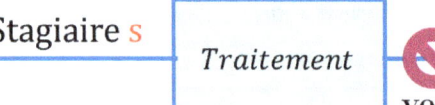

La fonction majorant :

Utilisez une boucle **for** pour parcourir les éléments du tableau et trouver le stagiaire ayant la meilleure note. La fonction doit renvoyer toute la structure et non pas seulement la note du stagiaire

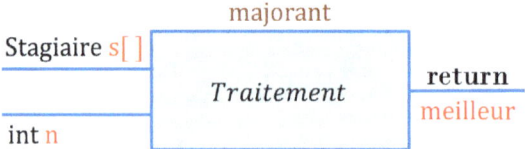

La fonction moyenneClasse :

Utilisez une boucle **for** pour parcourir les éléments du tableau, calculer la somme puis renvoyer la moyenne.

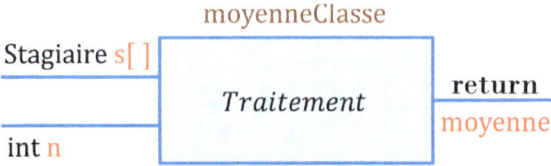

Série 9 — Les structures

Exercice 12 — La structure « Stagiaire » avec des fonctions avancées

Astuces

La fonction triMerite :

- Utilisez l'un des algorithmes de tri : **Tri à bulles**, **par sélection**, **tri par insertion**, etc.
- Pour les structures, il est possible de faire l'affectation par l'opérateur (=) sans problème

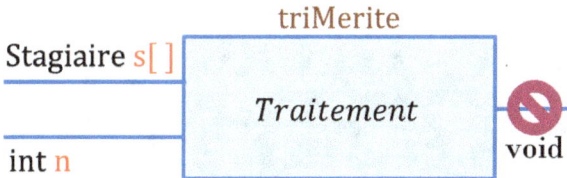

La fonction triAlpha :

- Utilisez l'un des algorithmes de tri : **Tri à bulles**, **par sélection**, **tri par insertion**, etc.
- Pour les structures, il est possible de faire l'affectation par l'opérateur (=) sans problème.
- Il faut noter ici que pour faire la comparaison d'utiliser la fonction **strcmp**.

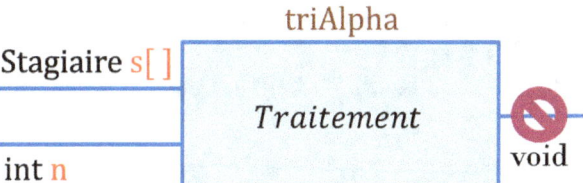

Corrigé

```
1  #include <stdio.h>
2  #include <string.h>
3  #define MAX_STAGIAIRES 100
4  // La structure Stagiaire
5  typedef struct {
6      char nom[50];
7      char prenom[50];
8      float note;
9  } Stagiaire;
```

Série 9 — Les structures

Exercice 12 — La structure « Stagiaire » avec des fonctions avancées

Corrigé

```c
10  // Fonction pour afficher les informations d'un stagiaire
11  void afficherStagiaire(Stagiaire s) {
12      printf("Nom: %s\n", s.nom);
13      printf("Prenom: %s\n", s.prenom);
14      printf("Note: %.2f\n", s.note);
15  }
16  // Fonction pour saisir les informations d'un stagiaire
17  void lireStagiaire(Stagiaire *s) {
18      printf("Entrez le nom: ");
19      scanf("%s", s->nom);
20      printf("Entrez le prenom: ");
21      scanf("%s", s->prenom);
22      printf("Entrez la note: ");
23      scanf("%f", &s->note);
24  }
25  // Fonction pour afficher le majorant de la classe
26  Stagiaire majorant(Stagiaire stagiaires[], int n) {
27      int i;
28      Stagiaire meilleur = stagiaires[0];
29      for (i = 1; i < n; i++) {
30          if (stagiaires[i].note > meilleur.note) {
31              meilleur = stagiaires[i];
32          }
33      }
34      return meilleur;
35  }
36  // Fonction pour afficher la moyenne de la classe
37  float moyenneClasse(Stagiaire stagiaires[], int n) {
38      int i;
39      float somme = 0.0;
40      for (i = 0; i < n; i++) {
41          somme += stagiaires[i].note;
42      }
43      return somme / n;
44  }
```

Série 9 — Les structures

Exercice 12 — La structure « Stagiaire » avec des fonctions avancées

Corrigé

```c
45  // Fonction pour trier les stagiaires par ordre de mérite
46  void triMerite(Stagiaire stagiaires[], int n) {
47      int i, j;
48      Stagiaire temp;
49      for (i = 0; i < n-1; i++) {
50          for (j = 0; j < n-i-1; j++) {
51              if (stagiaires[j].note < stagiaires[j+1].note) {
52                  temp = stagiaires[j];
53                  stagiaires[j] = stagiaires[j+1];
54                  stagiaires[j+1] = temp;
55              }
56          }
57      }
58  }
59  // Fonction pour trier les stagiaires par ordre alphabétique
60  void triAlpha(Stagiaire stagiaires[], int n) {
61      int i, j;
62      Stagiaire temp;
63      for (i = 0; i < n-1; i++) {
64          for (j = 0; j < n-i-1; j++) {
65              if (strcmp(stagiaires[j].nom,stagiaires[j+1].nom) > 0){
66                  temp = stagiaires[j];
67                  stagiaires[j] = stagiaires[j+1];
68                  stagiaires[j+1] = temp;
69              }
70          }
71      }
72  }

73  // Fonction du programme principal
74  int main() {
75      int n, i;
76      printf("Entrez le nombre de stagiaires: ");
77      scanf("%d", &n);
78      Stagiaire stagiaires[MAX_STAGIAIRES];
79      for (i = 0; i < n; i++) lireStagiaire(&stagiaires[i]);
80      float moyenne = moyenneClasse(stagiaires, n);
81      Stagiaire meilleur = majorant(stagiaires, n);
82      printf("\nMoyenne de la classe: %.2f\n", moyenne);
83      printf("\nStagiaire ayant la meilleure note:\n");
```

Série 9 — Les structures

Exercice 12 — La structure « Stagiaire » avec des fonctions avancées

Corrigé

```
84        afficherStagiaire(meilleur);
85        printf("\nStagiaires >= Moyenne par ordre de merite:\n");
86        triMerite(stagiaires, n);
87        for (i = 0; i < n; i++) {
88            if (stagiaires[i].note >= moyenne)
89                afficherStagiaire(stagiaires[i]);
90        }
91        return 0;
92    }
```

Série 9 — Les structures

Exercice 13 : La structure « Heure » : Une heure (Heure, Minute, Seconde)

Enoncé

- Créez une structure « **Heure** » avec des champs pour l'heure et les minutes.
- Créez une fonction « **afficherHeure** » pour afficher une heure.
- Créez une fonction « **lireHeure** » pour lire une heure saisie par l'utilisateur.
- Créez une fonction « **siHeure** » pour vérifier la validité d'une heure.
- Créez une fonction « **plusMinute** » pour ajouter une minute à une heure.
- Créez une fonction « **moinsMinute** » pour soustraire une minute à une heure.
- Créez une fonction « **Duree** » pour calculer la durée entre deux heures.
- Écrivez un programme en C qui demande à l'utilisateur de saisir une heure de départ et une heure d'arrivée, puis calcule la durée du voyage en contrôlant la validité des heures saisies.

Exemple d'exécution :

Heure de depart (HH:MM) : 15:30
Heure d'arrivee (HH:MM) : 17:20
La duree de voyage est : 01:50

Astuces

La structure Heure :

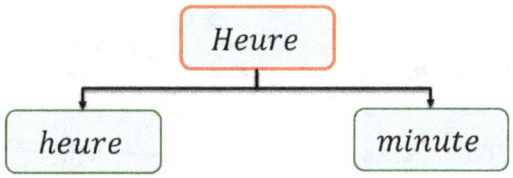

```c
typedef struct {
    int heure;
    int minute;
} Heure;
```

La fonction afficherHeure :

Accès aux champs :
- heure : h.heure
- minute : h.minute

Série 9 — Les structures

Exercice 13 — La structure « Heure » : Une heure (Heure, Minute, Seconde)

Astuces

La fonction lireHeure :

Pour cette fonction, vous pouvez omettre les paramètres et renvoyer directement la valeur entrée par l'utilisateur.

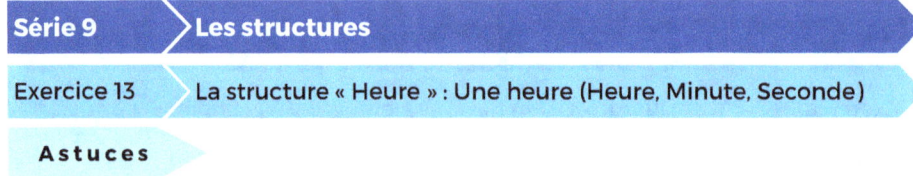

La fonction siHeure :

Pour cette fonction, vérifiez si une heure est valide. Si elle l'est, renvoyez 1, sinon renvoyez 0.

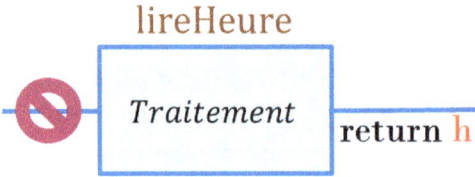

La fonction plusMinute :

Pour cette fonction, ajoutez une minute aux minutes. Si vous atteignez 60, remettez les minutes à 0 et ajoutez une heure. Si vous atteignez 24 heures, remettez les heures à 0.

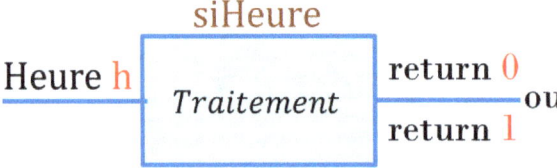

La fonction moinsMinute :

Pour cette fonction, soustrayez une minute aux minutes. Si vous atteignez -1, remettez les minutes à 59 et soustrayez une heure. Si vous atteignez -1 heure, remettez les heures à 23.

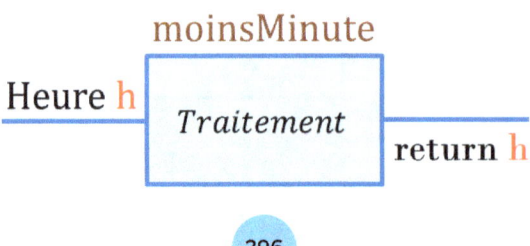

Série 9 — Les structures

Exercice 13 — La structure « Heure » : Une heure (Heure, Minute, Seconde)

Astuces

La fonction Duree :

Pour cette fonction, calculez la durée comme vous l'avez fait dans l'exercice 17 de la série 3 (Consultez Série 3 - Exercice 17).

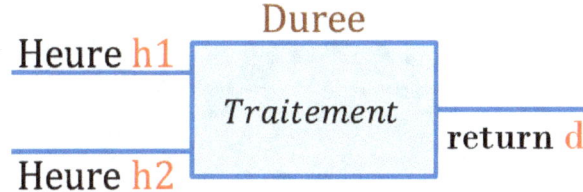

Corrigé

```c
#include <stdio.h>
// La structure Heure
typedef struct {
    int heure;
    int minute;
} Heure;
// Fonction pour afficher une heure
void afficherHeure(Heure h) {
    printf("%02d:%02d\n", h.heure, h.minute);
}
// Fonction pour saisir une heure
Heure lireHeure() {
    Heure h;
    scanf("%d:%d", &h.heure, &h.minute);
    return h;
}
// Fonction pour vérifier si une heure est valide
int siHeure(Heure h) {
    if (h.heure >= 0 && h.heure < 24
        && h.minute >= 0 && h.minute < 60) {
        return 1;
    }
    return 0;
}
```

Série 9 — Les structures

Exercice 13 — La structure « Heure » : Une heure (Heure, Minute, Seconde)

Corrigé

```
25   // Fonction pour ajouter une minute
26   Heure plusMinute(Heure h) {
27       h.minute++;
28       if (h.minute == 60) {
29           h.minute = 0;
30           h.heure++;
31           if (h.heure == 24) {
32               h.heure = 0;
33           }
34       }
35       return h;
36   }
37   // Fonction pour soustraire une minute
38   Heure moinsMinute(Heure h) {
39       h.minute--;
40       if (h.minute == -1) {
41           h.minute = 59;
42           h.heure--;
43           if (h.heure == -1) {
44               h.heure = 23;
45           }
46       }
47       return h;
48   }
49   // Fonction pour calculer la durée
50   Heure Duree(Heure h1, Heure h2) {
51       Heure d;
52       d.minute = h2.minute - h1.minute;
53       d.heure = h2.heure - h1.heure;

54       if (d.minute < 0) {
55           d.minute += 60;
56           d.heure--;
57       }
58       if (d.heure < 0) d.heure += 24;
59       return d;
60   }
```

Série 9 — Les structures

Exercice 13 — La structure « Heure » : Une heure (Heure, Minute, Seconde)

Corrigé

```c
61  // Fonction du programme principal
62  int main() {
63      Heure depart, arrivee, duree;
64
65      do {
66          printf("Heure de depart (HH:MM) : ");
67          depart = lireHeure();
68      } while (!siHeure(depart));
69      do {
70          printf("Heure d'arrivee (HH:MM) : ");
71          arrivee = lireHeure();
72      } while (!siHeure(arrivee));
73      duree = Duree(depart, arrivee);
74      printf("La duree de voyage est : ");
75      afficherHeure(duree);
76      return 0;
77  }
```

Série 9 — Les structures

Exercice 14 — La structure « Date » avec des fonctions avancées

Enoncé

- Créez une structure nommée « **Date** ».
- Créez une fonction appelée « **afficherDate** » pour afficher une date.
- Créez une fonction appelée « **lireDate** » pour lire une date saisie par l'utilisateur.
- Créez une fonction appelée « **siBissextile** » pour vérifier si une année est bissextile.
- Créez une fonction appelée « **plusJour** » pour ajouter un jour à une date.
- Créez une fonction appelée « **moinsJour** » pour soustraire un jour à une date.
- Créez une fonction appelée « **Duree** » pour calculer la durée entre deux dates.
- Écrivez un programme qui demande à l'utilisateur de saisir sa date de naissance et la date actuelle, puis calcule son âge en nombre de jours.

Exemple d'exécution :

Entrez votre date de naissance : 01/01/2000
Entrez la date actuelle : 15/07/2024
Votre age en jours est : 8962

Astuces

La structure Date :

Utilisez la même structure de l'exercice 2 de la série 9 (Consultez Série 9 - Exercice 2).

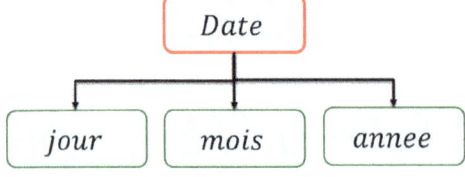

```
typedef struct {
    int jour;
    int mois;
    int annee;
} Date;
```

Les fonctions afficherDate et lireDate :

Utilisez les mêmes fonctions de l'exercice suivant (Série 9 - Exercice 2).

La fonction siBissextile :

Pour le corps de la fonction, utilisez les mêmes instructions que l'exercice 19 de la série 3 (Consultez Série 3 - Exercice 19).

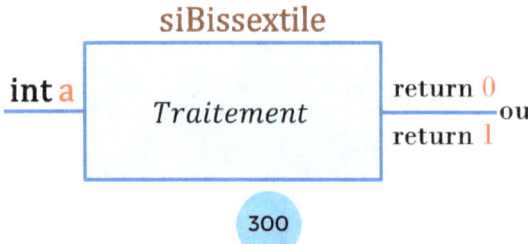

Série 9 — Les structures

Exercice 14 — La structure « Date » avec des fonctions avancées

Astuces

La fonction plusJour :

Dans le corps de la fonction, utilisez les mêmes instructions que dans l'exercice 20 de la série 3 (voir Série 3 - Exercice 20).
Dans le corrigé, vous verrez que j'ai utilisé une autre fonction **nombreDeJoursDansMois** qui pourra aider à réduire le nombre de lignes dans la fonction **plusJour**.

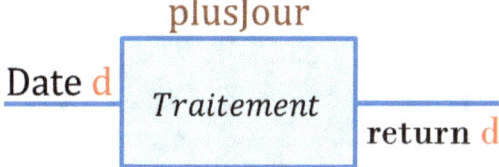

Remarque :
La fonction **nombreDeJoursDansMois** renvoie le nombre de jours dans un mois donné, en fonction de l'année et du mois passés en paramètres.

La fonction moisJour :

Dans le corps de la fonction, utilisez les mêmes instructions que dans l'exercice 21 de la série 3 (voir Série 3 - Exercice 21).
Dans le corrigé, vous verrez que j'ai utilisé la fonction **nombreDeJoursDansMois** qui pourra aider à réduire le nombre de lignes dans la fonction plusJour.

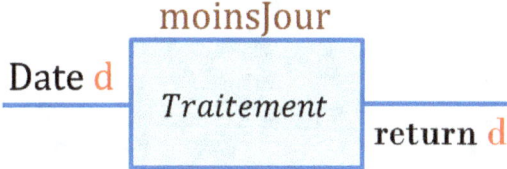

La fonction nbrJours :

Pour cette fonction, utilisez **nbrJours** en partant de la première date et incrémentez un compteur après chaque appel de la fonction jusqu'à atteindre la deuxième date.

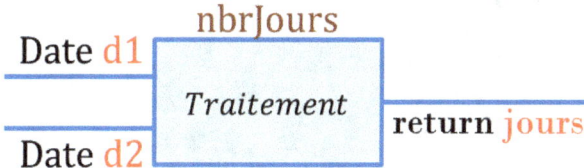

Série 9 — Les structures

Exercice 14 — La structure « Date » avec des fonctions avancées

Corrigé

```c
#include <stdio.h>
// La structure Date
typedef struct {
    int jour;
    int mois;
    int annee;
} Date;
// Fonction pour afficher une date
void afficherDate(Date d) {
    printf("%02d/%02d/%04d\n", d.jour, d.mois, d.annee);
}
// Fonction pour saisir une date
Date lireDate() {
    Date d;
    scanf("%d/%d/%d", &d.jour, &d.mois, &d.annee);
    return d;
}
// Fonction pour vérifier si une année est bissextile
int siBissextile(int annee) {
    if ((annee % 4 == 0 && annee % 100 != 0)
        || (annee % 400 == 0)) return 1;
    return 0;
}
// Fonction qui renvoie le nombre de jour par mois
int nombreDeJoursDansMois(int mois, int annee) {
    int J[] = {31,28,31,30,31,30,31,31,30,31,30,31};
    if (mois == 2 && siBissextile(annee)) return 29;
    return J[mois - 1];
}
// Fonction qui ajoute un jour à une date
Date plusJour(Date d) {
    d.jour++;
    if (d.jour > nombreDeJoursDansMois(d.mois, d.annee)) {
        d.jour = 1;
        d.mois++;
        if (d.mois > 12) {
            d.mois = 1;
            d.annee++;
        }
    }
    return d;
}
```

Série 9 — Les structures

Exercice 14 — La structure « Date » avec des fonctions avancées

Corrigé

```c
// Fonction qui soustrait un jour d'une date
Date moinsJour(Date d) {
    d.jour--;
    if (d.jour < 1) {
        d.mois--;
        if (d.mois < 1) {
            d.mois = 12;
            d.annee--;
        }
        d.jour = nombreDeJoursDansMois(d.mois, d.annee);
    }
    return d;
}
// Fonction qui calcule le nombre de jours entre 2 dates
int nbrJours(Date d1, Date d2) {
    int jours = 0;
    while (!(d1.jour == d2.jour
            && d1.mois == d2.mois
            && d1.annee == d2.annee)) {
        d1 = plusJour(d1);
        jours++;
    }
    return jours;
}
// Fonction du programme principal
int main() {
    Date naissance, actuelle;
    printf("Entrez votre date de naissance : ");
    naissance = lireDate();
    printf("Entrez la date actuelle : ");
    actuelle = lireDate();
    int ageEnJours = nbrJours(naissance, actuelle);
    printf("Votre age en jours est : %d\n", ageEnJours);
    return 0;
}
```

Les fichiers

Série 10 — Les fichiers

Exercice 01 — Stockage d'une chaîne de caractères dans un fichier

Enoncé

Ecrivez un programme en C qui demande à l'utilisateur de saisir son nom, l'enregistre dans un fichier nommé nom.txt, puis affiche le contenu de ce fichier.

Exemple d'exécution :

Entrez votre nom : QARA
Contenu du fichier : QARA

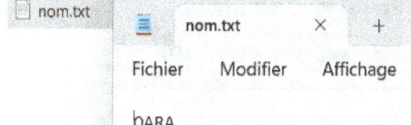

Astuces

Pour écrire des données dans un fichier, suivez les étapes suivantes :
- Demandez à l'utilisateur de saisir un nom et stockez-le dans une variable nom.
- Ouvrez le fichier en mode écriture avec **fopen** en utilisant le mode "w".
- Ecrivez le contenu de la variable nom dans le fichier en utilisant **fprintf**.
- Fermez le fichier à l'aide de la fonction **fclose**.

Pour afficher le contenu du fichier, suivez les mêmes étapes, sauf qu'il faut ouvrir le fichier en mode lecture "r" et utiliser la fonction **fgets** pour lire le contenu.

Corrigé

```c
#include <stdio.h>
int main() {
    char nom[100];
    FILE *fichier;
    printf("Entrez votre nom : ");
    scanf("%s", nom);
    // Sauvegarde du nom dans le fichier
    fichier = fopen("nom.txt", "w");
    if (fichier != NULL) {
        fprintf(fichier, "%s", nom);
        fclose(fichier);
    } else printf("Erreur d'ouverture du fichier.");
    // Lecture du contenu du fichier
    fichier = fopen("nom.txt", "r");
    if (fichier != NULL) {
        while (fgets(nom, 100, fichier) != NULL) {
            printf("Contenu du fichier : %s", nom);
        }
        fclose(fichier);
    } else printf("Erreur d'ouverture du fichier.");
    return 0;
}
```

Série 10 — Les fichiers

Exercice 02 — Ajout de chaînes de caractères à un fichier

Enoncé

Écrivez un programme en C qui enregistre des noms, séparés par des retours à la ligne, dans un fichier noms.txt chaque fois qu'il est ouvert, puis affiche son contenu.

Première exécution :

Saisissez un nom : QARA
QARA

Deuxième exécution :

Saisissez un nom : RIAD
QARA
RIAD

Astuces

- Suivez les mêmes étapes que l'exercice précédent, mais utilisez le mode d'ouverture "a" pour ajouter des noms au fichier chaque fois qu'il est ouvert.
- Pour la lecture, utilisez une boucle **while** avec **fgets** pour lire le contenu du fichier.

Corrigé

```c
#include <stdio.h>
int main() {
    char nom[100];
    FILE *fichier;
    printf("Saisissez un nom : ");
    scanf("%s", nom);
    // Sauvegarde des noms après chaque ouverture
    fichier = fopen("noms.txt", "a");
    if (fichier != NULL) {
        fprintf(fichier, "%s\n", nom);
        fclose(fichier);
    } else printf("Erreur d'ouverture du fichier.");
    // Affichage du contenu du fichier
    fichier = fopen("noms.txt", "r");
    if (fichier != NULL) {
        while (fgets(nom, 100, fichier) != NULL) {
            printf("%s", nom);
        }
        fclose(fichier);
    } else printf("Erreur d'ouverture du fichier.");
    return 0;
}
```

Série 10 — Les fichiers

Exercice 03 — Stockage de multiples chaînes de caractères dans un fichier

Enoncé

Écrivez un programme en C qui permet de sauvegarder plusieurs noms, séparés par des retours à la ligne, dans un fichier noms.txt. La saisie s'arrête lorsque l'utilisateur entre le caractère « * », qui ne sera pas sauvegardé.

Exemple d'exécution :

Saisissez un nom (* pour terminer) : QARA
Saisissez un nom (* pour terminer) : ALAOUI
Saisissez un nom (* pour terminer) : ELHANI
Saisissez un nom (* pour terminer) : *

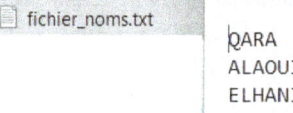

Astuces

- Utilisez une boucle **while** pour répéter la saisie jusqu'à ce que l'utilisateur entre une étoile *.
- Chaque mot saisi doit être stocké dans le fichier à l'aide de **fprintf**.
- Lorsque l'utilisateur entre une étoile *, la boucle **while** s'arrête (**break**).

Corrigé

```c
#include <stdio.h>
int main() {
    char nom[100];
    FILE *fichier;
    fichier = fopen("fichier_noms.txt", "a");
    if (fichier != NULL) {
        while (1) {
            printf("Saisissez un nom (* pour terminer) : ");
            scanf("%s", nom);
            if (nom[0] == '*' && nom[1] == '\0') break;
            fprintf(fichier, "%s\n", nom);
        }
        fclose(fichier);
    } else {
        printf("Erreur d'ouverture du fichier.");
    }
    return 0;
}
```

Série 10 — Les fichiers

Exercice 04 — Taille d'un fichier en octets

Enoncé

- Créez une fonction en C qui calcule le nombre de caractères dans un fichier.
- Écrivez un programme en C qui demande à l'utilisateur de saisir le nom d'un fichier et affiche sa taille en octets.

Exemple d'exécution :

Saisissez le nom du fichier : Test.txt
Taille : 37 octets

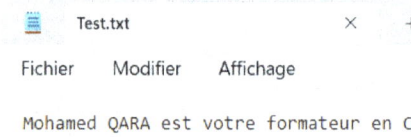

Astuces

Utilisez une boucle **while** pour lire le fichier caractère par caractère avec **fgetc**, en s'arrêtant lorsque vous atteignez la fin du fichier (**EOF**).

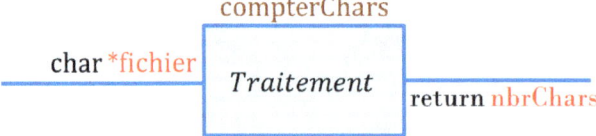

Corrigé

```c
#include <stdio.h>
// Fonction pour compter le nombre de caractères
int compterChars(char *fichier) {
    FILE *f;
    int nbChars = 0;
    f = fopen(fichier, "r");
    if (fichier != NULL) {
        while ((fgetc(f)) != EOF) nbChars++;
        fclose(f);
    } else printf("Erreur d'ouverture du fichier.");
    return nbChars;
}
int main() {
    char f[100];
    printf("Saisissez le nom du fichier : ");
    scanf("%s", f);
    printf("Taille : %d octets", compterChars(f));
    return 0;
}
```

Série 10 — Les fichiers

Exercice 05 — Occurrences d'un caractère dans un fichier

Enoncé

- Écrivez une fonction en C qui cherche un caractère dans un fichier.
- Écrivez un programme en C qui demande à l'utilisateur de saisir un caractère et affiche son nombre d'apparitions dans un fichier.

Exemple d'exécution :

Saisissez un caractere : m
'm' apparait 2 fois

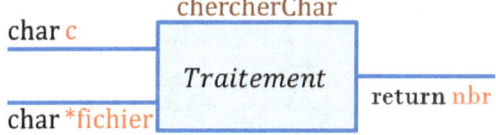

```
Test.txt
Fichier   Modifier   Affichage

Mohamed QARA est votre formateur en C
```

Astuces

Dans le corps de la fonction , utilisez une boucle **while** pour lire le fichier caractère par caractère avec **fgetc**, en s'arrêtant lorsque vous atteignez la fin du fichier (**EOF**). Lorsque vous trouvez le caractère recherché, incrémentez un compteur.

```
              chercherChar
   char c  ┌──────────────┐
  ─────────┤              │
           │  Traitement  ├──── return nbr
  ─────────┤              │
  char *fichier└──────────┘
```

Corrigé

```c
#include <stdio.h>
// Fonction pour chercher un caractère
int chercherChar(char c, char *nomFichier) {
    FILE *fichier;
    int nbr = 0;
    char car;
    fichier = fopen(nomFichier, "r");
    if (fichier != NULL) {
        while ((car = fgetc(fichier)) != EOF) {
            if (car == c) nbr++;
        }
        fclose(fichier);
    } else printf("Erreur d'ouverture du fichier.");
    return nbr;
}
int main() {
    char c, f[] = "Test.txt";
    printf("Saisissez un caractere : ");
    scanf(" %c", &c);
    printf("'%c' apparait %d fois", c, chercherChar(c, f));
    return 0;
}
```

Série 10 — Les fichiers

Exercice 06 — Occurrences d'une chaîne de caractères dans un fichier

Enoncé

- Écrivez une fonction en C qui permet de chercher une chaîne de caractères dans un fichier. La fonction renvoie le nombre de chaînes trouvées.
- Écrivez un programme en C qui demande à l'utilisateur de saisir une chaîne de caractères et affiche son nombre d'apparitions dans un fichier.

Exemple d'exécution :

Avec ce fichier :

```
Mohamed QARA est votre formateur en C.
Avec Mohamed QARA, vous allez bien comprendre les notions
basiques et avancées du langage C.
```

Entrez le nom du fichier : Test.txt
Saisissez une chaine de caracteres : QARA
QARA apparait 2 fois

Astuces

La fonction prend deux chaînes en paramètres :

- La première chaîne est la chaîne à rechercher.
- La deuxième chaîne est le nom du fichier dans lequel effectuer la recherche.

La fonction renvoie le nombre d'occurences de la chaîne à rechercher dans le fichier.

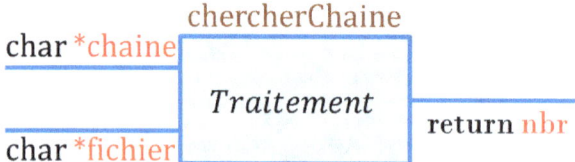

Dans le corps de la fonction, utilisez une boucle **while** pour lire le fichier avec **fgets**.
À l'intérieur de la boucle, vérifiez la présence de la chaîne avec la fonction **strstr**. Si elle existe, incrémentez un compteur.

Remarque :

N'oubliez pas de créer un fichier et de le stocker dans le même répertoire que votre programme.

```
Mohamed QARA est votre formateur en C.
Avec Mohamed QARA, vous allez bien comprendre les notions
basiques et avancées du langage C.
```

Série 10 — Les fichiers

Exercice 06 — Occurrences d'une chaîne de caractères dans un fichier

Corrigé

```c
#include <string.h>
// Fonction pour chercher une chaîne de caractères
int chercherChaine(char *chaine, char *fichier) {
    FILE *f;
    int nbr = 0;
    char ligne[256];
    f = fopen(fichier, "r");
    if (f != NULL) {
        while (fgets(ligne, 256, f) != NULL) {
            if (strstr(ligne, chaine) != NULL) nbr++;
        }
        fclose(f);
    } else printf("Erreur d'ouverture du fichier.");
    return nbr;
}
// Fonction du programme principal
int main() {
    char f[100];
    char ch[100];
    printf("Entrez le nom du fichier : ");
    fgets(f, sizeof(f), stdin);
    f[strcspn(f, "\n")] = 0;
    printf("Saisissez une chaine de caracteres : ");
    scanf("%s", ch);
    printf("%s apparait %d fois", ch, chercherChaine(ch, f));
    return 0;
}
```

Série 10 — Les fichiers

Exercice 07 — Nombre de lignes dans un fichier

Enoncé

- Écrivez une fonction en C qui calcule le nombre de lignes dans un fichier.
- Écrivez un programme en C qui demande à l'utilisateur de saisir le nom d'un fichier et affiche le nombre de lignes de ce fichier.

Exemple d'exécution :

Saisissez le nom du fichier : Test.txt
Nombre de lignes : 2

Astuces

Dans le corps de la fonction, utilisez une boucle **while** pour lire le fichier avec **fgets** pour compter le nombre de lignes.
À l'intérieur de la boucle, incrémentez un compteur après chaque utilisation de **fgets**.

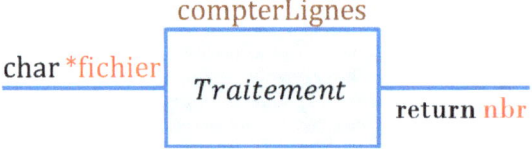

Corrigé

```
1   #include <stdio.h>
2   // Fonction pour compter le nombres de lignes dans un fichier
3   int compterLignes(char *fichier) {
4       FILE *f;
5       int nbLignes = 0;
6       char ligne[256];
7       f = fopen(fichier, "r");
8       if (f != NULL) {
9           while (fgets(ligne, 256, f) != NULL) nbLignes++;
10          fclose(f);
11      } else printf("Erreur d'ouverture du fichier.");
12      return nbLignes;
13  }
14  // Fonction du programme principal
15  int main() {
16      char f[100];
17      printf("Saisissez le nom du fichier : ");
18      scanf("%s", f);
19      printf("Nombre de lignes : %d", compterLignes(f));
20      return 0;
21  }
```

Série 10 — Les fichiers

Exercice 08 — Lignes d'un fichier commençant par un caractère spécifique

Enoncé

- Écrivez une fonction en C qui permet d'afficher les lignes qui commencent par un caractère dans un fichier.
- Écrivez un programme en C qui demande à l'utilisateur de saisir un caractère et affiche toutes les lignes qui commencent par ce caractère.

Exemple d'exécution :

Saisissez un caractere : M
Mohamed QARA est votre formateur en C.

Astuces

Dans le corps de la fonction, utilisez une boucle **while** pour lire le fichier avec **fgets**.
À l'intérieur de la boucle, vérifiez si chaque ligne commence par le caractère voulu.

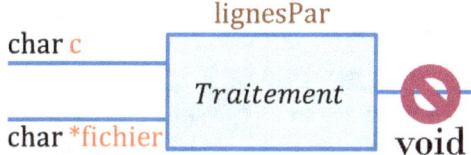

Corrigé

```c
#include <stdio.h>
#include <string.h>
// Fonction qui affiche les lignes commençant par un caractère
void lignesPar(char c, char *fichier) {
    FILE *f;
    char ligne[256];
    f = fopen(fichier, "r");
    if (f != NULL) {
        while (fgets(ligne, 256, f) != NULL) {
            if (ligne[0] == c) printf("%s", ligne);
        }
        fclose(f);
    } else printf("Erreur d'ouverture du fichier.");
}
int main() {
    char c, f[] = "Test.txt";
    printf("Saisissez un caractere : ");
    scanf(" %c", &c);
    lignesPar(c, f);
    return 0;
}
```

Série 10 — Les fichiers

Exercice 09 — Remplacement d'un caractère dans un fichier

Enoncé

- Écrivez une fonction en C qui remplace un caractère par un autre dans un fichier.
- Écrivez un programme en C qui demande à l'utilisateur de saisir deux caractères « c1 » et « c2 » et remplace toutes les occurrences de « c1 » dans un fichier par « c2 ».

Exemple d'exécution :

Saisissez deux caracteres (c1 et c2) : Q K
Voici le contenu du fichier après l'exécution :
Mohamed KARA est votre formateur en C.
Avec Mohamed KARA, vous allez bien comprendre les notions basiques et avancées du langage C.

Astuces

La fonction prend trois paramètres :

- Le premier est le caractère à remplacer.
- Le deuxième est le caractère de remplacement.
- Le troisième est la chaîne de caractères représentant le nom du fichier.

La fonction effectue le remplacement sans renvoyer de valeur.

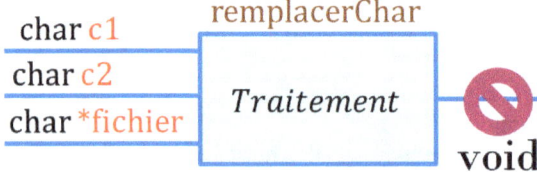

Ouverture des fichiers :
- Ouvrez le fichier spécifié par fichier en mode lecture ("r").
- Créez un fichier temporaire ("temp.txt") en mode écriture ("w").

Remplacement des caractères :
- Si les deux fichiers sont ouverts avec succès, lisez chaque caractère du fichier source.
- Si le caractère lu est égal à c1, écrivez c2 dans le fichier temporaire.
- Sinon, écrivez le caractère lu sans modification dans le fichier temporaire.

Fermeture et remplacement des fichiers :
- Fermez les deux fichiers.
- Supprimez l'ancien fichier original avec la fonction remove.
- Renommez le fichier temporaire avec la foncition rename.

Remarque :

Affichez un message d'erreur si l'ouverture de l'un des fichiers échoue.

Série 10 — Les fichiers

Exercice 09 — Remplacement d'un caractère dans un fichier

Corrigé

```c
#include <stdio.h>
// Fonction qui remplace un caractère dans une chaîne
void remplacerChar(char c1, char c2, char *fichier) {
    FILE *f;
    FILE *tempFichier;
    char car;
    f = fopen(fichier, "r");
    tempFichier = fopen("temp.txt", "w");
    if (f != NULL && tempFichier != NULL) {
        while ((car = fgetc(f)) != EOF) {
            if (car == c1) fputc(c2, tempFichier);
            else fputc(car, tempFichier); }
        fclose(f);
        fclose(tempFichier);
        remove(fichier);
        rename("temp.txt", fichier);
    } else printf("Erreur d'ouverture du fichier.");
}
int main() {
    char f[100];
    char c1, c2;
    printf("Entrez le nom du fichier : ");
    fgets(f, sizeof(f), stdin);
    f[strcspn(f, "\n")] = 0;
    printf("Saisissez deux caracteres (c1 et c2) : ");
    scanf("%c %c", &c1, &c2);
    remplacerChar(c1, c2, f);
    return 0;
}
```

Série 10 — Les fichiers

Exercice 10 — Remplacement d'une chaîne de caractères dans un fichier

Enoncé

- Écrivez une fonction en C qui permet de remplacer une chaîne de caractères par une autre dans un fichier.
- Écrivez un programme en C qui demande à l'utilisateur de saisir 2 chaînes de caractères « ch1 » et « ch2 » et remplace toutes les occurrences de « ch1 » dans un fichier par « ch2 ».

Exemple d'exécution :

Saisissez deux chaines :
KARA
QARA
Voici le contenu du fichier après l'exécution :
Mohamed QARA est votre formateur en C.
Avec Mohamed QARA, vous allez bien comprendre les notions basiques et avancées du langage C.

Astuces

La fonction prend trois paramètres :

- Le premier est la chaîne de caractère à remplacer.
- Le deuxième est la chaîne de remplacement.
- Le troisième est la chaîne de caractères représentant le nom du fichier.

La fonction effectue le remplacement sans renvoyer de valeur.

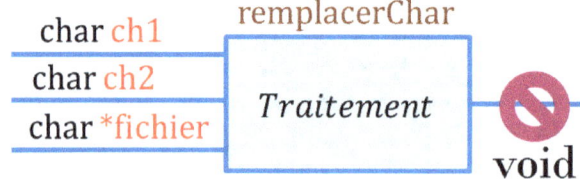

- **Ouverture des fichiers** : Utilisez **fopen** pour ouvrir le fichier original en lecture et un fichier temporaire en écriture.
- **Lecture et remplacement** : Utilisez **fgets** pour lire ligne par ligne, puis **strstr** pour trouver et remplacer toutes les occurrences de la sous-chaîne ch1 par ch2.
- **Écriture dans le fichier temporaire** : Utilisez **fprintf** pour écrire les modifications dans le fichier temporaire.
- **Gestion des fichiers** : Une fois les remplacements terminés, supprimez le fichier original avec **remove** et renommez le fichier temporaire avec **rename**.

Série 10 — Les fichiers

Exercice 10 — Remplacement d'une chaîne de caractères dans un fichier

Corrigé

```c
#include <stdio.h>
#include <string.h>
// Remplacer une chaîne de caractères dans un fichier
void remplacerChaine(char *ch1, char *ch2, char *fichier) {
    FILE *f;
    FILE *tempFichier;
    char ligne[256];
    char *pos;
    f = fopen(fichier, "r");
    tempFichier = fopen("temp.txt", "w");
    if (f != NULL && tempFichier != NULL) {
        while (fgets(ligne, 256, f) != NULL) {
            while ((pos = strstr(ligne, ch1)) != NULL) {
                *pos = '\0';
                fprintf(tempFichier, "%s%s", ligne, ch2);
                strcpy(ligne, pos + strlen(ch1));
            }
            fprintf(tempFichier, "%s", ligne);
        }
        fclose(fichier);
        fclose(tempFichier);
        remove(fichier);
        rename("temp.txt", fichier);
    } else printf("Erreur d'ouverture du fichier.");
}

// Fonction du programme principal
int main() {
    char f[100];
    char ch1[100], ch2[100];
    printf("Entrez le nom d'un fichier : ");
    fgets(f,sizeof(f),stdin);
    f[strcspn(f, "\n")] = '\0';
    printf("Entrez la chaine a remplacer : ");
    fgets(ch1,sizeof(ch1),stdin);
    ch1[strcspn(ch1, "\n")] = '\0';
    printf("Entrez la chaine de remplacement : ");
    fgets(ch2,sizeof(ch2),stdin);
    ch2[strcspn(ch2, "\n")] = '\0';
    remplacerChaine(ch1, ch2, f);
    return 0;
}
```

Série 10 — Les fichiers

Exercice 11 — Suppression des occurrences d'un caractère dans un fichier

Enoncé

- Écrivez une fonction en C qui permet de supprimer toutes les occurrences d'un caractère dans un fichier.
- Écrivez un programme en C qui demande à l'utilisateur de saisir un caractère et supprime toutes les occurrences de ce caractère dans un fichier. Affichez le contenu du fichier avant et après la suppression.

Exemple d'exécution :

Entrez un caractere : .
Contenu du fichier avant suppression :
Mohamed QARA est votre formateur en C.
Avec Mohamed QARA, vous allez bien comprendre les notions basiques et avancées du langage C.
Contenu du fichier apres suppression :
Mohamed QARA est votre formateur en C
Avec Mohamed QARA, vous allez bien comprendre les notions basiques et avancées du langage C

Astuces

La fonction prend deux paramètres :

- Le premier est le caractère à supprimer.
- Le deuxième est la chaîne qui indique le nom du fichier

La fonction effectue la suppression sans renvoyer de valeur.

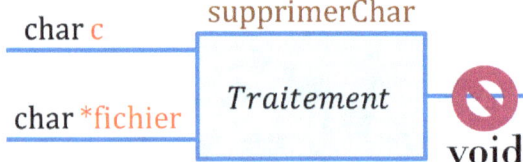

- **Ouverture des fichiers** : Utilisez **fopen** pour ouvrir le fichier original en lecture et un fichier temporaire en écriture.
- **Vérification de l'ouverture des fichiers** : Si les fichiers ne s'ouvrent pas correctement, affiche un message d'erreur.
- **Lecture et traitement du fichier** : Utilisez **fgetc** pour lire chaque caractère, affichez ensuite le contenu du fichier avant suppression. Si le caractère lu n'est pas celui à supprimer, il est écrit dans le fichier temporaire.
- **Gestion des fichiers** : Une fois la suppression est effectuée, supprimez le fichier original avec **remove** et renommer le fichier temporaire avec **rename**.

Série 10 — Les fichiers

Exercice 11 — Suppression des occurrences d'un caractère dans un fichier

Corrigé

```c
#include <stdio.h>
// Fonctio pour supprimer un caractère d'un fichier
void supprimerCaractere(char c, char *fichier) {
    FILE *f;
    FILE *tempFichier;
    char car;
    f = fopen(fichier, "r");
    tempFichier = fopen("temp.txt", "w");
    if (f != NULL && tempFichier != NULL) {
        printf("Contenu du fichier avant suppression :\n");
        while ((car = fgetc(f)) != EOF) {
            putchar(car);
            if (car != c) fputc(car, tempFichier);
        }
        fclose(f);
        fclose(tempFichier);
        remove(fichier);
        rename("temp.txt", fichier);
        f = fopen(fichier, "r");
        printf("\nContenu du fichier apres suppression :\n");
        while ((car = fgetc(f)) != EOF) putchar(car);
        fclose(f);
    } else printf("Erreur d'ouverture du fichier.");
}

// Fonction du programme principal
int main() {
    char f[100];
    char c;
    printf("Entrez le nom du fichier : ");
    fgets(f, sizeof(f), stdin);
    f[strcspn(f, "\n")] = 0;
    printf("Entrez un caractere : ");
    scanf(" %c", &c);
    supprimerCaractere(c, f);
    return 0;
}
```

Série 10 — Les fichiers

Exercice 12 — Suppression d'une chaîne de caractères dans un fichier

Enoncé

- Écrivez une fonction en C qui permet de supprimer toutes les occurrences d'une chaîne de caractères dans un fichier.
- Écrivez un programme en C qui demande à l'utilisateur de saisir une chaîne de caractères et supprime toutes les occurrences de cette chaîne dans un fichier. Affichez le contenu du fichier avant et après la suppression.

Exemple d'exécution :

Saisissez une chaine de caracteres : Mohamed
Contenu du fichier avant suppression :
Mohamed QARA est votre formateur en C
Avec Mohamed QARA, vous allez bien comprendre les notions basiques et avancées du langage C
Contenu du fichier apres suppression :
QARA est votre formateur en C
Avec QARA, vous allez bien comprendre les notions basiques et avancées du langage C

Astuces

La fonction prend deux paramètres :

- Le premier est la chaîne de caractères à supprimer.
- Le deuxième est la chaîne qui indique le nom du fichier

La fonction effectue la suppression sans renvoyer de valeur.

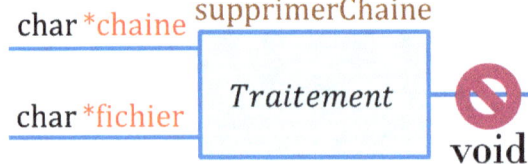

- **Ouverture des fichiers** : Utilisez **fopen** pour ouvrir le fichier original en lecture et un fichier temporaire en écriture.
- **Vérification de l'ouverture des fichiers** : Si les fichiers ne s'ouvrent pas correctement, affiche un message d'erreur.
- **Lecture et traitement du fichier** : Utilisez **fgets** pour lire chaque ligne du fichier, puis utilisez **strstr** pour trouver la position de la chaîne à supprimer dans chaque ligne.
- **Gestion des fichiers** : Une fois la suppression est effectuée, supprimez le fichier original avec **remove** et renommer le fichier temporaire avec **rename**.

Série 10 — Les fichiers

Exercice 12 — Suppression d'une chaîne de caractères dans un fichier

Corrigé

```c
#include <stdio.h>
#include <string.h>
// Fonction pour supprimer une chaîne de caractères
void supprimerChaine(char *chaine, char *fichier) {
    FILE *f, *tempFichier;
    char *pos, ligne[256];
    f = fopen(fichier, "r");
    tempFichier = fopen("temp.txt", "w");
    if (f != NULL && tempFichier != NULL) {
        printf("Contenu du fichier avant suppression :\n");
        while (fgets(ligne, 256, f) != NULL) {
            printf("%s", ligne);
            while ((pos = strstr(ligne, chaine)) != NULL) {
                *pos = '\0';
                fprintf(tempFichier, "%s", ligne);
                strcpy(ligne, pos + strlen(chaine));
            }
            fprintf(tempFichier, "%s", ligne);
        }
        fclose(f);
        fclose(tempFichier);
        remove(fichier);
        rename("temp.txt", fichier);
        f = fopen(fichier, "r");
        printf("\nContenu du fichier apres suppression :\n");
        while (fgets(ligne, 256, f) != NULL) printf("%s", ligne);
        fclose(f);
    } else printf("Erreur d'ouverture du fichier.");
}

// Fonction du programme principal
int main() {
    char f[100];
    char chaine[100];
    printf("Entrez le nom du fichier : ");
    fgets(f, sizeof(f), stdin);
    f[strcspn(f, "\n")] = 0;
    printf("Saisissez une chaine de caracteres : ");
    scanf("%s", chaine);
    supprimerChaine(chaine, f);
    return 0;
}
```

Les listes chaînées

Série 11 — Les listes chaînées

Exercice 01 — Création d'une liste chaînée vide

Enoncé

- Écrivez une fonction en C pour créer une liste chaînée vide et afficher un message confirmant sa création.
- Écrivez un programme en C qui utilise cette fonction.

Exemple d'exécution :

Liste chainee vide créée.

Astuces

La structure d'un élément (Noeud) :

La structure d'un élément d'une liste chaînée : Chaque élément contient une partie "données" et une partie qui pointe vers l'élément suivant de la liste chaînée.

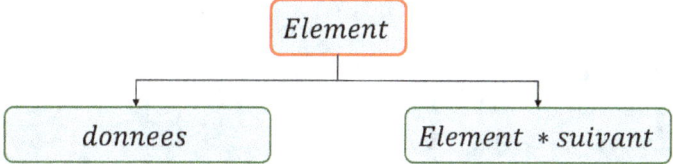

La structure de la liste chaînée :

Une liste chaînée peut être définie simplement en connaissant son premier élément. La taille de la liste chaînée est une information optionnelle.
La structure suivante définit une liste chaînée nommée "Liste"

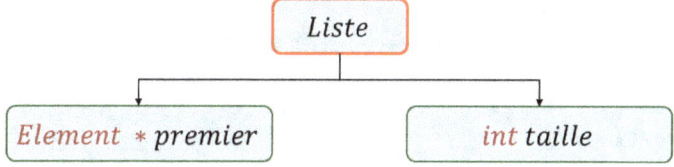

La fonction creerListeVide :

Pour créer une liste vide, il suffit de créer un pointeur de type Element qui est intialisé à NULL et initialiser la valeur de la taille à 0.

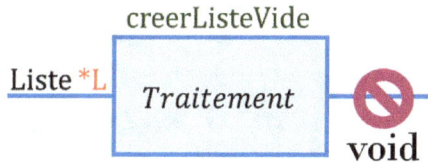

Série 11 — Les listes chaînées

Exercice 01 — Création d'une liste chaînée vide

Corrigé

```c
#include <stdio.h>
#include <stdlib.h>
// Structure qui définit un noeud de la liste chaînée
typedef struct Element {
    int donnees;
    struct Element* suivant;
} Element;
//Structure qui définit une liste chaînée
typedef struct Liste Liste;
struct Liste {
    Element *premier;
    int taille;
};
// Fonction qui permet de créer une liste chaînée vide
Liste* creerListeVide() {
    Liste *L = (Liste*)malloc(sizeof(Liste));
    if (L != NULL) {
        L->premier = NULL;
        L->taille = 0;
        printf("Liste chainee vide cr%c%ce.\n",130,130);
    } else printf("Erreur d'allocation m%cmoire.\n",130);
    return L;
}
// La fonction du programme principal
int main() {
    Liste *maListe = creerListeVide();
    return 0;
}
```

Série 11 — Les listes chaînées

Exercice 02 — Affichage d'une liste chaînée

Enoncé

- Écrivez une fonction en C pour parcourir et afficher les éléments de la liste chaînée.
- Écrivez un programme en C qui utilise la fonction précédente avec une liste chaînée d'un seul élément.

Exemple d'exécution :

1 -> NULL

Astuces

La fonction afficherListe :

Pour afficher les éléments d'une liste chaînée, commencez par le premier élément (L.premier) et utilisez une boucle **while** pour passer à chaque élément suivant (e   suivant) jusqu'à atteindre le dernier élément, qui pointe vers NULL.

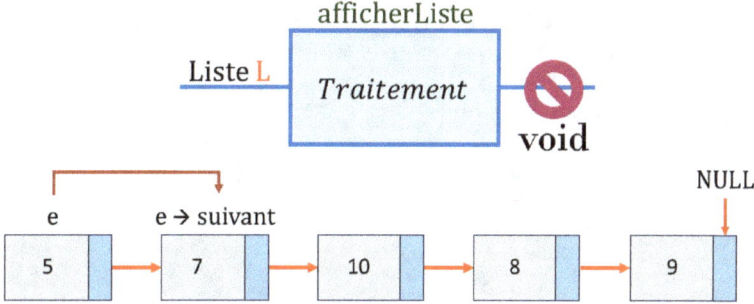

Création d'un élément de la liste chaînée :

Créez un pointeur e de type Element : Cet élément possède 2 champs
- Partie données de l'élément : e   donnees = 1
- Partie qui pointe vers l'élément suivant : e   suivant = NULL (Il s'agit du dernier élément)

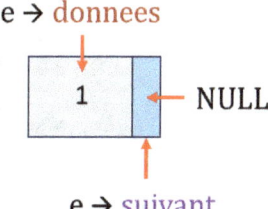

Ajoutez l'lément à la liste chaînée comme premier élément puis incrémentez la taille de la liste chaînée.

Série 11 — Les listes chaînées

Exercice 02 — Affichage d'une liste chaînée

Corrigé

```c
#include <stdio.h>
#include <stdlib.h>
// Structure qui définit un noeud de la liste chaînée
typedef struct Element {
    int donnees;
    struct Element* suivant;
} Element;
//Structure qui définit une liste chaînée
typedef struct Liste Liste;
struct Liste {
    Element *premier;
    int taille;
};
// Fonction qui affiche les noeuds d'une liste chaînée
void afficherListe(Liste L) {
    Element *e = L.premier;
    while (e != NULL) {
        printf("%d -> ", e->donnees);
        e = e->suivant;
    }
    printf("NULL\n");
}

// Fonction du programme principal
int main() {
    Liste L;
    L.premier = NULL;
    L.taille = 0;
    // Création et ajout du premier élément
    Element* e1 = (Element*)malloc(sizeof(Element));
    e1->donnees = 1;
    e1->suivant = NULL;
    L.premier = e1;
    L.taille++;
    // Afficher la liste
    afficherListe(L);
    // Libération de la mémoire allouée
    free(e1);
    return 0;
}
```

Série 11 — Les listes chaînées

Exercice 03 — Insertion d'un nœud en tête de la liste chaînée

Enoncé

- Écrivez une fonction en C pour insérer un élément en tête de la liste chaînée.
- Écrivez un programme qui insère 3 noeuds en tête de la liste chaînée et affichez-la.

Exemple d'exécution :

3 -> 2 -> 1 -> NULL

Astuces

La fonction insererEnTete :
Pour insérer un élément nv en tête d'une liste chaînée, procédez comme suit :
- Créez l'élément nv à insérer : nv   donnees et nv   suivant doit pointer sur L   premier.
- Mettez à jour le début de la liste pour que L   premier soit le nouvel élément nv.
- Incrémentez la taille de la liste chaînée.

insererEnTete

int n

Liste *L   →   Traitement   →   void

Corrigé

```c
#include <stdio.h>
#include <stdlib.h>
// Structure qui définit un noeud de la liste chaînée
typedef struct Element {
    int donnees;
    struct Element* suivant;
} Element;
//Structure qui définit une liste chaînée
typedef struct Liste Liste;
struct Liste {
    Element *premier;
    int taille;
};
// Fonction qui affiche les noeuds d'une liste chaînée
void afficherListe(Liste L) {
    Element *e = L.premier;
    while (e != NULL) {
        printf("%d -> ", e->donnees);
        e = e->suivant;
    }
    printf("NULL\n");
}
```

Série 11 — Les listes chaînées

Exercice 03 — Insertion d'un nœud en tête de la liste chaînée

Corrigé

```c
23  // Fonction qui insère un noeud au début d'une liste chaînée
24  void insererEnTete (int n, Liste *L) {
25      Element *nv = malloc(sizeof(nv));
26      nv->donnees = n;
27      nv->suivant = L->premier;
28      L->premier = nv;
29      L->taille++;
30  }
31  // Fonction qui libère la mémoire allouée pour la liste chaînée
32  void libererListe(Liste* L) {
33      Element* courant = L->premier;
34      Element* suivant;
35      while (courant != NULL) {
36          suivant = courant->suivant;
37          free(courant);
38          courant = suivant;
39      }
40      L->premier = NULL;
41      L->taille = 0;
42  }
43  // Fonction du programme principal
44  int main() {
45      // Déclaration et initialisation de la liste chaînée
46      Liste L;
47      L.premier = NULL;
48      L.taille = 0;
49      // Insertion de trois éléments dans la liste chaînée
50      insererEnTete (1,&L);
51      insererEnTete (2,&L);
52      insererEnTete (3,&L);
53      // Affichage de la liste chaînée
54      afficherListe (L);
55      // Libération de l'espace occupé par la liste chaînée
56      libererListe (&L);
57      return 0;
58  }
```

Remarque :

Dans le corrigé, j'ai ajouté la fonction **libererListe** qui permet de libérer de l'espace mémoire occupé par une liste chaînée.

| Série 11 | Les listes chaînées |

| Exercice 04 | Insertion d'un nœud en queue de la liste chaînée |

Enoncé

- Écrivez une fonction en C qui insère un élément en queue d'une liste chaînée.
- Écrivez un programme en C qui utilise la fonction précédente.

Exemple d'exécution :

1 -> 2 -> 3 -> NULL

Astuces

La fonction insererEnQueue :

Pour insérer un élément nv en queue d'une liste chaînée vide, insérez-le comme premier élément (L   premier = nv) puis incrémentez la taille de la liste chaînée.
Pour insérer un élément nv en queue d'une liste chaînée non vide, procédez comme suit :

- Créez l'élément nv à insérer : nv   donnees et nv   suivant doit pointer sur NULL.
- Parcourez la liste chaînée jusqu'au dernier élément. Une fois trouvé, le dernier élément doit pointer sur le nouvel élément nv.
- Incrémentez la taille de la liste chaînée.

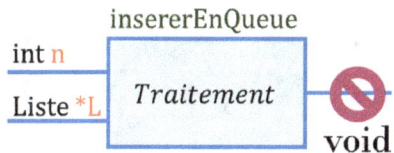

Corrigé

```
1  #include <stdio.h>
2  #include <stdlib.h>
3  // Structure qui définit un noeud de la liste chaînée
4  typedef struct Element {
5      int donnees;
6      struct Element* suivant;
7  } Element;
8  //Structure qui définit une liste chaînée
9  typedef struct Liste Liste;
10 struct Liste {
11     Element *premier;
12     int taille;
13 };
```

Série 11 — Les listes chaînées

Exercice 04 — Insertion d'un nœud en queue de la liste chaînée

Corrigé

```c
14  // Fonction qui affiche les noeuds d'une liste chaînée
15  void afficherListe(Liste L) {
16      Element *e = L.premier;
17      while (e != NULL) {
18          printf("%d -> ", e->donnees);
19          e = e->suivant;
20      }
21      printf("NULL\n");
22  }
23  // Fonction pour insérer un noeud en queue de la liste chaînée
24  void insererEnQueue(int n, Liste* L) {
25      Element* nv = (Element*)malloc(sizeof(Element));
26      if (nv == NULL) {
27          printf("Erreur d'allocation mémoire.\n");
28          return;
29      }
30      nv->donnees = n;
31      nv->suivant = NULL;
32      if (L->premier == NULL) { // Cas d'une liste vide
33          L->premier = nv;
34      } else { // Cas d'une liste non vide
35          Element* temp = L->premier;
36          while (temp->suivant != NULL) temp = temp->suivant;
37          temp->suivant = nv;
38      }
39      L->taille++;
40  }
41  // Fonction du programme principal
42  int main() {
43      Liste L;
44      L.premier = NULL;
45      L.taille = 0;
46      insererEnQueue(1,&L);
47      insererEnQueue(2,&L);
48      insererEnQueue(3,&L);
49      afficherListe(L);
50      return 0;
51  }
```

Série 11 — Les listes chaînées

Exercice 05 — Insertion d'un nœud dans une liste chaînée

Enoncé

- Écrivez une fonction en C qui permet d'insérer un élément à une position spécifique d'une liste chaînée.
- Écrivez un programme en C qui utilise la fonction précédente.

Exemple d'exécution :

1 -> 2 -> 3 -> NULL
1 -> 2 -> 7 -> 3 -> NULL

Astuces

La fonction insererElement :

Allocation de la mémoire :
- Utilisez **malloc** pour créer un nouveau nœud.
- Vérifiez si **malloc** a réussi.

Initialisation du nouveau nœud :
- Assignez les données au nouveau nœud.
- Initialisez le pointeur suivant du nouveau nœud.

Gestion des cas d'insertion :
1. Insertion en tête : Faites pointer le nouveau nœud vers l'ancien premier nœud et mettez à jour le pointeur de tête (Consultez Série 11 - Exercice 3).
2. Insertion en milieu/queue : Parcourez la liste avec une boucle **for** ou **while** jusqu'à la position voulue, ajustez les pointeurs pour insérer le nouveau nœud.

Vérification de la position d'insertion : Assurez-vous que la position est valide (entre 0 et la taille de la liste)

Mis à jour de la taille de la liste chaînée : Incrémentez la taille de la liste après l'insertion.

Libération de mémoire : Libérez la mémoire des nœuds à l'aide de la fonction **free** lorsque vous les supprimez pour éviter les fuites de mémoire.

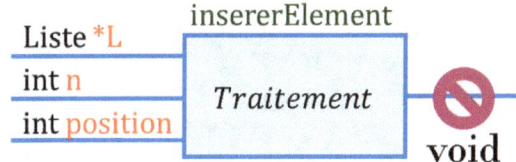

Série 11 — Les listes chaînées

Exercice 05 — Insertion d'un nœud dans une liste chaînée

Corrigé

```c
#include <stdio.h>
#include <stdlib.h>
// Structure qui définit un noeud de la liste chaînée
typedef struct Element {
    int donnees;
    struct Element* suivant;
} Element;
//Structure qui définit une liste chaînée
typedef struct Liste Liste;
struct Liste {
    Element *premier;
    int taille;
};
// Fonction qui affiche les noeuds d'une liste chaînée
void afficherListe(Liste L) {
    Element *e = L.premier;
    while (e != NULL) {
        printf("%d -> ", e->donnees);
        e = e->suivant;
    }
    printf("NULL\n");
}
// Fonction qui insère un noeud dans une liste chaînée
void insererElement(Liste* L, int n, int position) {
    Element* nv = (Element*)malloc(sizeof(Element));
    if (nv == NULL) {
        printf("Erreur d'allocation mémoire.\n");
        return;
    }
    nv->donnees = n;
    if (position == 0) { // Insérer en tête de liste
        nv->suivant = L->premier;
        L->premier = nv;
        L->taille++;
    }
```

Série 11 — Les listes chaînées

Exercice 05 — Insertion d'un nœud dans une liste chaînée

Corrigé

```c
        else if (position > 0 && position <= L->taille) {
            Element* temp = L->premier;
            int i;
            for (i = 1; i < position && temp != NULL; i++) {
                temp = temp->suivant;
            }
            if (temp != NULL) {
                nv->suivant = temp->suivant;
                temp->suivant = nv;
                L->taille++;
            } else { // Si temp est NULL, la position était invalide
                free(nv);
                printf("Position invalide.\n");
            }
        }
        else { // Position invalide
            free(nv);
            printf("Position invalide.\n");
        }
    }
// Fonction du programme principal
int main() {
    Liste L;
    L.premier = NULL;
    L.taille = 0;
    insererElement(&L,3,0);
    insererElement(&L,2,0);
    insererElement(&L,1,0);
    afficherListe(L);
    insererElement(&L,7,2);
    afficherListe(L);
    return 0;
}
```

Série 11 — Les listes chaînées

Exercice 06 — Suppression du premier nœud d'une liste chaînée

Enoncé

- Écrivez une fonction en C qui permet de supprimer le dernier élément d'une liste chaînée.
- Écrivez un programme en C qui utilise la fonction précédente.

Exemple d'exécution :

5 -> 4 -> 3 -> 2 -> 1 -> NULL
4 -> 3 -> 2 -> 1 -> NULL

Astuces

La fonction supprimerDebut :

Pour supprimer le premier élément d'une liste chaînée non vide :

- Définissez le deuxième élément comme premier élément de la liste chaînée

  L   premier = L   premier   suivant

- Libérez l'espace mémoire occuppé par l'élément supprimé avec la fonction **free**
- Décrémentez la taille de la liste chaînée

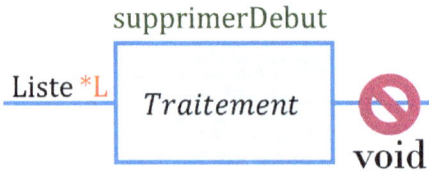

Si la liste est vide, affichez un message indiquant que la liste chaînée est déjà vide.

Corrigé

```c
#include <stdio.h>
#include <stdlib.h>
// Structure qui définit un noeud de la liste chaînée
typedef struct Element {
    int donnees;
    struct Element* suivant;
} Element;
//Structure qui définit une liste chaînée
typedef struct Liste Liste;
struct Liste {
    Element *premier;
    int taille;
};
```

Série 11 — Les listes chaînées

Exercice 06 — Suppression du premier nœud d'une liste chaînée

Corrigé

```c
14  // Fonction qui affiche les noeuds d'une liste chaînée
15  void afficherListe(Liste L) {
16      Element *e = L.premier;
17      while (e != NULL) {
18          printf("%d -> ", e->donnees);
19          e = e->suivant;
20      }
21      printf("NULL\n");
22  }
23  // Fonction qui insère un noeud au début d'une liste chaînée
24  void insererEnTete (int n, Liste *L) {
25      Element *nv = malloc(sizeof(nv));
26      nv->donnees = n;
27      nv->suivant = L->premier;
28      L->premier = nv;
29      L->taille++;
30  }
31  // Fonction qui supprime le premier noeud d'une liste chaînée
32  void supprimerDebut (Liste *L) {
33      if (L->premier != NULL) { // La liste n'est pas vide
34          Element* temp = L->premier;
35          L->premier = L->premier->suivant;
36          free(temp); // Libérer la mémoire du noeud supprimé
37          L->taille--;
38      } else printf("La liste est vide.\n");
39  }

43  int main() {
44      Liste L;
45      L.premier = NULL;
46      L.taille = 0;
47      // Insertion de 5 éléments dans la liste L
48      int i;
49      for (i=1;i<=5;i++) insererEnTete(i,&L);
50      afficherListe(L);
51      // Suppression du premier élément de la liste L
52      supprimerDebut (&L);
53      afficherListe(L);
54      return 0;
55  }
```

Série 11 — Les listes chaînées

Exercice 07 — Suppression de la queue d'une liste chaînée

Enoncé

- Écrivez une fonction en C qui permet de supprimer l'élément en queue d'une liste chaînée.
- Écrivez un programme en C qui utilise la fonction précédente.

Exemple d'exécution :

1 -> 2 -> 3 -> NULL
1 -> 2 -> NULL

Astuces

La fonction supprimerQueue :

Pour supprimer le dernier élément d'une liste chaînée qui contient plus d'un noeud :
- Utilisez la boucle **while** pour parcourir la liste et récupérez l'avant dernier élément.
- L'avant dernier élément trouvé doit pointer sur NULL.
- Libérez l'espace mémoire ocuppé par le dernier élément à l'aide de la fonction **free**
- Décrémentez la taille de la liste chaînée

Si la liste chaînée contient un seul élément, supprimez-le tout simplement.

Si la liste chaînée est vide, affichez un message indiquant que la liste est déjà vide.

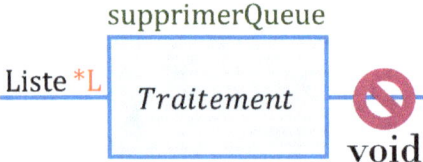

Corrigé

```c
#include <stdio.h>
#include <stdlib.h>
// Structure qui définit un noeud de la liste chaînée
typedef struct Element {
    int donnees;
    struct Element* suivant;
} Element;
//Structure qui définit une liste chaînée
typedef struct Liste Liste;
struct Liste {
    Element *premier;
    int taille;
};
```

Série 11 — Les listes chaînées

Exercice 07 — Suppression de la queue d'une liste chaînée

Corrigé

```c
// Fonction pour supprimer le dernier noeud
void supprimerQueue(Liste* L) {
    if (L->premier == NULL) {
        // La liste est vide
        printf("La liste est déjà vide.\n");
        return;
    }
    if (L->premier->suivant == NULL) {
        // La liste contient un seul élément
        free(L->premier);
        L->premier = NULL;
    } else {
        // La liste contient plus d'un élément
        Element* temp = L->premier;
        Element* avantDernier = NULL;
        while (temp->suivant != NULL) {
            avantDernier = temp;
            temp = temp->suivant;
        }
        avantDernier->suivant = NULL;
        free(temp);
    }
    L->taille--;
}
// Fonction qui affiche les noeuds d'une liste chaînée
void afficherListe(Liste L) {
    Element *e = L.premier;
    while (e != NULL) {
        printf("%d -> ", e->donnees);
        e = e->suivant;
    }
    printf("NULL\n");
}
```

Série 11 — Les listes chaînées

Exercice 07 — Suppression de la queue d'une liste chaînée

Corrigé

```
47  // Fonction qui insère un noeud au début d'une liste chaînée
48  void insererEnTete (int n, Liste *L) {
49      Element *nv = malloc(sizeof(nv));
50      nv->donnees = n;
51      nv->suivant = l->premier;
52      L->premier = nv;
53      L->taille++;
54  }
55  // Fonction du programme principal
56  int main() {
57      // Déclaration et initialisation d'une liste chaînée
58      Liste L;
59      L.premier = NULL;
60      L.taille = 0;
61      // Insertion de 3 noeuds en tête de la liste chaînée
62      insererEnTete(3,&L);
63      insererEnTete(2,&L);
64      insererEnTete(1,&L);
65      // Affichage de la liste chaînée
66      afficherListe(L);
67      // Suppression du dernier noeud de la liste chaînée
68      supprimerQueue(&L);
69      // Affichage de la liste chaînée
70      afficherListe(L);
71      return 0;
72  }
```

Série 11 — Les listes chaînées

Exercice 8 — Suppression d'un nœud donné d'une liste chaînée

Enoncé

- Écrivez une fonction en C qui permet de supprimer un élément donné d'une liste chaînée.
- Écrivez un programme en C qui utilise la fonction précédente.

Exemple d'exécution :

1 -> 2 -> 3 -> NULL
1 -> 3 -> NULL

Astuces

La fonction supprimerElement :

Pour supprimer un élément d'une liste chaînée non vide :

- S'il est situé au début, supprimez-le (L → premier = L → premier → suivant)
- S'il est situé à une autre position, trouvez l'élément précédent et mettez à jour son pointeur pour qu'il pointe sur l'élément suivant.

Si la position de l'élément est invalide, affichez un message pour l'indiquer.
Si la liste chaînée est vide, affichez un message précisant qu'elle est déjà vide.

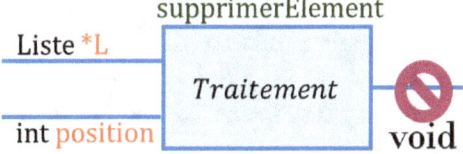

Corrigé

```c
#include <stdio.h>
#include <stdlib.h>
// Structure qui définit un noeud de la liste chaînée
typedef struct Element {
    int donnees;
    struct Element* suivant;
} Element;
//Structure qui définit une liste chaînée
typedef struct Liste Liste;
struct Liste {
    Element *premier;
    int taille;
};
```

Série 11 — Les listes chaînées

Exercice 8 — Suppression d'un nœud donné d'une liste chaînée

Corrigé

```c
// Fonction pour supprimer un élément de la liste chaînée
void supprimerElement(Liste *L, int position) {
    if (L->premier == NULL) {
        printf("La liste est vide.\n");
        return;
    }
    if (position < 0 || position >= L->taille) {
        printf("Indice invalide.\n");
        return;
    }
    Element *temp = L->premier;
    if (position == 0) {
        L->premier = L->premier->suivant;
        free(temp);
    } else {
        Element *precedent = NULL;
        int i;
        for (i = 0; i < position; i++) {
            precedent = temp;
            temp = temp->suivant;
        }
        precedent->suivant = temp->suivant;
        free(temp);
    }
    L->taille--;
}

// Fonction qui affiche les noeuds d'une liste chaînée
void afficherListe(Liste L) {
    Element *e = L.premier;
    while (e != NULL) {
        printf("%d -> ", e->donnees);
        e = e->suivant;
    }
    printf("NULL\n");
}
```

Série 11 — Les listes chaînées

Exercice 8 — Suppression d'un nœud donné d'une liste chaînée

Corrigé

```c
49  // Fonction qui insère un noeud au début d'une liste chaînée
50  void insererEnTete (int n, Liste *L) {
51      Element *nv = malloc(sizeof(nv));
52      nv->donnees = n;
53      nv->suivant = L->premier;
54      L->premier = nv;
55      L->taille++;
56  }
57  // Fonction du programme principal
58  int main() {
59      // Déclaration et initialisation d'une liste chaînée
60      Liste L;
61      L.premier = NULL;
62      L.taille = 0;
63      // Insertion de 3 noeuds en tête de la liste chaînée
64      insererEnTete(3,&L);
65      insererEnTete(2,&L);
66      insererEnTete(1,&L);
67      // Affichage de la liste chaînée
68      afficherListe(L);
69      // Suppression du dernier noeud de la liste chaînée
70      supprimerElement(&L,1);
71      // Affichage de la liste chaînée
72      afficherListe(L);
73      return 0;
74  }
```

| Série 11 | Les listes chaînées |

| Exercice 09 | Recherche d'un nœud dans une liste chaînée |

Enoncé

- Écrivez une fonction en C pour rechercher un élément dans la liste chaînée.
- Écrivez un programme en C qui utilise la fonction précédente.

Exemple d'exécution :

1 -> 2 -> 3 -> NULL
2 existe dans la liste.

Astuces

La fonction rechercherElement :

Pour rechercher un élément dans une liste chaînée :

- Parcourez la liste en utilisant une boucle **while**.
- Si l'élément est trouvé, renvoyez 1.
- Si la fin de la liste est atteinte sans trouver l'élément, renvoyez 0.

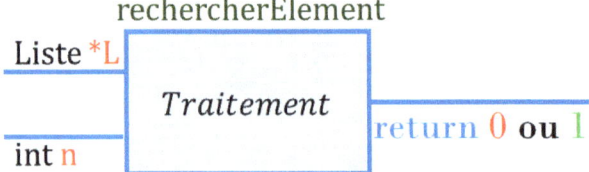

Corrigé

```
1   #include <stdio.h>
2   #include <stdlib.h>
3   // Structure qui définit un noeud de la liste chaînée
4   typedef struct Element {
5       int donnees;
6       struct Element* suivant;
7   } Element;
8   //Structure qui définit une liste chaînée
9   typedef struct Liste Liste;
10  struct Liste {
11      Element *premier;
12      int taille;
13  };
```

Série 11 — Les listes chaînées

Exercice 09 — Recherche d'un nœud dans une liste chaînée

Corrigé

```c
14  // Fonction pour chercher un noeud dans une liste chaînée
15  int rechercherElement(Liste *L, int n) {
16      Element *courant = L->premier;
17      while (courant != NULL) {
18          if (courant->donnees == n) return 1;
19          courant = courant->suivant;
20      }
21      return 0;
22  }
23  // Fonction qui affiche les noeuds d'une liste chaînée
24  void afficherListe(Liste L) {
25      Element *e = L.premier;
26      while (e != NULL) {
27          printf("%d -> ", e->donnees);
28          e = e->suivant;
29      }
30      printf("NULL\n");
31  }
32  // Fonction qui insère un noeud au début d'une liste chaînée
33  void insererEnTete(int n, Liste *L) {
34      Element *nv = malloc(sizeof(nv));
35      nv->donnees = n;
36      nv->suivant = L->premier;
37      L->premier = nv;
38      L->taille++;
39  }
40  // Fonction du programme principal
41  int main() {
42      Liste L;
43      L.premier = NULL;
44      L.taille = 0;
45      insererEnTete(3,&L);
46      insererEnTete(2,&L);
47      insererEnTete(1,&L);
48      afficherListe(L);
49      int n = 2;
50      if (rechercherElement(&L,n))
51          printf("%d existe dans la liste.",n);
52      else printf("Le noeud n'existe pas dans la liste.");
53      return 0;
54  }
```

Série 11 — Les listes chaînées

Exercice 10 — Longueur d'une liste chaînée

Enoncé

- Écrivez une fonction en C pour calculer et retourner la longueur de la liste chaînée.
- Écrivez un programme en C qui utilise la fonction précédente.

Exemple d'exécution :

Longueur de la liste: 3

Astuces

La structure d'un élément (Noeud) :

La structure d'un élément d'une liste chaînée : Chaque élément contient une partie "donnees" et une partie qui pointe vers l'élément suivant de la liste chaînée.

```
typedef struct Element {
    int donnees;
    struct Element* suivant;
} Element;
```

La structure de la liste chaînée :

Une liste chaînée peut être définie simplement en connaissant son premier élément. Dans cet exemple, je ne vais pas utiliser le champ "taille".

```
typedef struct Liste Liste;
struct Liste {
    Element *premier;
};
```

La fonction longueurListe :

Pour calculer la longueur d'une liste chaînée :

- Parcourez la liste en utilisant une boucle **while** jusqu'à la fin.
- Après chaque itération, incrémentez un compteur qui calcule la longueur.

longueurListe

Liste *L → | Traitement | → return longueur

Série 11 — Les listes chaînées

Exercice 10 — Longueur d'une liste chaînée

Corrigé

```c
#include <stdio.h>
#include <stdlib.h>
// Structure qui définit un noeud de la liste chaînée
typedef struct Element {
    int donnees;
    struct Element* suivant;
} Element;
//Structure qui définit une liste chaînée
typedef struct Liste Liste;
struct Liste {
    Element *premier;
};
// Fonction pour trouver la longueur d'une liste chaînée
int longueurListe(Liste L) {
    int longueur = 0;
    Element *courant = L.premier;
    while (courant != NULL) {
        longueur++;
        courant = courant->suivant;
    }
    return longueur;
}

// Fonction qui affiche les noeuds d'une liste chaînée
void afficherListe(Liste L) {
    Element *e = L.premier;
    while (e != NULL) {
        printf("%d -> ", e->donnees);
        e = e->suivant;
    }
    printf("NULL\n");
}
// Fonction qui insère un noeud au début d'une liste chaînée
void insererEnTete (int n, Liste *L) {
    Element *nv = malloc(sizeof(nv));
    nv->donnees = n;
    nv->suivant = L->premier;
    L->premier = nv;
}
```

Série 11 — Les listes chaînées

Exercice 10 — Longueur d'une liste chaînée

Corrigé

```c
39  // Fonction du programme principal
40  int main() {
41      // Déclaration et initialisation d'une liste chaînée
42      Liste L;
43      L.premier = NULL;
44      // Insertion de 10 noeuds en tête de la liste chaînée
45      int i;
46      for (i = 10; i >= 1; i--) {
47          insererEnTete(i,&L);
48      }
49      // Affichage de la liste chaînée
50      afficherListe(L);
51      // Affichage de la longueur de la liste chaînée
52      printf("La longueur de la liste = %d",longueurListe(L));
53      return 0;
54  }
```

Série 11 — Les listes chaînées

Exercice 11 — Inversion d'une liste chaînée

Enoncé

- Écrivez une fonction en C qui permet d'inverser une liste chaînée.
- Écrivez un programme en C qui utilise la fonction précédente.

Exemple d'exécution :

1 -> 2 -> 3 -> 4 -> 5 -> 6 -> 7 -> 8 -> 9 -> 10 -> NULL
10 -> 9 -> 8 -> 7 -> 6 -> 5 -> 4 -> 3 -> 2 -> 1 -> NULL

Astuces

La fonction inverserListe :

Initialisation des Pointeurs :
- "precedent" est initialisé à NULL (indiquant la fin de la liste inversée).
- "courant" est initialisé à L   premier (le début de la liste originale).
- "suivant" est utilisé pour sauvegarder l'élément suivant de "courant".

Parcours de la liste chaînée :
- Utilisez une boucle **while** en utilisant le pointeur "courant".
- "suivant" est mis à jour pour pointer vers le prochain élément de "courant".
- courant   suivant est mis à jour pour pointer vers "precedent", inversant ainsi le lien.
- Avancez les Pointeurs : "precedent" est déplacé vers "courant" puis "courant" est déplacé vers "suivant".

Mise à jour du premier élément :
- Après la boucle, L   premier est mis à jour pour pointer vers "precedent", qui est maintenant le premier élément de la liste inversée.

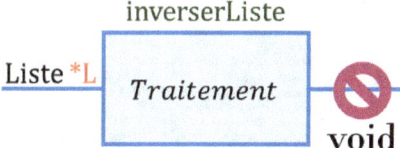

Corrigé

```c
1   #include <stdio.h>
2   #include <stdlib.h>
3   // Structure qui définit un noeud de la liste chaînée
4   typedef struct Element {
5       int donnees;
6       struct Element* suivant;
7   } Element;
```

Série 11 — Les listes chaînées

Exercice 11 — Inversion d'une liste chaînée

Corrigé

```c
 8   //Structure qui définit une liste chaînée
 9   typedef struct Liste Liste;
10   struct Liste {
11       Element *premier;
12       int taille;
13   };
14   // Fonction pour inverser les noeuds d'une liste chaînée
15   void inverserListe(Liste *L) {
16       Element *precedent = NULL;
17       Element *courant = L->premier;
18       Element *suivant = NULL;
19       while (courant != NULL) {
20           suivant = courant->suivant;
21           courant->suivant = precedent;
22           precedent = courant;
23           courant = suivant;
24       }
25       L->premier = precedent;
26   }
27   // Fonction qui affiche les noeuds d'une liste chaînée
28   void afficherListe(Liste L) {
29       Element *e = L.premier;
30       while (e != NULL) {
31           printf("%d -> ", e->donnees);
32           e = e->suivant;
33       }
34       printf("NULL\n");
35   }
36   // Fonction qui insère un noeud au début d'une liste chaînée
37   void insererEnTete (int n, Liste *L) {
38       Element *nv = malloc(sizeof(nv));
39       nv->donnees = n;
40       nv->suivant = L->premier;
41       L->premier = nv;
42       L->taille++;
43   }
```

Série 11 — Les listes chaînées

Exercice 11 — Inversion d'une liste chaînée

Corrigé

```c
44  // Fonction du programme principal
45  int main() {
46      // Déclaration et initialisation d'une liste chaînée
47      Liste L;
48      L.premier = NULL;
49      L.taille = 0;
50      // Insertion de 10 noeuds en tête de la liste chaînée
51      int i;
52      for (i = 10; i >= 1; i--) {
53          insererEnTete(i,&L);
54      }
55      // Affichage de la liste chaînée
56      afficherListe(L);
57      // Inverser la liste chaînée
58      inverserListe(&L);
59      // Affichage de la liste chaînée inversée
60      afficherListe(L);
61      return 0;
62  }
```

Série 11 — Les listes chaînées

Exercice 12 — Fusion de deux listes chaînées

Enoncé

- Écrivez une fonction en C qui permet de fusionner 2 listes chaînées en une seule.
- Écrivez un programme en C qui utilise la fonction précédente.

Exemple d'exécution :

2 -> 4 -> 6 -> 8 -> 10 -> NULL
1 -> 3 -> 5 -> 7 -> 9 -> NULL
1 -> 2 -> 3 -> 4 -> 5 -> 6 -> 7 -> 8 -> 9 -> 10 -> NULL

Astuces

La fonction fusionnerListes :

Initialisation :

- Une nouvelle liste L initialisée
- Deux pointeurs pour parcourir les deux listes L1 et L2
- Utilisation d'un pointeur double pour suivre la fin de la liste fusionnée

Parcours des deux listes chaînées :

- Utilisez une boucle **while** et les deux pointeurs pour parcourir la liste chaînée.
- Comparez les éléments actuels des deux listes.
- Ajoutez l'élément plus petit à la liste fusionnée et avancez le pointeur de la liste correspondante.

Gestion des éléments restants :

- Après avoir fusionné les éléments communs, ajoutez les éléments restants de l'une ou l'autre des listes.

Mise à jour de la taille :

- N'oubliez pas de mettre à jour la taille de la nouvelle liste fusionnée.

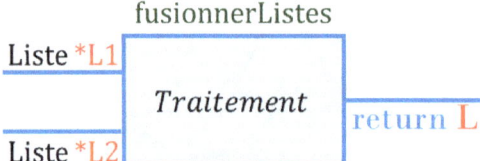

Série 11 — Les listes chaînées

Exercice 12 — Fusion de deux listes chaînées

Corrigé

```c
#include <stdio.h>
#include <stdlib.h>
// Structure qui définit un noeud de la liste chaînée
typedef struct Element {
    int donnees;
    struct Element* suivant;
} Element;
//Structure qui définit une liste chaînée
typedef struct Liste Liste;
struct Liste {
    Element *premier;
    int taille;
};

// Fonction pour fusionner 2 listes chaînées
Liste* fusionnerListes(Liste *L1, Liste *L2) {
    Liste *L = malloc(sizeof(Liste));
    L->premier = NULL;
    L->taille = 0;
    Element *temp1 = L1->premier;
    Element *temp2 = L2->premier;
    Element **dernier = &L->premier;
    while (temp1 != NULL && temp2 != NULL) {
        if (temp1->donnees < temp2->donnees) {
            *dernier = temp1;
            temp1 = temp1->suivant;
        } else {
            *dernier = temp2;
            temp2 = temp2->suivant;
        }
        dernier = &((*dernier)->suivant);
    }
    // Ajouter les éléments restants
    if (temp1 != NULL) *dernier = temp1;
    else *dernier = temp2;
    // Mettre à jour la taille
    L->taille = L1->taille + L2->taille;
    return L;
}
```

Série 11 — Les listes chaînées

Exercice 12 — Fusion de deux listes chaînées

Corrigé

```c
39  // Fonction qui affiche les noeuds d'une liste chaînée
40  void afficherListe(Liste L) {
41      Element *e = L.premier;
42      while (e != NULL) {
43          printf("%d -> ", e->donnees);
44          e = e->suivant;
45      }
46      printf("NULL\n");
47  }
48  // Fonction qui insère un noeud au début d'une liste chaînée
49  void insererEnTete (int n, Liste *L) {
50      Element *nv = malloc(sizeof(nv));
51      nv->donnees = n;
52      nv->suivant = L->premier;
53      L->premier = nv;
54      L->taille++;
55  }
56  // Fonction du programme principal
57  int main() {
58      // Déclaration et initialisation des listes chaînées
59      Liste L1, L2, *L;
60      L1.premier = NULL;
61      L2.premier = NULL;
62      L1.taille = 0;
63      L2.taille = 0;
64      // Insertion de 5 noeuds dans la liste L1
65      int i;
66      for (i = 10; i >= 1; i-=2) insererEnTete(i, &L1);
67      // Insertion de 5 noeuds dans la liste L2
68      for (i = 9; i >= 1; i-=2) insererEnTete(i, &L2);
69      afficherListe(L1);
70      afficherListe(L2);
71      // Fusionner les listes
72      L = fusionnerListes(&L1, &L2);
73      afficherListe(*L);
74      // Libération de la mémoire
75      free(L);
76      return 0;
77  }
```

Série 11 — Les listes chaînées

Exercice 13 — Création de liste chaînée à partir d'un tableau

Enoncé

- Écrivez une fonction en C qui permet de créer une liste chaînée à partir d'un tableau.
- Écrivez un programme en C qui utilise la fonction précédente.

Exemple d'exécution :

[1, 2, 3, 4, 5]
1 -> 2 -> 3 -> 4 -> 5 -> NULL

Astuces

La fonction creerListe :

Initialisation :
- Une nouvelle liste L initialisée.
- Deux pointeurs temp et p pour parcourir et construire la liste.

Parcours du tableau et création de la liste :
- Utilisez une boucle **for** pour parcourir la liste chaînée.
- Utilisez **malloc** pour créer un nouvel élément de la liste chaînée et initialisez ses données.
- Si la liste est vide, définissez le nouvel élément comme le premier élément de la liste.
- Si la liste n'est pas vide, parcourez jusqu'au dernier élément à l'aide de la boucle **while** et le pointeur p puis ajoutez le nouvel élément à la fin.
- Incrémentez le compteur de taille de la liste à chaque ajout.

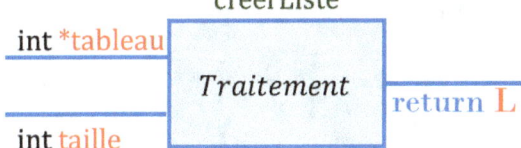

Corrigé

```c
#include <stdio.h>
#include <stdlib.h>
// Structure qui définit un noeud de la liste chaînée
typedef struct Element {
    int donnees;
    struct Element* suivant;
} Element;
```

Série 11 — Les listes chaînées

Exercice 13 — Création de liste chaînée à partir d'un tableau

Corrigé

```c
typedef struct Liste {
    Element *premier;
    int taille;
}Liste;
// Fonction qui crée liste chaînée à partir d'un tableau
Liste* creerListe(int tableau[], int taille) {
    Liste *L = malloc(sizeof(Liste));
    L->premier = NULL;
    L->taille = 0;
    Element *temp = NULL;
    Element *p = NULL;
    int i;
    for (i = 0; i < taille; i++) {
        temp = malloc(sizeof(Element));
        temp->donnees = tableau[i];
        temp->suivant = NULL;
        if (L->premier == NULL) {
            L->premier = temp;
        } else {
            p = L->premier;
            while (p->suivant != NULL) {
                p = p->suivant;
            }
            p->suivant = temp;
        }
        L->taille++;
    }
    return L;
}

// Fonction qui affiche les noeuds d'une liste chaînée
void afficherListe(Liste L) {
    Element *e = L.premier;
    while (e != NULL) {
        printf("%d -> ", e->donnees);
        e = e->suivant;
    }
    printf("NULL\n");
}
```

Série 11 — Les listes chaînées

Exercice 13 — Création de liste chaînée à partir d'un tableau

Corrigé

```c
46    // Fonction du programme principal
47    int main() {
48        int tableau[] = {1, 2, 3, 4, 5};
49        int taille = sizeof(tableau) / sizeof(tableau[0]);
50        Liste *L = creerListe(tableau, taille);
51        int i;
52        printf("[ ");
53        for(i=0;i<4;i++) printf("%d, ",tableau[i]);
54        printf ("%d ]\n",tableau[4]);
55        afficherListe(*L);
56        return 0;
57    }
```

Série 11 — Les listes chaînées

Exercice 14 — Liste chaînée circulaire

Enoncé

- Écrivez une fonction en C qui transforme une liste chaînée en liste chaînée circulaire.
- Écrivez une fonction en C qui affiche les éléments de la liste chaînée circulaire.
- Écrivez un programme en C qui utilise la fonction précédente.

Exemple d'exécution :

1 -> 2 -> 3 -> 4 -> 5 -> (boucle)

Astuces

La fonction transformerEnCirculaire :

Initialisation : La fonction prend en paramètre un pointeur vers une liste chaînée *L.
Vérification de la liste vide : Si la liste est vide (L premier == NULL), la fonction renvoie immédiatement.
Parcours de la liste :
- La fonction initialise un pointeur courant au début de la liste (L premier).
- Elle parcourt ensuite la liste jusqu'à atteindre le dernier élément (l'élément dont le champ suivant est NULL).

Transformation en circulaire : Une fois le dernier élément atteint, son champ suivant est mis à pointer vers le premier élément de la liste (L->premier), transformant ainsi la liste en une liste circulaire.

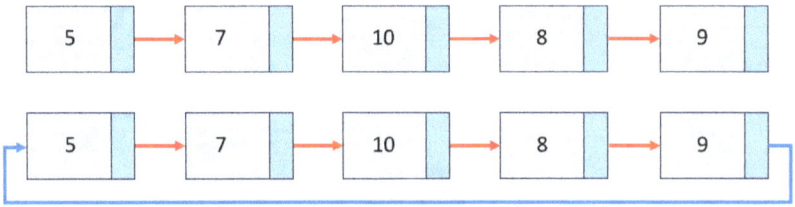

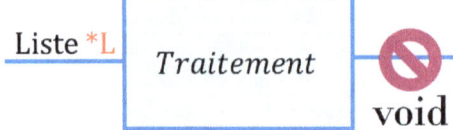

Remarque :

Pour la fonction d'affichage, procédez comme suit : parcourez la liste jusqu'à ce que vous reveniez au premier élément (L.premier).

Série 11 — Les listes chaînées

Exercice 14 — Liste chaînée circulaire

Corrigé

```c
#include <stdio.h>
#include <stdlib.h>
// Structure qui définit un noeud de la liste chaînée
typedef struct Element {
    int donnees;
    struct Element* suivant;
} Element;
// Structure qui définit une liste chaînée
typedef struct Liste {
    Element *premier;
    int taille;
} Liste;
// Fonction pour transformer une liste chaînée
//       en une liste chaînée circulaire
void transformerEnCirculaire(Liste *L) {
    Element *temp = L->premier;
    if (temp == NULL) return;
    Element *courant = temp;
    while (courant->suivant != NULL) {
        courant = courant->suivant;
    }
    courant->suivant = temp;
}

// Fonction pour afficher la liste chaînée circulaire
void afficherListeCirculaire(Liste L) {
    if (L.premier == NULL) return;
    Element *courant = L.premier;
    do {
        printf("%d -> ", courant->donnees);
        courant = courant->suivant;
    } while (courant != L.premier);
    printf("(boucle)\n");
}
```

Série 11 — Les listes chaînées

Exercice 14 — Liste chaînée circulaire

Corrigé

```c
34  // Fonction qui insère des éléments dans une liste chaînée
35  void insererEnTete(int n, Liste *L) {
36      Element *nv = malloc(sizeof(Element));
37      nv->donnees = n;
38      nv->suivant = L->premier;
39      L->premier = nv;
40      L->taille++;
41  }
42  // Fonction du programme principal
43  int main() {
44      // Déclaration et initialisation des listes chaînées
45      Liste L;
46      L.premier = NULL;
47      L.taille = 0;
48      // Insertion de 5 noeuds dans la liste L
49      int i;
50      for (i = 5; i >= 1; i--) insererEnTete(i, &L);
51      // Transformation de la liste en liste circulaire
52      transformerEnCirculaire(&L);
53      // Affichage de la liste chaînée circulaire
54      afficherListeCirculaire(L);
55      return 0;
56  }
```

Série 11 — Les listes chaînées

Exercice 15 — Suppression des doublons d'une liste chaînée

Enoncé

- Écrivez une fonction qui permet de supprimer les doublons dans une liste chaînée.
- Écrivez un programme en C qui utilise la fonction précédente.

Exemple d'exécution :

5 -> 5 -> 10 -> 7 -> 5 -> 10 -> NULL
5 -> 10 -> 7 -> NULL

Astuces

La fonction supprimerDoublons :

Initialisation :
- Commencez avec le premier élément de la liste chaînée.

Boucle externe :
- Parcourez chaque élément de la liste chaînée en utilisant la boucle **while**.
- Tant que l'élément courant n'est pas NULL et que l'élément suivant n'est pas NULL, entrez dans une boucle interne pour vérifier les doublons.

Boucle interne :
- Continuez le parcours de la boucle tant que l'élément suivant n'est pas NULL.
- Comparez l'élément courant avec tous les éléments suivants pour détecter les doublons.
- Si un doublon est trouvé, supprimez-le, libérez la mémoire et décrémentez la taille de la liste chaînée.
- Passez au prochain élément et continuez le processus jusqu'à la fin de la liste.

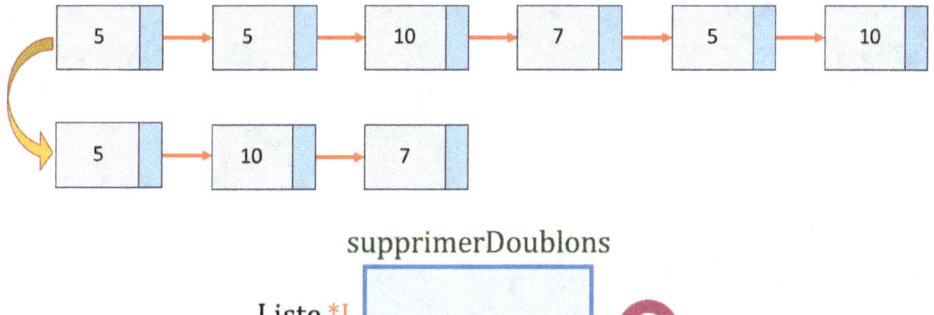

Série 11 — Les listes chaînées

Exercice 15 — Suppression des doublons d'une liste chaînée

Corrigé

```c
#include <stdio.h>
#include <stdlib.h>
// Structure qui définit un noeud de la liste chaînée
typedef struct Element {
    int donnees;
    struct Element* suivant;
} Element;
// Structure qui définit une liste chaînée
typedef struct Liste {
    Element *premier;
    int taille;
} Liste;
// Fonction pour supprimer les doublons
void supprimerDoublons(Liste *L) {
    Element *courant = L->premier;
    while (courant != NULL && courant->suivant != NULL) {
        Element *precedent = courant;
        Element *suivant = courant->suivant;
        while (suivant != NULL) {
            if (courant->donnees == suivant->donnees) {
                precedent->suivant = suivant->suivant;
                free(suivant);
                suivant = precedent->suivant;
                L->taille--;
            } else {
                precedent = suivant;
                suivant = suivant->suivant;
            }
        }
        courant = courant->suivant;
    }
}
// Fonction qui affiche les noeuds d'une liste chaînée
void afficherListe(Liste L) {
    Element *e = L.premier;
    while (e != NULL) {
        printf("%d -> ", e->donnees);
        e = e->suivant;
    }
    printf("NULL\n");
}
```

Série 11 — Les listes chaînées

Exercice 15 — Suppression des doublons d'une liste chaînée

Corrigé

```c
42  // Fonction qui insère des éléments dans une liste chaînée
43  void insererEnTete(int n, Liste *L) {
44      Element *nv = malloc(sizeof(Element));
45      nv->donnees = n;
46      nv->suivant = L->premier;
47      L->premier = nv;
48      L->taille++;
49  }
50  // Fonction du programme principal
51  int main() {
52      // Déclaration et initialisation des listes chaînées
53      Liste L;
54      L.premier = NULL;
55      L.taille = 0;
56
57      // Insertion de noeuds dans la liste L
58      insererEnTete(10, &L);
59      insererEnTete(5, &L);
60      insererEnTete(7, &L);
61      insererEnTete(10, &L);
62      insererEnTete(5, &L);
63      insererEnTete(5, &L);
64      // Affichage de la liste avant la suppression des doublons
65      afficherListe(L);
66      // Suppression des doublons
67      supprimerDoublons(&L);
68      // Affichage de la liste après la suppression des doublons
69      afficherListe(L);
70
71      // Libération de la mémoire
72      Element *courant = L.premier;
73      while (courant != NULL) {
74          Element *suivant = courant->suivant;
75          free(courant);
76          courant = suivant;
77      }
78      return 0;
79  }
```

www.ingramcontent.com/pod-product-compliance
Lightning Source LLC
Chambersburg PA
CBHW052139220526
45471CB00004B/1440